ISLAND

entdecken & erleben

abenteuer & reisen

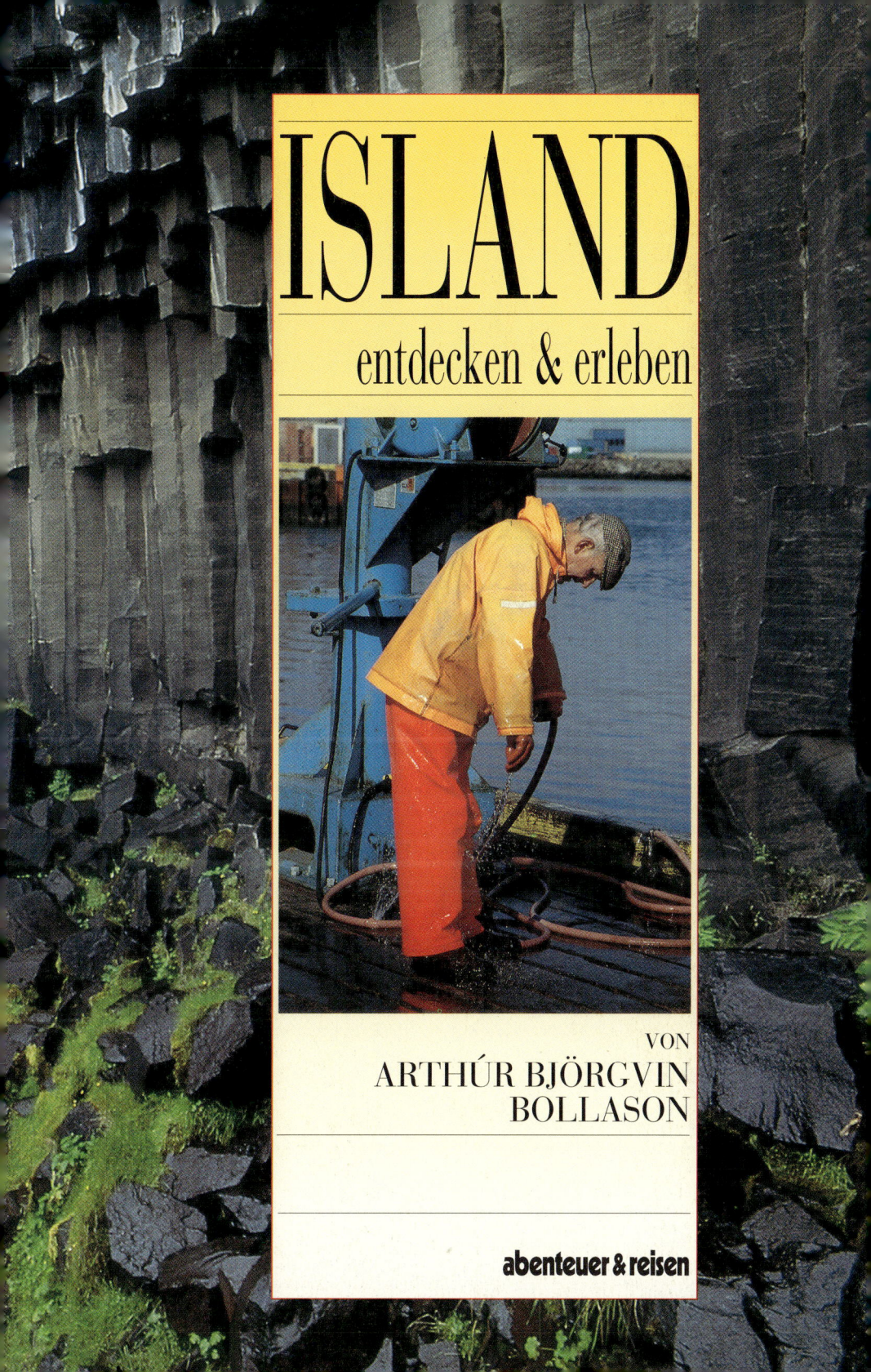

ISLAND

entdecken & erleben

VON
ARTHÚR BJÖRGVIN
BOLLASON

abenteuer & reisen

INHALT

INFORMATIONEN ISLAND

1 Þingvellir

Wenn Steine sprechen könnten

Þingvellir ist für die Isländer
fast ein heiliger Ort. Mit der
Geschichte des Landes ist der
alte Thingplatz eng verbunden.

Der See Þingvallavatn ist der größte See des Landes und erreicht eine Tiefe von über 100 Metern.

Wenn man, aus Reykjavík kommend, über die flache **Mosfellsheide** fährt, öffnet sich bald der Blick auf den **Þingvallavatn,** den größten natürlichen Binnensee des Landes. Steigt man auch noch auf den Felsvorsprung oberhalb der großen Spalte **Almannagjá** und schaut über die Ebene, wird klar, warum die Isländer diese Gegend besonders schätzen. Auch der Besucher, der wenig von den dramatischen Ereignissen weiß, die sich an diesem Ort abgespielt haben, spürt die magische Kraft der Landschaft, von der unsere Führerin Hanna María spricht.

„Dieser Ort hat wirklich etwas Magisches an sich", sagt sie, als wir auf den Felsvorsprung oberhalb der Spalte Almannagjá steigen. Hanna María muß es wissen. Seit einigen Jahren ist die junge sympathische Pfarrerin als Parkwächterin hier im Nationalpark zu Hause. Wer seinen Blick über die weite, von tiefen dunklen Spalten zerrissene Ebene gleiten läßt, die von hohen Bergen am Horizont umschlossen ist, spürt, wie winzig der Mensch gegenüber den gewaltigen Kräften ist, die diese Gegend schufen. Daher legt Hanna María großen Wert darauf, daß die Besucher von **Þingvellir** nicht nur an die Geschichte denken, sondern auch „auf die Natur hören", wie sie es formuliert. „Natürlich", sagt Hanna María weiter, als wir an der Panoramascheibe oberhalb von Almannagjá stehen, „hat sich die Geschichte der Isländer zum großen Teil an diesem Ort abgespielt. Seit ich aber selbst hier im Nationalpark wohne, habe ich auch ein sehr enges Verhältnis zur Natur dieses Ortes entwickelt. Nimm nur diesen Fluß, den **Öxará** – manchmal ist er gewaltig wie ein Ozean, an anderen Tagen ist er so klein und bescheiden, daß er beinahe in die andere Richtung zurückfließt." Wir gehen an die äußerste Spitze des Felsvorsprungs und blicken in die tiefe Kluft. „Oder diese Felsen", fährt Hanna María fort, „es ist unglaublich, wie sie je nach Jahres- und Tageszeiten die Farbe wechseln. Manchmal sind sie dunkel und unheimlich, manchmal aber hell und freundlich. Und nicht nur im Sommer ist Þingvellir faszinierend", erzählt sie weiter,

9

„auch im Winter, wenn sich die Natur ganz in Schwarz-Weiß verhüllt."

Hanna María hat im Nationalpark vielfältige Pflichten zu erfüllen. Diese junge Frau muß fast jeden offiziellen Besucher aus dem Ausland empfangen und durch den Nationalpark führen.

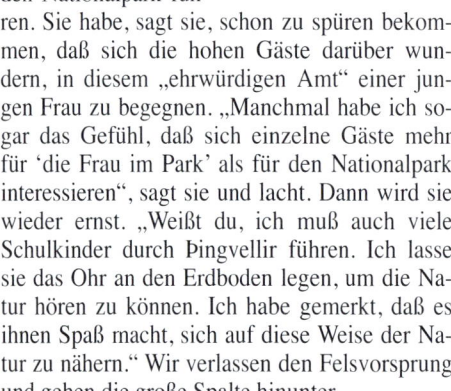

Orientierung mit Hilfe von Windrose und Sonnenuhr.

Sie habe, sagt sie, schon zu spüren bekommen, daß sich die hohen Gäste darüber wundern, in diesem „ehrwürdigen Amt" einer jungen Frau zu begegnen. „Manchmal habe ich sogar das Gefühl, daß sich einzelne Gäste mehr für 'die Frau im Park' als für den Nationalpark interessieren", sagt sie und lacht. Dann wird sie wieder ernst. „Weißt du, ich muß auch viele Schulkinder durch Þingvellir führen. Ich lasse sie das Ohr an den Erdboden legen, um die Natur hören zu können. Ich habe gemerkt, daß es ihnen Spaß macht, sich auf diese Weise der Natur zu nähern." Wir verlassen den Felsvorsprung und gehen die große Spalte hinunter.

Während wir uns der Flagge auf dem **Lögberg**, dem „Gesetzesfelsen", nähern, reden wir darüber, wie es wohl vor tausend Jahren in dieser Spalte ausgesehen haben mag. Dabei läßt Hanna María nachdenklich den Blick über die Ebene von Þingvellir schweifen: „Was mag wohl Grímur Geitskór gedacht haben, als er zum ersten Mal über diese Ebene blickte?" Im **Isländerbuch** Ari des Weisen, um 1100 entstanden, berichtet der erste Historiker der Isländer davon, wie ein Mann namens **Grímur Geitskór** von den neuen Siedlern den Auftrag bekam, auf der Insel einen geeigneten Platz für eine Volksversammlung zu finden. Nach ausgedehnten Reisen durch das ganze Land kam Grímur zu dem Schluß, die Umgebung des großen Sees im Süden sei der beste Platz für die Versammlung des Volkes.

Zweifelsohne war Grímur Geitskór ein äußerst kluger Mann. Man sieht ihn vor sich, wie er mit seinen Gefolgsleuten zum ersten Mal diesen Ort erreichte. Vielleicht kam er aus dem nahegelegenen Walfjord im Westen und an den über tausend Meter hohen **Botnssúlur**, „Bodensäulen", vorbei oder vielleicht durch das nördlich gelegene **Kaldidalur**, „das kalte Tal", zwischen den zwei Gletschern Langjökull und Ok? Oder kam er etwa aus östlicher Richtung, also vom lieblichen See **Laugarvatn** her und an der **Lyngdalsheiði** vorbei? Möglicherweise ritt er mit seinen Leuten, genau wie die Besucher aus der Hauptstadt heute, auch von der Mosfellsheide herunter bis an den oberen Rand der Almannagjá, wo sich plötzlich dieser tiefe dunkle Felsenschlund in der Erde öffnet.

Wie auch immer, Grímur traf eine kluge Entscheidung. Dieser Ort hatte nämlich den ersten Siedlern Islands viel zu bieten: einen für Versammlungen geeigneten Hang nach Osten hin, gut geschützten Platz für ihr Zeltlager, ihre „Buden" und genügend Weideland für die Pferde. Damals soll es allerdings direkt vor Ort kein Wasser gegeben haben. Deswegen wurde ein nicht allzu ferner Fluß umgeleitet, und der Öxará, der „Axtfluß", bekam sein heutiges Flußbett im unteren Teil von Almannagjá.

„Die großen historischen Ereignisse von Þingvellir sind natürlich häufig besprochen worden", sagt Hanna María, während wir auf die Holztreppe hinaufsteigen, die zum Lögberg, dem „Gesetzesfelsen", führt. „Mich hat aber auch immer interessiert, wie das Alltagsleben der Menschen hier vor tausend Jahren ausgesehen hat. Darüber ist nämlich wenig bekannt. Man weiß genau, wie hier das Christentum im Jahr 1000 eingeführt wurde oder wie damals die **Lögrétta** in ihrer Doppelfunktion als gesetzgebende und als oberste rechtsprechende Gewalt unten am Fluß ihre Arbeit verrichtete. Aber was die Menschen aßen, tranken oder wie sie sich amüsierten in den zwei Wochen im Sommer, in denen die Volksversammlung stattfand, – darüber weiß man weit weniger." Sie blickt auf die dunklen steilen Felsen: „Stell dir mal vor, was diese Felsen alles zu erzählen hätten, wenn sie plötzlich sprechen könnten!"

Da ist etwa die Geschichte von dem glücklosen **Þórhallur**, der in der Nähe des Thingplatzes seinen Hof hatte und zur Thingzeit gutes Geld damit verdiente, den Versammelten Bier zu verkaufen. Wegen dieser Tätigkeit nannten ihn die Isländer **Ölkofri** (Biermütze). Einmal, als Ölkofri in der Nähe seines Hofes Braunkohle brennen wollte, überkam ihn eine solche Müdigkeit, daß er einschlief. Während er schlummerte, sprang ein Funke von der Kohle in ein nahe gelegenes Waldstück über. Als Ölkofri aufwachte, hatte sich das Feuer so stark ausgebreitet, daß sich der Arme gerade noch retten konnte. Bei diesem Feuer wurde viel von dem Waldstück zerstört, das hohe „Beamte" des Freistaates gekauft hatten, um das Holz während der Thingzeit zu benutzen. Sie verlangten von Ölkofri einen hohen Schadensersatz. Dieser war aber nicht in der Lage, ihren Forderungen nachzukommen. Bei der nächsten Thingversammlung bat er seine „Stammkunden", denen er schon viel Bier ausgeschenkt hatte, ihm in dieser Angelegenheit beizustehen. Dabei mußte der arme „Wirt" des Thingplatzes feststellen, daß die Freunde, die man bei der Zeche gewinnt, nicht unbedingt zuverlässig sind. Keiner wollte ihm helfen. Nachdem der Wirt jammernd von einem zum anderen geirrt war, hatte schließlich einer der Mächtigen Mitleid mit ihm und half ihm aus der Patsche ...

Die dunklen Felsen, die vor etwa 9000 Jahren beim Ausbruch des im Norden sichtbaren Schildvulkans **Skjaldbreiður** entstanden, waren wohl auch Zeugen, als der seltsame Bote des norwegischen Häuptlings Hákon jarl den Thingplatz besuchte, um Hákons Feind, den Dichter Þorleifur jarlaskáld, zu töten.

Der Bote, Þorgarður, war insofern ein seltsames Wesen, als er von zwei norwegischen Hexen „gebastelt" worden war. Laut der alten Saga hatten sie ihn aus Treibholz gebaut und mit

dem Herzen eines von ihnen ermordeten Menschen ausgerüstet. Dieser erste „Roboter" der isländischen Geschichte brachte den Feind seines Herrn, den Dichter Þorleifur, beim Thing auf brutale Weise um. Der Ermordete wurde danach in einem Hügelgrab, dem **Þorleifshaugur**, beigesetzt.

Nach dem Tod des Dichters pflegte ein Schafshirt, der in der Nähe wohnte, sich auf das Grab zu legen, in der Hoffnung, auf diese Weise die dichterische Gabe zu erlangen. Eines Nachts, als er auf dem Hügel schlief, träumte er, daß sich der Hügel öffnete und ein großer, gut gekleideter Mann aus ihm heraustrat. Der Mann trug einen Vers vor und erzählte dem Hir-

Einmal im Jahr verwandelt sich der Öxara-Fluß in Wein, sagt die Legende.

Lange Zeit war Grímur Geitskór kreuz und quer unterwegs, um einen geeigneten Thingplatz zu finden.

ten, er könne ein großer Dichter werden, falls er beim Aufwachen den Vers noch in Erinnerung behalte. Danach verschwand der Mann wieder in den Hügel. Der Hirte wachte auf, erinnerte sich an den Vers und wurde tatsächlich ein großer Dichter. Heute noch gibt es im Öxará eine kleine Flußinsel, die **Þorleifshólmi** heißt.

Hanna María erzählt, daß eine isländische Hellseherin vor gar nicht langer Zeit das in Vergessenheit geratene Grab des Dichters wieder entdeckt habe. So leben die alten Geschichten im Bewußtsein der Isländer weiter.

Auf dem Weg vom Gesetzesfelsen in die große Spalte hinunter kommt man an alten „Buden"-Ruinen vorbei. Man ist sich nicht darüber

Islandpferde spielten früher bei den Thingversammlungen eine große Rolle.

einig, wie sich die Menschen, die vor tausend Jahren den Thingplatz bevölkerten, für die jeweils zwei Wochen eingerichtet haben. Die überwachsenen Grundmauern zeigen, daß die untersten Teile der „Buden" aus Stein gebaut waren. Einigen alten Quellen zufolge war auf den Steinmauern ein sorgfältig gebautes Holzgestell errichtet und dieses dann mit Wolle zugedeckt worden. Man geht auch davon aus, daß die „Buden" nur als Aufenthalts- und als Schlafräume dienten, während man das Essen in besonderen Feuerhütten oder im Freien zubereitete.

Und wie oft werden sich Menschen hier zum ersten Mal begegnet sein, wie die beiden Helden einer mittelalterlichen Saga, deren Schicksal an diesem Ort entschieden wurde: „Eines Tages, als Gunnar vom Gesetzesfelsen kam, lief er unterhalb der Thingbude der Leute von Mosfell entlang. Da sah er Frauen auf sich zukommen, alle gut gekleidet. Die an der Spitze ging, trug die besten Kleider. Als sie zusammentrafen, grüßte diese Frau Gunnar sofort. Er erwiderte ihren Gruß freundlich und fragte, wer sie sei. Sie antwortete, sie sei Hallgerður, die Tochter Höskulds, des Sohnes von Täler-Koll. Sie sprach ohne Scheu zu ihm und bat ihn, ihr von seinen Fahrten zu erzählen. Gunnar erwiderte, er werde ihr das nicht abschlagen, sondern spreche gern mit ihr. Sie setzten sich daraufhin nieder und unterhielten sich ..." (Njáls Saga)

Bis zur zweiten Hälfte des 13. Jahrhunderts traf sich hier die über die große und unwegsame Insel verstreute Bevölkerung. Während dieser zwei Wochen lebte die sonst stille und einsame Gegend auf, die Felsen schallten von Pferdehufen, Schreien und Gelächter, Menschen wanderten hin und her, Hunde bellten, Rauchwolken stiegen von den Feuerstellen empor. Danach war plötzlich alles wieder still. Nur

Geschichten voller Grausamkeit: erbarmungslose Henker mit „unsicherer Hand", Hexenverbrennungen und ein Galgenfelsen.

das Rauschen des Wasserfalles **Öxarárfoss** in der Spalte rauschte weiter. Und im Herbst legte sich der erste Schnee wie ein Leichentuch über die Spuren des vergangenen Sommers.

Als die Isländer ab Mitte des 13. Jahrhunderts ihre Unabhängigkeit verloren hatten, änderte sich bald der Charakter der jährlichen Versammlung auf dem Thingplatz. Sie wurde kürzer, und statt der Versammlung eines freien und stolzen Volkes entwickelte sich das sommerliche Treffen am Ufer des über 100 Meter tiefen, großen Forellensees mit der Zeit mehr und mehr zu einem Saufgelage.

Während im alten Freistaat keinerlei Todesurteile gesprochen wurden, entstanden nach dem Verlust der Unabhängigkeit neue Gesetze, nach denen Menschen für verschiedene, manchmal nicht allzu gravierende Vergehen mit ihrem Leben bezahlen sollten. Der alte Thingplatz verkam folglich zu einer Hinrichtungsstätte. Zweihundert Jahre lang, von der Mitte des 16. bis zur Mitte des 18. Jahrhunderts, vermischte sich deshalb das klare Wasser des Öxará mit einer Menge Blut. Auf der schmalen Landzunge **Höggstokkseyri**, die in den Fluß hinausragt, unmittelbar in der Nähe der Stelle, wo früher der oberste Gerichtshof tagte, rollten fortan die Köpfe.

Dort mußte manch einer sein Leben für nicht allzu schwerwiegende Vergehen lassen, so zum Beispiel der Bauer Björn Þorleifsson im Sommer 1602 für „Frauengeschichten und Sauferei". Vor seiner Hinrichtung verabschiedete sich der arme Sünder per Handschlag von seinen Freunden und wünschte ihnen allen eine gute Nacht. Danach legte er sich zu Füßen des Henkers. Dieser soll aber alt und schwach gewesen sein, weshalb es ihm nicht gelang, den Kopf mit einem Streich vom Rumpf zu trennen. Nach sechs Hieben drehte sich der zum Tode Verurteilte um und bat den Henker, kräftig zuzuschlagen. Dieser mußte die Axt jedoch noch dreißig Mal schwingen, bevor der Kopf im Gras lag. Offensichtlich wurde der Beruf des Henkers nicht immer sehr „fachmännisch" ausgeführt.

Menschen wurden auf dem alten Thingplatz aber nicht nur geköpft, sondern auch verbrannt. Nicht weit vom östlichen Ufer des Flusses Öxará, wo heute die Straße zum Wohnsitz der Parkwächterin verläuft, befindet sich eine tiefe Spalte. Der östliche Teil der Spalte trägt heute noch den Namen **Brennugjá,** „Verbrennungsschlucht". Hier loderten einst die Scheiterhaufen, auf denen infolge des Hexenwahns im 17. Jahrhundert neun Menschen verbrannt wurden.

Aus den Annalen geht hervor, daß es manchmal gar nicht einfach war, Menschen, die sich dem Teufel verschrieben hatten, auf diese Weise hinzurichten. Denn gelegentlich hatte man Schwierigkeiten, ordentliches Brennholz zu finden. Dies konnte, nicht zuletzt bei schlechtem Wetter, zu gewissen Komplikationen führen. So zum Beispiel im Jahr 1675, als zwei arme Teufel gemeinsam auf den Scheiterhaufen kamen. Es gelang zwar, unter dem einen endlich so viel Feuer zu machen, daß er an Rauchvergiftung starb. Beim anderen, der jeden Kontakt mit dem Teufel energisch abstritt, wollte sich das Feuer

Einst mußten die Isländer über unwegsame Lavafelder zum Thing reiten.

13

nicht entzünden lassen. Plötzlich begann es auch heftig zu regnen, so daß die Flammen dreimal verlöschten. Hinzu kam, daß der Kläger, ein reicher Bauer, sich das Bein brach, als er vom Thing nach Hause ritt. Danach zweifelte keiner mehr daran, daß er den armen halbverbrannten Kerl zu Unrecht beschuldigt hatte ...

Als ich mit Hanna María auf der Brücke über den Fluß Öxará stehe und in den Strom hinunterschaue, ergreift mich ein leicht schauriges Gefühl. Hier, im sogenannten **Drekkingarhylur** (Ertränkungstief) endete in längst vergangenen Zeiten das Leben manch einer unglücklichen Frau: In der Tiefe fanden jene Unglückseligen ihr Schicksal, die nichts anderes „verbrochen" hatten, als sich in einem dunklen feuchten Torfgehöft einem Geliebten hinzugeben. Oder bedauernswerte Mägde, die ein Kind zur Welt gebracht hatten, nachdem sie in einer kalten, einsamen Winternacht von dem Großbauern verführt worden waren.

Diese Frauen steckte man in einen Sack, schnürte ihn zu und stieß ihn dann von einem überhängenden Felsen in die Tiefe. Alte Bücher schweigen darüber, wo die auf diese Weise hingerichteten Frauen ihre letzte Ruhe fanden. Das ist eines der vielen Geheimnisse, die von den stillen Felsen in der Spalte gehütet werden. Es ist eine etwas unheimliche Vorstellung, daß das leichte Rauschen dieses silberklaren Flusses in der Vergangenheit den letzten Schrei so vieler junger unschuldiger Frauen verschluckt haben soll. Angesichts dessen wirkt der Rettungsring, der heute an dem Brückengeländer hängt, fast makaber. In unmittelbarer Nähe der Brücke, am Ufer des „Ertränkungstiefs", steht ein spitzer, giebelförmig zulaufender Stein. Für den Besucher vielleicht ein Stein wie jeder andere. Dieser Stein wurde aber von dem größten isländischen Kunstmaler dieses Jahrhunderts, **Jóhannes Kjarval**, in vielen Bildern zum Sprechen gebracht.

Der Meister war so begeistert von der Gestalt und der Farbe des Steins, daß er ihn immer wieder in den Vordergrund seiner Gemälde von Þingvellir rückte. Kein anderer Künstler hat die Magie und die Faszination dieser Landschaft so großartig wiedergegeben wie „Meister Kjarval", wie ihn die Isländer nennen. Der Künstler verbrachte viel Zeit in dieser Gegend, und keinem anderen ist es hier wohl besser gelungen, „auf die Natur zu hören".

Aber nicht nur martialische Geschichten von Blut und Tod schweben über Þingvellir. Auch immer wenn das Volk richtig feiern wollte, trat es an dieser Stelle zusammen. So z.B. im Jahr 1930, als die Isländer das tausendjährige Jubiläum des Althings zelebrierten. Und am 17. Juni 1944, dem Geburtstag des 1811 geborenen Freiheitshelden **Jón Sigurðsson**, versammelten sich die Menschen bei strömendem Regen am Gesetzesfelsen, um – nach langen Jahrhunderten der Kolonialherrschaft, zunächst durch die norwegischen Besatzer und anschließend unter den Dänen – der öffentlichen Geburtsstunde der neuen isländischen Republik beizuwohnen.

Fünfzig Jahre später, am 17. Juni 1994, lud man sämtliche Staatsoberhäupter des Nordens ein, um das Jubiläum der neuen Republik zu feiern. Das war für die Parkwächterin Hanna María ein Tag, den sie nicht so leicht vergißt. Es geschieht eben nicht alle Tage, nicht einmal im Nationalpark, daß die höchsten Würdenträger des gesamten Nordens auf einmal zu Besuch kommen.

Die Isländer selber wollten bei den Feierlichkeiten auch nicht fehlen: Sechzigtausend Menschen wohnten der Veranstaltung bei. Worüber man aber nicht so gern redet, ist das Verkehrschaos, das an diesem Tage auf den Zubringerstraßen zum Nationalpark ausbrach und dazu führte, daß etwa zehntausend steckengebliebene Isländer das Festprogramm über ihre Autoradios mitverfolgen konnten. Statt vom „größten Landesfest" aller Zeiten sprachen daraufhin einige Journalisten vom „größten Landstraßenfest" der isländischen Geschichte".

Hanna María lächelt, als ich sie auf die Verkehrsprobleme dieses unvergeßlichen Tages anspreche. Darauf möchte sie nicht näher eingehen. Sie ist auch kritisch gegenüber manchem, was mit dem seit 1930 bestehenden Nationalpark geschehen ist.

Schon die Geburtsstunde dieses ersten Nationalparks der Isländer verlief nicht ohne Probleme. Nachdem das Landesparlament 1798 zum letzten Mal auf Þingvellir getagt hatte, war dieser abgelegene Ort eine Zeitlang in Vergessenheit geraten. Die einzigen Menschen, die sich in der früheren Hälfte des 19. Jahrhunderts für Þingvellir interessierten, waren vereinzelte

Sonderlinge aus dem Ausland. Gegen Mitte des vergangenen Jahrhunderts begannen isländische Studenten in Kopenhagen, sich an die Schönheit und den Ruhm der alten Thingstätte zu erinnern, und schlugen vor, das Parlament solle dort wieder zusammentreten. Diese Ideen, die in den romantischen Gedichten des Lyrikers **Jónas Hallgrímsson** ihren schönsten Ausdruck fanden, stießen aber auf taube Ohren.

Zu Beginn des 20. Jahrhunderts tauchte die Idee auf, den alten Thingplatz am Ufer des Flusses Öxará unter Denkmalschutz zu stellen. Trotz großen Widerstandes wurde diese Idee im Lauf der Jahre von einigen weitsichtigen Leuten weiterentwickelt, und anläßlich der 1930 geplanten Althings-feier beschloß das isländische Parlament, Þingvellir zum Nationalpark zu erklären. Beispielhaft für den Widerstand, den es gegen diesen Beschluß des Parlaments gab, sind die Worte eines besorgten Bürgers, der in einer Tageszeitung schrieb: „Was denken sich eigentlich Menschen, die einen solchen Gesetzesentwurf hervorbringen? Wollen sie etwa, daß wir Isländer dem Beispiel des englischen Adels folgen und große Landstücke ungenutzt lassen, damit wir dort spielen können?"

Was für ein Glück, daß die Menschen heutzutage in dem schönen Nationalpark „spielen können"! Das ist der Parkwächterin Hanna María sehr bewußt. Aus diesem Grund möchte sie den alten Thingplatz und die von den gewaltigen Urkräften geprägten Natur in der Umgebung zu einem „Familienpark" für die Isländer machen.

Während die junge Pfarrerin langsam auf ihr Wohnhaus am östlichen Ufer des Öxará-Flusses zugeht, neben dem die kleine, aus der Mitte des vergangenen Jahrhunderts stammende Kirche steht, bleibe ich noch eine Weile am Flußufer stehen.

Hinter der Kirche befindet sich das sogenannte Dichterfeld mit nationalen Ehrengräbern, in denen zwei auf Island berühmte und geschätzte Dichter beigesetzt wurden. Einer davon war **Einar Benediktsson**, der sich unter anderem politischen und sozialkritischen Themen widmete, der andere der Romantiker **Jónas Hallgrímsson**, der einfühlsame Gedichte über den Thingplatz und seine Umgebung schrieb. Wie so viele nordische Dichter war Jónas dem guten Tropfen zugetan. Laut einer alten Legende verwandelt sich in der letzten Nacht des Jahres der Fluß Öxará in Wein. Es wäre doch schön, eine solche Nacht mit dem Dichter am Ufer des Flusses zu verbringen.

In den Spalten des Nationalparks Þingvellir verbirgt sich so manches Geheimnis.

Benediktsson und Hallgrímsson machten die glorreiche Vergangenheit und die Unabhängigkeit Islands zum Thema ihrer Dichtungen.

LANGER WEG ZUR REPUBLIK

Die Geschichte Islands ist eine Geschichte der Fremdherrschaft. Norweger und Dänen beherrschten jahrhundertelang die Insel, bis sie sich 1944 als unabhängige Republik etablieren konnte.

FRÜHZEIT
(Bis 930)
Die ersten Menschen, die sich auf Island niederließen, kamen im 8. Jahrhundert auf die Insel. Als die Norweger Island in den Jahren 875 – 930 besiedelten, verließen sie aber die Insel wieder – angeblich weil sie mit Heiden nicht zusammenleben wollten. Island, das als letztes Land Europas bevölkert wurde, ist zugleich das einzige, das über historische Quellen vom Ursprung seiner Bewohner verfügt.

FREISTAAT
(930 – 1262)
930 trat in Þingvellir das Althing, die Generalversammlung, zum ersten Mal zusammen. Damit wurde der isländische Freistaat gegründet, der sich aus 39 „Godentümern" zusammensetzte. Er bestand bis 1262, als die Insel unter norwegische Herrschaft kam.
Im Jahr 1000 wurde auf Þingvellir das Christentum friedlich eingeführt; 1056 wurde der erste Bischof in Skálholt im Süden Islands geweiht, 1106 richtete man einen zweiten Bischofsstuhl in Hólar im Norden ein.
Kurz vor 1000 entdeckten Isländer unter der Führung Erichs des Roten Grönland, und um das Jahr 1000 betrat Erichs Sohn, Leif „der Glückliche", mit seinen Leuten als erster Europäer den amerikanischen Kontinent – 500 Jahre vor Kolumbus.

NORWEGISCHE HERRSCHAFT
(1262 – 1380)
Nach dem Ende des Freistaates, der wegen innerer Streitigkeiten mächtiger Häuptlinge 1262 zusammenbrach, kam Island unter norwegische Herrschaft. Damit begann für die Isländer eine schwierige Zeit. Das sich verschlechternde Klima, Naturkatastrophen und der Mangel an Einfuhrgütern trafen die Bevölkerung hart.

DÄNISCHE HERRSCHAFT
(ab 1380)
1380 kam Island, infolge der Gründung der „Kalmarer Union", zusammen mit Norwegen unter die dänische Krone. Die Kolonialherrschaft der Dänen sollte beinahe 600 Jahre dauern.
Mitte des 16. Jahrhunderts setzte der dänische König auf Island die Reformation durch, und der letzte katholische Bischof des Landes, der Dichter Jón Arason, wurde mit zwei seiner Söhne ohne Gerichtsverfahren in Skálholt geköpft. Durch die Beschlagnahmung aller kirchlichen Besitztümer wurde die Macht der dänischen Krone auf Island noch verstärkt.
1602 verhängte der dänische König über die Insel ein Handelsmonopol. 1662 zwang er die Isländer, die uneingeschränkte Macht der dänischen Monarchie anzuerkennen. Darauf folgten anderthalb Jahrhunderte, die als die dunkelste Periode der Inselgeschichte angesehen werden. Bei der ersten Volkszählung 1703 waren etwa 20 % der knapp 50.000 Einwohner arme Tagelöhner oder Bettler. Durch Epidemien, Hungersnot und Naturkatastrophen bedingt sank die Einwohnerzahl gegen Ende des 18. Jahrhunderts auf weniger als 40.000.
In den letzten Jahren des 18. Jahrhunderts wurde das Althing, das seit dem Zusammenbruch des

Der Wasserfall Öxarárfoss im Nationalpark Þingvellir.

Freistaates nur als Judikative fungiert hatte, endgültig aufgelöst und die beiden Bischofsstühle zu einem mit Sitz in Reykjavík vereinigt.

1809 herrschte für kurze Zeit auf Island ein einheimischer König, bis der dänische Abenteurer Jörgen Jörgensen sich mit Hilfe eines englischen Kaufmanns zum König der Insel ausrief. Nach kurzer Zeit wurde er aber von dem Kommandeur eines englischen Kriegsschiffs „entthront".

DER KAMPF UM DIE UNABHÄNGIGKEIT

Gegen Mitte des 19. Jahrhunderts begannen die Isländer, angeführt von dem heute als Nationalhelden gefeierten Gelehrten und Beamten Jón Sigurðsson (1811 – 79), für ihre Autonomie zu kämpfen. 1843 trat das Parlament als beratende Versammlung erneut zusammen, und 1854 wurde das Handelsmonopol endgültig aufgehoben.

1874, als die Isländer das tausendjährige Jubiläum der Besiedlung der Insel feierten, gewährte ihnen der dänische König sowohl eine eigene Verfassung als auch Finanzhoheit. 1904 wurde der Dichter Hannes Hafstein Islands erster einheimischer Minister. 1918 wurde Island selbständiges Königreich, allerdings regierte der dänische Monarch das Land „in Personalunion". Während des

Zweiten Weltkrieges wurde Island zunächst von den Briten und dann von den Amerikanern besetzt, die heute noch ihre Stützpunkte auf der Insel betreiben.

REPUBLIK ISLAND
(ab 1944)

Am 17. Juni 1944, dem Geburtstag des Nationalhelden Jón Sigurðsson, wurde in Þingvellir die neugegründete Republik Island ausgerufen und Sveinn Björnsson als erster Präsident eingesetzt. Damit ging eine siebenhundertjährige Kolonisierung der Insel zu Ende.

SEHENSWÜRDIGKEITEN

ÞINGVELLIR NATIONAL PARK

Der Park liegt in einer Höhe von gut 100 m über dem Meeresspiegel. Die Þingvallahraun-Lava ist bei einem Ausbruch des nahe gelegenen Schildvulkans Skjaldbreiður vor 9000 Jahren entstanden. Aufgrund der von Bergen geschützten Lage kann das Wetter im Sommer häufig windstill und angenehm sein. Der See Þingvallavatn ist mit 83,7 km² der größte Binnensee Islands. Die größte Tiefe beträgt 114 Meter.

INFORMATION

Im Nationalpark befindet sich ein Informationszentrum, in dem Prospekte und Wanderkarten zu erhal-

ten sind. Dort bekommt man auch die Informationen über den Zustand der nahe gelegenen Bergstraßen über Kaldidalur und Gjábakkaveg nach Laugarvatn. Þjónusutmidstöd Þingvöllum Tel. 482 26 77.

CAMPING

Auf Þingvellir befindet sich ein schöner Campingplatz unterhalb der Spalte Almannagjá. Tel. 482 26 60.

Insider News

HISTORISCH WOHNEN

Am Þingvallavatn, in unmittelbarer Nähe der alten Thingstätte, steht das im Sommer geöffnete Hotel Valhöll („Walhalla").

Mit seinen 30 Zimmern ist dieses alte Gebäude mit knisternden Holzböden der Inbegriff der Gemütlichkeit. Es ist zu empfehlen, in dem Landhotel an diesem geschichtsträchtigen Ort zu übernachten, in dessen Restaurant man auch die im Land bekannte Þingvalla-Forelle frisch aus dem See genießen kann.

** Hótel Valhöll
801 Selfoss
Tel. 482 26 22.

2 Reykjavík

Die heiße Metropole

In nur 100 Jahren wurde Reykjavík von
einer kleinen Hafenstadt zum urbanen Zentrum
der Insel – Islands Tor zur Welt.

Wenn es Abend wird, pflegt der Philosoph und Avantgardist **Bjarni Þórarinsson** in das Lokal „22" an der Ecke von Klapparstígur und Laugavegur zu gehen, wo er mit einigen Freunden seinen Stammtisch hat. Beim schäumenden Bier vom Faß erläutert Bjarni den Gesinnungsgenossen seine eigene Philosophie, die er gern als „Vísibendiheimspeki" bezeichnet, was auf Deutsch soviel wie „Philosophie des Zeigens und Deutens" bedeutet. Bjarni hat eine lebhafte Art, seine Gedanken vorzutragen: Mit lauter Stimme, regen Kopfbewegungen und viel Gestikulieren versucht er die Anwesenden von seiner Theorie zu überzeugen, die für ihn den Schlüssel zum Verständnis dessen bedeutet, „was die Welt im Innersten zusammenhält". „Es ist keine komplizierte Sache", erklärt der avantgardistische Künstler, der inzwischen schon viele Ausstellungen auf Island hatte. „Nur scheint es den Menschen etwas schwer zu fallen, das Einfache zu begreifen", fügt er hinzu. Bjarni gehört zum Inventar des etwas ausgefallenen Punk- und Avantgardistenlokals, das auch Treff der Schwulen- und Lesbenszene der isländischen Hauptstadt ist.

Wenn es ihm hier langweilig wird, zieht er mit seinem Geistesbruder, dem Maler „Biggi", die Straße hinunter zum „Café List", wo sich ebenfalls eine Gruppe von Künstlern am Abend versammelt. Man trinkt Bier oder auch Longdrinks, je nach Lust und Laune. Die Gespräche drehen sich um das Neueste, was in den Galerien der Stadt so läuft, oder um neue Kinofilme und neue Theaterinszenierungen. Man ist immer auf dem laufenden über die interessantesten Neuigkeiten der „Szene".

Der erste Minister, Hannes Hafstein, vor dem Regierungsgebäude.

Ein rasanter Aufstieg: vom Gefängnis zum Amtssitz des Ministerpräsidenten und der Staatspräsidentin.

Von der Landespolitik hat man keine hohe Meinung. Mit Recht geht man davon aus, daß die meisten Politiker von den schönen Künsten nichts verstehen. Deswegen hakt man, was die Politiker reden, meistens als „dummes Geschwätz" ab. Sie haben eben kein Verständnis für die wesentlichen Dinge des Lebens.

Anders denkt die Runde, die sich im Morgengrauen im heißen Pool des Freibades im Westen der Stadt zusammenfindet. Hier diskutieren Kaufleute, Architekten, Importeure und Sprachwissenschaftler eifrig über die neuesten Äußerungen und Taten der Politiker.

Ein beleibter Metzger kritisiert die Finanzpolitik der Regierung und erklärt, als Finanzminister hätte er nicht die geringsten Probleme, die ökonomischen Schwierigkeiten des Landes zu überwinden. „Man muß Mut haben, den Weg für eine neue Politik frei zu machen", fügt er hinzu. Seine Gesprächspartner schauen ihn dabei mit etwas skeptischen Blicken an.

Noch lebhafter wird die Diskussion, als der amtierende Außenminister in seiner Badehose am heißen Pool erscheint. Auch wenn der Minister einige scharfe Bemerkungen hinnehmen muß, bleibt die Atmosphäre freundlich und locker. Schließlich ist es nicht gut für das Herz, sich in dem knapp 40 Grad warmen Wasser allzu sehr aufzuregen. Deswegen läßt man gegenüber dem umstrittenen Minister Gnade walten.

Eigentlich waren es nicht Menschen, sondern Götter, die am Anfang in **Reykjavík** Land genommen haben. Oder, genauer gesagt, zwei Götzenbilder. Kurz bevor der erste Isländer, **Ingólfur Arnarson**, im Jahr 874 an die Küste des Landes kam, warf er nämlich seine Götzenbilder über Bord und versprach den Göttern, dort seinen Hof zu errichten, wo sie von den Wellen ans Meer gespült würden. Ingólfur landete mit seinem Schiff im Südosten (südlich des Vatnajökull), an der Landspitze, die heute noch seinen Namen trägt und **Ingólfshöfði** heißt. Nachdem seine irischen Sklaven Vífill und Karli die ganze Südküste abgesucht hatten, rammten sie die Hochsitzpfähle ihres Herrn in einer Bucht an der Südwestecke des Landes in den Boden – dort wo Rauch aus der Erde emporstieg. Der erste Siedler Islands hielt sein Versprechen an die Götter und errichtete dort seinen Hof.

Die Bucht nannte er Reykjavík, „Rauchbucht" – wegen des Dampfes aus den heißen Quellen. Versucht man elfhundert Jahre später, dieses Stück Land oberhalb der blauen Bucht

mit den Augen des ersten Siedlers zu sehen, so liefert die Phantasie ein einladendes Bild: eine breite hügelige Halbinsel zwischen zwei Buchten, eingegrenzt vom Lachs- und Forellenfluß **Elliðaá**, an dem heute die Bürgermeisterin der Hauptstadt im Frühjahr mit einer Angelrute die Lachssaison eröffnet.

An der Nordseite der Halbinsel stieg weißer Dampf aus kochendheißen Quellen in die Luft. Die heißen Quellen von **Laugardalur** (Laugental), wo bis zur ersten Hälfte des zwanzigsten Jahrhunderts die Frauen ihre Wäsche gewaschen haben, sind inzwischen geschlossen worden. Dort befindet sich heute das Sportzentrum der Stadt.

Wasserversorgung und Veranstaltungsort in einem: das „Perlan".

In einer Senke fanden die ersten Siedler auch einen Teich vor, auf dem heute im Sommer Enten und Schwäne leben und im Winter die Jugendlichen unter dem flackerndem Nordlicht Schlittschuh laufen. Aus dem Teich floß damals ein kleiner Bach ins Meer, der heute unter der „Lækjargata" (Bachstraße) im Stadtzentrum verborgen ist.

Vor der Küste lagen einige Inseln, die von Meeresvögeln bevölkert waren. Und auf der Westseite der Mulde, wo heute der „Bankastræti" (Bankstraße) zu finden ist, sprudelte kaltes Wasser aus dem Boden hervor. Was konnte sich damals der erste Bewohner Islands mehr wünschen? Hier hatte er alles, was für sich und seine Familie zum Leben nötig war. Und wie es sich für einen Pionier im neuen Lande gehört, eignete sich Ingólfur Arnarson umgehend ein großes Gebiet an. Die ganze Gegend am Meer, nach Osten hin bis über die Berge, wo heute der Kurort **Hveragerði** liegt, und bis zum großen See, an dem ein halbes Jahrhundert später das Allthing zum ersten Mal zusammentrat – all dies nahm er für sich in Anspruch. Als im Jahr 930 die erste Volksversammlung auf dem neuen Thingplatz, der nun **Þingvellir** heißt, stattfand, wurde sie von Ingólfs Sohn, Þorsteinn Ingólfsson, geleitet.

Die Restaurants sind nicht billig.

Jahrhundertelang spielte Reykjavík an den dampfenden heißen Quellen oberhalb der blauen Bucht im Leben der Isländer eine eher unbedeutende Rolle. Die großen historischen Ereignisse trugen sich anderswo im Land zu.

Um 1500 gab es an der Bucht einen lebhaften Handelsplatz, wo Kaufleute aus Bremen mit den Einheimischen Handel trieben. Hundert Jahre später, 1602, als das Handelsmonopol des dänischen Königs über Island in Kraft trat, erhielten Kaufleute aus Malmö, Helsingör und Kopenha-

gen die Erlaubnis, an diesem Platz mit den Isländern Geschäfte zu machen.

In dieser Zeit wurde das Leben in Reykjavík davon geprägt, daß der oberste Befehlshaber des dänischen Königs im Land auf dem nahe gelegenen Hof **Bessastaðir** – heute Residenz des isländischen Staatsoberhaupts – seinen Wohnsitz hatte. So wurden die Bauern von Reykjavík u.a. dazu verpflichtet, Besatzungen der königlichen Schiffe zu beherbergen. Und noch eine andere seltsame Pflicht hatten die Bauern von Reykjavík zu erfüllen: Mit ihren Leuten mußten sie dafür sorgen, daß die Islandfalken, die der König als Gastgeschenke für ausländische Hoheiten auf Bessastaðir züchten ließ, zum Schiff getragen wurden. So haben die Jagdspiele des europäischen Adels dem armen Bauern von Reykjavík zusätzlich das Leben erschwert.

Um die Mitte des 18. Jahrhunderts trat ein Mann auf, der das Hofgelände des ersten Isländers an der Bucht sozusagen über Nacht in eine florierende Stadt verwandelte: **Skúli Magnússon**, der erste einheimische Landvogt und „Vater von Reykjavík". Er gründete in der Gegend verschiedene „Industrieunternehmen", darunter Woll- und Fischfabriken. 1752 verwandelte sich das ehemalige Hofgelände von Ingólfur Arnarson in eine frühe Industriesiedlung. Die Menschen strömten aus dem ganzen Land herbei, um an diesem frühindustriellen Abenteuer teilzuhaben. Obwohl die verschiedensten Umstände, nicht zuletzt der Widerstand der Dänen, dazu führten, daß die großen Unternehmen schließlich allesamt Pleite gingen, war Reykjavík bereits damals auf

Das Häusermeer von Reykjavík liegt vor dem Bergpanorama der Esja.

dem Weg, sich zum politischen und ökonomischen Zentrum der Insel zu entwickeln.

Mit der Zeit entstanden die ersten öffentlichen Einrichtungen, ironischerweise als erstes ein großes Gefängnis, in dem sich heute das Büro der Staatspräsidentin befindet. Auch Handelsgebäude wurden errichtet, und 1786 wurde Reykjavík per Gesetz ein eigenständiger Ort. Im Lauf der Zeit dehnte sich die kleine Siedlung am Stadtteich aus und wuchs immer weiter in Richtung Osten. Um die letzte Jahrhundertwende lebten hier rund 6000 Menschen, 1936 waren es bereits 35.000. Heute hat die isländische Hauptstadt mehr als 100.000 Einwohner.

Der 10. Mai 1940 markierte einen Wendepunkt in der Geschichte der Hauptstadt. An diesem Tag wurde Island nämlich von den britischen Streitkräften besetzt. Nach der Weltwirtschaftskrise, die auch auf Island ihre Auswirkungen zeigte, gab es plötzlich mehr als genug Arbeit. Wieder strömten die Menschen vom Land nach Reykjavík, um für die ausländischen Streitkräfte zu arbeiten. „Britenarbeit" nannten die Isländer diese neue Einnahmequelle.

Und nicht nur die Männer hatten alle Hände voll zu tun. Manch junge Isländerin fühlte sich von den Uniformierten aus der Ferne angezogen. Schließlich waren sie im Tanzen und in anderen feinen Künsten den isländischen Bauernsöhnen weit überlegen. Diejenigen Frauen, die den Reizen der Fremden erlagen, nannten die Isländer mit kühler Ironie „Umstandsfrauen".

Nach dem Ende des Zweiten Weltkriegs wurde der rasche Aufbau der Hauptstadt fortgesetzt. Heute ist Reykjavík der Mittelpunkt der isländischen Gesellschaft. Hier tagt das Parlament mit 63 Abgeordneten, und hier findet man alle Ministerien, das National- und das Stadttheater, die Oper, die Landesbibliothek, die Universität, die Pädagogische Hochschule, das Landeskrankenhaus, den staatlichen Rundfunk und das Fernsehen, einen privaten Fernsehsender und außerdem zahlreiche private Rundfunkanstalten sowie verschiedene Kultur-, Sport-, Forschungs- und Verwaltungszentren.

Die isländische Metropole ist inzwischen eine hochmoderne Stadt. Heißes Wasser aus dem Boden wird in jedes Haus geleitet, kaltes Wasser kommt aus einem großen Reservoir außerhalb der Stadt. Vorbei sind die Zeiten, als Wasserträger das wertvolle Naß von dem Brunnen, der früher an

Die Farben und die Größe der Häuser erinnert an eine Spielzeugwelt.

Im Jahr 1786 lebten gerade einmal 150 Menschen auf dem Flecken Land zwischen Tjörnin und dem heutigen Hafen.

der heutigen **Bankastræti** stand, in die Häuser tragen mußten – unter ihnen der legendäre Sæfinnur „mit den sechzehn Schuhen". Dieser seltsame Wasserträger, der im vergangenen Jahrhundert jahrzehntelang in alten Lumpen schweigsam zwischen dem Brunnen und den Häusern seine Eimer trug, bewahrte sein Leben lang jedes Geldstück auf, das ihm die Leute in die Hand drückten. Als der alte Lumpenträger starb, fand man in seinem primitiven Lager ein Vermögen.

Vorbei sind auch die Zeiten, die der Schriftsteller **Gestur Pálsson** um die letzte Jahrhundertwende mit den folgenden Worten beschrieb: „Es gibt hier in der Stadt eine Art geistigen Obstgarten, den zu bestellen sich fast alle Stadtbewohner in jeder Hinsicht verpflichtet fühlen; an diesem Platz treffen sich Menschen aller Klassen, Männer wie Frauen; hier weichen Unterschiede des Standes und des Alters wie Nebel vor der Sonne zurück, die Oberen und Unteren reichen sich die Hand, und der Greis am Rand des Grabes und das unkonfirmierte Kind treffen sich hier in schönster Eintracht. Die edle Dame und die Bettlerin sitzen hier wie Schwestern zusammen, und alle helfen sich gegenseitig, den Garten zu pflegen und zu schmücken; einige pflanzen dort neue Blumen, andere riesige Bäume, und manche sind damit beschäftigt, ältere Blumen und ältere Bäume zu bewässern, damit ja nichts verlorengehe, aussterbe oder verwelke; dieses Kleinod der Stadt, dieser heilige und geschützte Obstgarten ist – der Stadtklatsch." Auch wenn die Stadt seit diesen Worten des Dichters sehr gewachsen ist, gibt es diesen Obstgarten noch in einer etwas verwandelten Form: Wie in vielen anderen Ländern hat auch auf Island die „yellow press" mit ihren schrecklichen Klatschkolumnen Einzug gehalten.

Auch wenn Reykjavík auf den ersten Blick wegen des architektonischen Chaos vielleicht ein wenig

Die Hallgrímskirkja dominiert das Stadtbild (Blick vom „Perlan").

V on außen ist die Hallgrímskirkja eindrucksvoll: Die Front besteht aus symbolisierten Basaltsäulen, aus denen der 75 m hohe Turm wächst.

abweisend wirken mag, so hat doch die Stadt beim näheren Kennenlernen ohne Zweifel ein eigenes Flair. Sie ist halt – wie ihre Einwohner – am Anfang etwas zurückhaltend. Deswegen muß man ihr Zeit lassen. Man sollte z.B. einen Spaziergang durch den Stadtteil **Grjótaþorp** (Steindorf) machen, oberhalb der Straße **Aðalstræti**. In diesem kleinen Stadtteil haben in den vergangenen Jahren viele junge Leute alte Häuser gekauft und restauriert. Einer davon ist der Bildhauer **Kristinn Hrafnsson**, der in den achtziger Jahren an der Kunstakademie in München studierte. Zusammen mit zwei Freunden hat er das alte Haus „Vinaminni" restauriert, das früher Eigentum der Stadt war. „Es ist verdammt viel Arbeit gewe-

Blick in das futuristische Innere des „Perlan".

über allen menschlichen Schwächen und Lastern eigen ist.

Bei einem Bummel durch die Innenstadt sollte man nicht versäumen, einen langen Rundgang am alten **Hafen** zu machen. Bei einer Tasse Kaffee in dem Hafenlokal „Kaffivagninn" (Kaffeewagen) kann man sowohl den schönen Blick auf den kleinen Boots-hafen genießen wie auch die Gespräche der Hafenarbeiter belauschen – vorausgesetzt man beherrscht Isländisch. Hier läßt sich spüren, welche Bedeutung die Schiffahrt für die Isländer hat. Es bietet sich auch an, eines der Freibäder der Stadt zu besuchen. Diese Einrichtungen haben in Reykjavík einen besonderen Stellenwert. In Anbetracht dessen, daß die Einwohner aufgrund des Klimas die meiste Zeit des Jahres in den Häusern verbringen müssen, sind die rund ums Jahr geöffneten Freibäder eine wahre Gottesgabe. Hier kann man das ganze Jahr über im Freien baden, und sich in den heißen „Pötten" gemütlich entspannen. Sehr viele Stadtbewohner machen davon Gebrauch. So wie bei den alten Römern dienen auch hier die Bäder einem sozialen Zweck. Im Bad trifft man sich regelmäßig, plaudert miteinander und tauscht Meinungen aus. Und wie schon erwähnt: Auch die VIPs stürzen sich hier in feuchte Erholung.

sen," erinnert sich Kiddi, wie Kristinn mit Spitznamen heißt. „Und wir sind mit der Renovierung längst nicht fertig", fügt er hinzu. „Wir brauchen noch ein paar Jahre, bis das ganze Haus renoviert worden ist." Kiddi erzählt weiter, daß sie nicht nur alle Räume in dem dreistöckigen Gebäude renovieren, sondern auch die Stromleitungen im ganzen Haus erneuern mußten. „Aber die Mühe lohnt sich. Eines Tages wird Vinaminni wieder ein herrschaftliches Gebäude sein, wie es zu seinen besten Zeiten im vergangenen Jahrhundert gewesen ist", sagt der mehrfach preisgekrönte Bildhauer mit großer Überzeugungskraft.

In dem kleinen „Steindorf" hinter der Stadtmitte ist in den letzten Jahren auch eine Künstler- und Aussteigerkolonie entstanden. Hier haben sich die Filmemacher, Bildhauer, Maler, Schriftsteller und Weltenbummler niedergelassen. An Wochenenden werden die Bewohner von Grjótaðorp gelegentlich von Jugendlichen gestört, die in der Nacht auf Sonnabend und Sonntag an- und aufgeheitert durch die Innenstadt ziehen. Der Bildhauer Kiddi regt sich aber darüber nicht sehr auf. „Solange die Kids keinen Schaden anrichten, können sie von mir aus ruhig in der Innenstadt die große Sause machen", sagt er mit der typischen Toleranz, die den Isländern gegen-

Früher war Keflavík nur als Hafen bekannt, heute landen hier die Jets aus aller Welt.

Kein Besucher der Hauptstadt sollte es im Sommer versäumen, das **Freilichtmuseum Árbær** am östlichen Stadtrand zu besuchen, wo eine Gruppe von alten Häusern zusammengestellt worden ist. In einem der Häuser, dem Dillonshús, werden von jungen Isländerinnen in Nationaltrachten äußerst schmackhafte, hauchdünne Pfannkuchen serviert.

Einen Besuch wert ist auch der Hügel **Öskjuhlíð** im Osten von Reykjavík, auf dessen Spitze die Heißwassertanks der Stadt thronen. Abgesehen von dem Blick über die Stadt und zum Meer hinaus macht es einfach Spaß, an den bewaldeten Hängen des Hügels entlangzuspazieren, wo die Amerikaner im Zweiten Weltkrieg viele Bunker ausgehoben haben. Oben auf den Wassertanks befindet sich das Drehrestaurant „Perlan" (Perle), eines der feinsten Restaurants der ganzen Stadt.

Und damit sind wir beim Thema **Essen**. Kenner wissen es bereits: In Reykjavík kommen die Gourmets voll auf ihre Kosten. Es gibt in der Stadt eine Reihe von Speiselokalen, die – auch an internationalen Maßstäben gemessen – einen hohen Rang einnehmen. Und wer sich zur Zeit des „Þorri", wie die Isländer früher die Zeit von Mitte Januar bis etwa Mitte Februar nannten, in Reykjavík aufhält, sollte nicht versäumen, in dem alten Lokal „Naust" an der **Vesturgata**, einige Schritte westlich der Stadtmitte, das „Þorrablót" zu feiern. Nach alter Sitte bekommt hier der Gast eine große Schüssel mit den verschiedensten tradi-tionellen Speisen der Isländer vorgesetzt: fermentierter Hai, Seehundflossen, gepökeltes Walfleisch und saure Hammelhoden, um nur einige Leckereien unter den „Þorri"-Speisen zu nennen.

Will man richtig deftig-derb auf altisländische Art schmausen, sollte man das „Wikingerlokal" Fjörukráin im Nachbarort **Hafnarjörður** aufsuchen, wo es vor allem an Wochenenden bei Haifisch, Hammelhoden und gebratenen Schafsköpfen hoch hergeht, wobei die Stimmung durch Volkslieder noch zusätzlich angeheizt wird.

An einem Gourmet-Abend pflegt man vor allem am Wochenende einen Besuch in einem der zahlreichen Nachtlokale der Innenstadt anzuhängen. Wenn man in der Stimmung für gemütliche Atmosphäre ist, eignet sich die Bar des „Café Romance" neben der Buszentrale am Anfang der Fußgängerzone. Hat man Lust auf etwas mehr Trubel, bietet sich das große „Kaffi Reykjavík" hinter der Fußgängerzone, in der Nähe des Hafens, an. Hier trifft sich ein buntes Gemisch von Leuten aller Altersstufen.

Jüngeres Publikum bevölkert hingegen das „Gaukur á Stöng" in unmittelbarer Nähe des Kaffi Reykjavík. Das „Gaukurinn" war die erste Kneipe der Stadt, in der die Isländer nach einem 75 Jahre gültigen Bierverbot Ende der achtziger Jahre den schäumenden Gerstensaft trinken konnten. Der 1. März 1989, der Tag, an dem das Bier auf Island wieder zugelassen wurde, war ein großer Tag im Stadtleben von Reykjavík.

F
ast food, Haute cuisine, Wikinger-Bankett und Pasta – für kulinarische Abwechslung ist gesorgt.

Viele Straßen Reykjavíks führen zum Meer.

Dieser Tag ging als „B-day" in die Geschichte des Landes ein – in Anlehnung an den berühmten „D-day" im Zweiten Weltkrieg. Fernseh- und Rundfunkteams aus aller Welt drängten sich am Morgen dieses B-day vor dem Laden des Alkoholmonopols in der Snorrabraut, um die ersten Bierkäufer zu filmen und zu interviewen – die Journalisten waren absolut in der Mehrheit. Ein kollektives Gelage mit karnevalsähnlichen Szenen spielte sich denn auch vor allem in den Medien außerhalb Islands ab – in Reykj-avík war es nur wenig lebendiger als an einem normalen Werktagabend in der kalten Jahreszeit.

Inzwischen hat sich in der Stadt eine interessante Pub- und Bistroszene entwickelt. Hier trinken vor allem junge Isländer mal mehr, mal weniger über den Durst – nicht anders als in anderen europäischen Metropolen. Wie überall löst auch hier der Alkohol die Zunge. Je später der Abend, desto offener werden Isländer auch Ausländern gegenüber. Viele sind dann mehr als willig, den fremden Gast in die vielen Geheimnisse ihres Landes einzuführen.

gen. Ein Sommerbesucher wird das rege Kulturleben der Hauptstadt allerdings nur am Rand mitbekommen. Sobald sich der Sommer ankündigt und die Tage länger werden, tritt in Reykjavík eine Art „Kulturpause" ein. Die beiden öffentlichen Theaterhäuser der Stadt sowie die meisten kleineren Theatergruppen stellen nämlich ihre Tätigkeit während der Sommermonate ein. Das Gleiche gilt für die Oper und das Symphonieorchester. Nach dem langen, dunklen Winter verspüren die Einwohner von Reykjavík das Bedürfnis, die hellen, nordischen Sommernächte voll zu genießen.

Sobald die erste „Kría" (Küstenseeschwalbe) auf der kleinen Insel im Stadtteich beob-

Die Jugend genießt die Sommersonne in den wenigen Freiluftcafés.

Eines dieser Geheimnisse – wenn auch inzwischen ein offenes – ist die fast unglaubliche künstlerische Produktivität der Isländer. Ein Besucher, der mit offenen Augen durch Reykjavík geht, wird auf eine Vielzahl von kleineren und größeren Kunstgalerien stoßen. Im Winter werden an jedem Wochenende durchschnittlich drei bis vier Ausstellungen in der Stadt eröffnet – die meisten von Künstlern, die im Ausland ein langjähriges Kunststudium hinter sich gebracht haben.

Es ist nicht einfach, diese große künstlerische Kreativität zu erklären. Tatsache ist aber, daß die Stadtbewohner von Reykjavík das kulturelle Geschehen mit großem Interesse verfol-

achtet wird, hat der Frühling in Reykjavík Einzug gehalten.

Dann werden Jahr für Jahr die Gemüter der Stadtbewohner leichter und die Röcke der Frauen kürzer. Junge Paare gehen beim Schwanengesang im kleinen Park eng umschlungen am Teich spazieren, und die Stadtromantik blüht. Dem einen und dem anderen ist dann vielleicht so ähnlich zumute wie dem beliebten Stadtdichter von Reykjavík, **Tómas Guðmundsson**, der in einem seiner Gedichte den Frühling in dieser nördlichen, aber „heißen" Metropole besang als die Zeit, in der „sogar alte Telefonmasten im Sonnenschein singen und wieder grün werden".

HERBE HAUPTSTADT

Islands Hauptstadt Reykjavík bildet mit über 100.000 Einwohnern die einzige wirkliche Großstadt des Landes. Hier, an der blauen Bucht, schlägt das politische, kulturelle und wirtschaftliche Herz der Insel. Bemerkenswert: Es gibt keine Kamine, die Stadt wird mit dem Wasser der heißen Quellen geheizt.

TRANSPORT & VERKEHR

Mit den Stadtbussen läßt sich Reykjavík am besten erkunden. Das gut ausgebaute Bussystem sorgt dafür, daß man schnell und sicher von einem Ende der Stadt zum anderen kommt. Da die Isländer (ach den Amerikanern) die größten Autobesitzer der Welt sind, kommt es im Sommer selten vor, daß in den Bussen Gedränge herrscht. Die Hauptstationen der Stadtbusse sind „Lækjartorg" im Zentrum und „Hlemmur" gegenüber der Polizeihauptwache im Osten der Stadt. Hier kann man, mit einem besonderen „Umsteigeticket", das beim Betreten des Busses vom Fahrer verlangt werden muß, von einem Bus in den anderen steigen. Eine Fahrt kostet für Erwachsene ca. 3 DM, für Kinder unter 12 Jahren 0.90 DM. Bis zum 6. Lebensjahr ist das Busfahren umsonst. Die Möglichkeit zum Umsteigen ist im Fahrpreis enthalten, wobei man innerhalb von 45 Minuten umsteigen muß. Wenn man im Sommer durch Reykjavík fahren will, ist die sogenannte „Reykjavík Touristen- und Museumskarte" zu empfehlen. Eine solche Tageskarte, die 11 DM kostet, berechtigt zum unbegrenzten Fahren mit den Stadtbussen, zumal man damit auch einige Museen und das städtische Freibad besuchen kann. Die Karte kostet für 2 Tage 14 und für 3 Tage 16 DM. Taxis sind in Reykjavík leicht zu bekommen, – ausgenommen in den Nächten zu Samstag und Sonntag, wenn das Nachleben floriert. Taxifahren ist in Island nicht gerade billig (Grundpreis über 6 DM).
Die drei rund um die Uhr geöffneten Taxizentralen sind zu erreichen unter
Tel. 588 55 22, 553 35 00, 561 00 00.

STADTRUNDGANG

Die meisten Sehenswürdigkeiten befinden sich im oder in der Nähe des Zentrums. Es empfiehlt sich deshalb, sich die touristischen Highlights zu Fuß zu erobern. Als Ausgangspunkt eignet sich der Platz „Lækjartorg" am Ende der kleinen Fußgängerzone. Von dort aus hat man einen Blick auf eins der ältesten Häuser der Stadt: Stjórnarráðið. Im 18. Jahrhundert gebaut diente es zunächst als Gefängnis, heute sind dort die Arbeitsräume sowohl der Staatspräsidentin als auch des Ministerpräsidenten zu finden. Geht man durch die Fußgängerzone und weiter zum Ende von Austurstræti, sieht man auf der rechten Seite das isländische Wollzentrum, neben dem populären Kaffi Reykjavík. Hier wurden die Islandfalken, die für den dänischen König gefangen wurden, in früheren Zeiten aufbewahrt und von hier aus zum nahe gelegenen Hafen getragen. An der Ecke Aðalstræti / Vesturgata steht das über hundert Jahre alte Geysishús. Am anderen Ende von Aðalstræti, gegenüber dem großen Gebäude der Heilsarmee, ist man im historischen Zentrum von Reykjavík angelangt. Hier soll der Hof des ersten Isländers Ingólfur Arnarson gestanden haben. Im sogenannten „Fógetahús" (Vogthaus), Aðalstræti 10, wo heute das Nachtlokal „Fógetinn" zu finden ist, begann Mitte des 18. Jahrhunderts das industrielle Abenteuer des „Stadtvaters von Reykjavík", Skúli Magnússon. Das „Vogthaus" ist auch offiziell das älteste Haus der Stadt. Von der Statue des Vogts sind es nur einige Schritte zum Alþingishúsið, dem 1881 aus grauem Basalt gebauten Parlamentsgebäude, in dem heute das Parlament der Isländer tagt. Gegenüber steht eine Statue des Freiheitshelden Jón Sigurðsson, dessen Geburtstag, der 17. Juni, zum Anlaß genommen wurde, 1944 die Unabhängigkeit der Republik Island auszurufen. Neben dem Parlament steht die Dómkirkjan, der kleine Dom, dessen ältester Teil aus dem

Ein Hard Rock Café im üblichen Stil darf auch in Reykjavík nicht fehlen.

18. Jahrhundert stammt. In einer kleinen Dachkammer wurden hier damals die ersten Bücher der Landesbibliothek aufbewahrt, darunter einige Spenden des deutschen Romantikers und Islandfreundes Friedrich de la Motte Fouqué. Vom Dom ist es nur ein Katzensprung zum Tjörnin, dem Stadtteich, wo ein reges Vogelleben zu beobachten ist. Besonders beliebt ist es bei den jüngsten Stadtbewohnern, an sonnigen Tagen die Enten mit Brot zu füttern. In den Teich hinaus ragt das neue Rathaus, das am 14. April 1992 eingeweiht wurde. Am alten Stadttheater vorbei gelangt man zu der „Lækjargata", der „Bachstraße", unter dessen Asphalt der Bach aus dem Stadtteich Richtung Meer fließt. Oberhalb der Straße thront „Menntaskólinn í Reykjavík", das altehrwürdige Gymnasium der Stadt, gegen Mitte des achtzehnten Jahrhunderts gebaut. Zu den vielen Schülern, die das Gymnasium besucht haben, gehören zwei Nobelpreisträger: Niels Finsen, der 1903 den Nobelpreis für Medizin bekam, und der Schriftsteller Halldór Laxness, dem 1955 der Literaturnobelpreis verliehen wurde. Wenige Schritte weiter steht man dann wieder am Ausgangspunkt, dem Platz Lækjartorg.

BOTANISCHER GARTEN

„Grasagarður Reykjavíkur", der Botanische Garten von Reykjavík wurde 1961 anläßlich des 175jährigen Jubiläums der Stadt gegründet. Er befindet sich nahe dem Sportzentrum und des Campingplatzes im Osten der Stadt. Hier gedeihen auf 2,5 Hektar Land etwa 3500 verschiedene Pflanzenarten. Zwei Werke moderner isländischer Künstler schmücken den Garten. Ein schöner alter Pavillon lädt zum Verweilen ein.

UNTERKUNFT

* PENSION GARNI BALDURSBRÁ

Laufásvegur 41
101 Reykjavík
Tel. 552 66 46
Fax 562 66 47.
Zu empfehlen ist das Gästehaus „Baldursbrá" in bester Lage inmitten der Altstadt von Reykjavík. Von

hier aus erreicht man das Stadtzentrum in wenigen Minuten zu Fuß. Hier kann man in familiärer Atmosphäre – für die zentrale Lage – relativ preiswert (Dusche und WC auf dem Flur) übernachten. Der Besitzer ist ein Deutscher, der schon lange auf Island lebt.

*** HÓTEL BORG

Pósthússtræti 11
101 Reykjavík.
Tel. 551 14 40.
Ein kleines, aber sehr feines, neu restauriertes Hotel, in dem schon in der ersten Hälfte des Jahrhunderts Weltstars wie Tyrone Power und Marlene Dietrich übernachtet haben.

*** HÓTEL SAGA

Hagatorg
107 Reykjavík
Tel. 552 99 00.
Erstklassiges Hotel, in der Nähe des Nationalmuseums und fünf Minuten zu Fuß von einem städtischen Freibad entfernt.

*** HÓTEL HOLT

Bergstaðastræti 37
101 Reykjavík
Tel. 552 57 00.
Ein elegantes Hotel in der Nähe der Stadtmitte. Vor allem durch die hervorragende Küche bekannt.

JUGENDHERBERGE

Farfuglaheimilið (die Jugendherberge) befindet sich im Osten der Stadt, neben dem Campingplatz und dem großen Freibad „Laugardalslaug". Es ist eine moderne Einrichtung mit etwa 100 Betten. Man kann dort auch für 11 Mark Frühstück bekommen, außerdem steht eine Gemeinschaftsküche zur Verfügung.

RESTAURANTS

CAFÉ ÓPERA

Lækjargata 2, 1. Stock.
Tel. 552 94 99.
Hervorragende Fisch- und Fleischgerichte, phantasievoll zubereitet.

HÓTEL BORG

Pósthússtræti 11
Tel. 551 14 40.
Im alttraditionellen restaurierten

Hotel im Herzen der Stadt gibt es ein feines Restaurant, sowie auch die einzige „Sushi-Bar" des Landes.

SKÓLABRÚ

Pósthússtræti 17
Tel. 562 44 55.
Ein zentral gelegenes, feines Restaurant, in einem gemütlich eingerichteten, alten Wohnhaus.

GRILLIÐ

Hagatorg
Tel. 552 99 00.
Beliebtes Restaurant im 8. Stock des Hotel Saga mit Panorama. Bekannt für das exzellente Fischgratin.

VIÐ TJÖRNINA

Templarasund 3, 1. Stock,
hinter dem Parlament.
Tel. 551 86 66.
Das beste Fischrestaurant der Stadt, in einer gemütlich umgebauten Wohnung.

JÓNATAN LIVINGSTONE MÁVUR

Tryggvagata 6, am Hafen.
Tel. 551 55 20.
Feines Lokal mit isländischer und internationaler Küche.

ÞRÍR FRAKKAR HJÁ ÚLFARI

Baldursgata 14
nahe der Hallgrímskirkja
Tel. 552 39 39.
Preiswertes Lokal, wo man originelle Salzfischgerichte und Walfleisch bekommen kann.

HÓTEL LOFTLEIÐIR

am Binnenflughafen
Tel. 505 09 25.
Ein gutes Lokal, wo sowohl isländische als auch ausländische Gerichte angeboten werden. Mittags und abends ein preiswertes und reichhaltiges Buffet.

HARD ROCK CAFÉ

Kringlan 12
im großen Einkaufszentrum
Tel. 568 98 88.
Ein mit vielen wertvollen Memorabilien der Rockgeschichte geschmücktes Lokal. Mit Rockmusik im Ohr kann man hier die größten und saftigsten Hamburger der ganzen Stadt verdrücken.

Á NÆSTU GRÖSUM
Laugavegur 20b, 1. Stock
nahe am Zentrum.
Tel. 552 84 10.
Das „ganz andere Lokal" für
Vegetarier. Hier treffen sich
diejenigen, die auf ihre Gesundheit
und schlanke Linie achten.

ELDSMIÐJAN
Bragagata 38
in der Nähe der großen Kirche.
Tel. 562 38 38.
Ein kleines Lokal, wo man die
besten Pizzas der Stadt bekommt.

PERLAN
Öskjuhlið
Tel. 562 02 00.
Nobelrestaurant in der Kuppel der
„Perle".

NAUST
Vesturgata 6
Tel. 561 77 59.
Preisgünstige isländische Gerichte
in rustikalem Ambiente.

FJÖRUKRAIN-FJÖRÐURGARÐURINN
Strandgata 55
Tel. 565 12 13.
Deftige altisländische Küche.

Das Denkmal des Wikingers Leif Eiríksson vor der Hallgrímskirkja.

NIGHTLIFE

Es gibt in Reykjavík eine große
Anzahl von Nachtlokalen, die während der Woche bis 1 Uhr und
freitags/samstags bis 3 Uhr nachts
geöffnet sind. Einige der populärsten aus dem bunten Angebot:

CAFÉ LIST
Klapparstígur 26, nahe der Stadtmitte. Kleines gemütliches Lokal. Treff-
punkt für Künstler und Medienleute.

KAFFI REYKJAVÍK
Vesturgata 1, Stadtmitte.
Ein sehr großes und am Wochen-
ende äußerst gut besuchtes Lokal.
Wegen des Gedränges sind
soziale Kontakte unvermeidbar.

CAFÉ ROMANCE
Lækjargata 2, neben dem
Restaurant Café Opera.
Pianobar mit Live-Musik.

SKUGGABARINN
Hótel Borg, im Zentrum.
Das neueste „In-Lokal" der Stadt.

GAUKUR Á STÖNG
Tryggvagata 22,
in der Nähe des Hafens.
Islands „ältester Pub". Live-Musik.
Junges Publikum.

22
Laugavegur 22.
Originelles und häufig leicht
„flippiges" Publikum.

LEIKHÚSKJALLARINN
Hverfisgata 19, im Keller des
Nationaltheaters.
Nostalgische Tanzbar der 68er
Generation. Ansonsten sehr
gemischtes Publikum.

EINKAUFEN

LAUGAVEGUR
Die bekannteste Einkaufsstraße mit
zahlreichen Geschäften,darunter
vielen eleganten Modeboutiquen.

KRINGLAN
Das größte Einkaufszentrum
der Stadt, neben dem neuen
Stadttheater im Osten. Über
70 Geschäfte unter einem Dach.

KOLAPORTIÐ
Der bei Einheimischen populäre
Flohmarkt an der Geirsgata
gegenüber dem Kai für die
Kreuzfahrtschiffe ist samstags
von 10 – 16 und sonntags von
11 – 17 Uhr geöffnet.

MUSEEN

ÁRBÆR FREILICHTMUSEUM
Eine interessante Sammlung von
alten Häusern am Stadtrand. Im

Restaurant Dillons-Haus gibt es
leckere isländische Pfannkuchen.
Nur im Sommer täglich von 10 – 18
Uhr geöffnet. Montags
geschlossen. (Buslinien 10 und
100 von Hlemmur und Lækjartorg)

ÁSMUNDUR SVEINSSON MUSEUM
Sigtún (Buslinie 5).
In unmittelbarer Nähe der großen
Sporthalle (Iþróttahöllin) im Osten
der Stadt steht das ehemalige
Wohnhaus des Bildhauers Ás-
mundur Sveinsson (1893 – 1982).
Hier befindet sich das Museum
„Ásmundarsafn", wo die Werke
des originellen Bildhauers zu
besichtigen sind. Viele Skulpturen
stehen auch im Garten.
Geöffnet: im Sommer täglich von
10 – 16 Uhr, im Winter nur an
Wochenenden.

GALERIE ÁSGRÍMUR JÓNSSON
Bergstaðastræti 74.
Zentral gelegen, in der Nähe der
Buszentrale BSÍ, von der Stadtmit-
te etwa 10 Minuten zu Fuß.
Eine interessante Gemäldesamm-
lung des Kunstmalers Ásgrímur
Jónsson (1876 – 1958), eines der
Pioniere der isländischen Malerei.
Geöffnet: im Sommer täglich 13.30 –
16 Uhr, im Winter nur Sa und So,
Dezember und Januar geschlossen.

EINAR JÓNSSON MUSEUM
Njarðargata.
Neben der Hallgrímskirche steht
das Haus „Hnitbjörg", in dem sich
die Galerie des Bildhauers Einar
Jónsson (1874 – 1954) befindet.
Es lohnt sich, die Werke des
großen Meisters der Bildhauerei zu

besichtigen. Angeschlossen ist ein Garten, in dem auch viele Skulpturen des Künstlers ausgestellt sind. Geöffet: 1.6. – 15.9. täglich außer Mo 13.30 – 16 Uhr, im Winter Sa und So 13.30 – 16 Uhr.

KJARVALSSTAÐIR

Miklatún, im Osten der Stadt. (Buslinien 3, 6/7). Die städtische Kunstgalerie. Wechselnde Ausstellungen. Täglich 12 – 18 Uhr geöffnet.

NATIONALMUSEUM

Suðurgata 41 neben der Universität. Reichhaltige Sammlung kulturhistorischer Gegenstände – von ausgegrabenen Waffen der Wikinger bis zu dem Tisch, an dem Fischer und Spassky ihren Kampf um die Weltmeisterschaft im Schach austrugen. Sehr empfehlenswert. Im Sommer täglich (außer Montag) 11 – 16 Uhr geöffnet.

NATIONALGALERIE

Fríkirkjuvegur 7, am Stadtteich. Museum der bildenden Künste auf Island im 19. und 20. Jahrhundert. Wechselnde Ausstellungen. Täglich außer Mo 12 – 18 Uhr.

SIGURJÓN ÓLAFSSON MUSEUM

Laugarnestangi 70, im Osten (mit Linie 4 zu erreichen). Ständige Ausstellung der Werke des Bildhauers Sigurjón Ólafsson. Im Sommer Sa und So 14 – 18 Uhr und Mo – Do 20 – 22 Uhr geöffnet.

SCHWIMMBÄDER

LAUGARDALSLAUG

am Sportzentrum, im Osten der Stadt (Buslinie 5). Das größte Freibad der Stadt, mit zahlreichen „heißen Pötten", Whirlpools, Solarium und einer umsonst zugänglichen Sauna. Öffnungszeiten: Mo – Fr 7 – 21.30, Sa und So 8 – 19.30 Uhr.

SUNDHÖLL REYKJAVÍKUR

Barónsstígur, nahe der Hallgrímskirche (Buslinie 1 von der Stadtmitte, am Abend und am Wochenende Linie 17). Städtisches Hallenbad, mit „heißem Pot", Whirlpool und einer Sonnenterrasse im Freien.

Öffnungszeiten: Mo – Fr 7 – 21.30, Sa und So 8 – 19.30 Uhr.

SUNDLAUG VESTURBÆJAR

Hofsvallagata, im Westen, in der Nähe des Hótel Saga. Freibad mit „heißen Pötten" und Wassermassage. Separate Sauna. Öffnungszeiten: Mo – Fr 7 – 21.30, Sa und So von 8 – 19.30 Uhr.

INFORMATION

TOURISTENINFORMATION

Upplysingamiðstöð Ferðamála Bankastræti 2, Tel. 562 30 45.

Geöffnet: 1. 5. – 30. 9. Mo – Fr 8.30 – 17, Sa, So 8.30 – 13.30 Uhr. 1. 10. – 30. 4. Mo – Fr 8.30 – 16.30 Uhr.

REISEBÜRO MITTERNACHTSSONNE

Barónsstígur 2 – 4 Eingang Hótel Barón Tel. 551 29 32, Fax 552 44 25. Das Reisebüro hat sich auf Tagestouren für deutschsprachige Touristen in Reykjavík und Umgebung spezialisiert. Außerdem veranstaltet es auch Wochenendausflüge für Deutsche in den Norden (Akureyri-Mývatn), in den Südosten (Vatnajökull) und in den Westen (Snæfellsnes).

Insider News

EINE GANZ BESONDERE UNTERKUNFT

Hjá Dóru Laugavegur 140, in unmittelbarer Nähe der Buszentrale, Tel. 562 32 04, Fax 562 37 79. Ein kleines, besonders geschmackvoll eingerichtetes Mittelding zwischen einem Hotel und einem Gästehaus. Ideal für diejenigen, die preiswert, aber zugleich komfortabel und in häuslicher Atmosphäre übernachten möchten.

KOGGA-KERAMIK

Die Galleri Kogga ist ein interessanter Laden, in dem die Keramikarbeiten der im Land berühmten Künstlerin Kogga zu kaufen sind. Für denjenigen, der nicht weiß, was er als Souvenir oder Geschenk mit nach Hause nehmen soll, ist ein Keramikstück von Kogga das Ideale. Vesturgata 5 (Stadtmitte).

MODERNE KUNST

Das Museum Nýlistasafnið zeigt, was in der jungen Kunstszene Islands wirklich los ist. Täglich von 14 – 18 Uhr geöffnet. Vatnsstígur 3, in einer kleinen Seitenstraße von Laugavegur.

ROMANTISCH SPEISEN

Das Restaurant Viðeyjarstofa ist in einem historischen Gebäude auf der Insel Viðey vor den Toren der Stadt untergebracht. Im Sommer regelmäßiger Fährenverkehr

zur Insel. Ideale Umgebung für einen romantischen Abend zu zweit.

SCHLAMMBAD FÜR DIE GESUNDHEIT

Wenn man das Freibad Laugardalslaug im Sportzentrum neben dem Campingplatz besucht, sollte man nicht versäumen, sich im natürlichen geothermischen Schlamm zu entspannen. Im 42 Grad warmen Schlamm fühlt man sich äußerst wohl, die Muskeln – vor allem im Hals- und Schulterbereich – entspannen sich, Rückenschmerzen werden gelindert, und der Kreislauf wird stimuliert. Die Benutzung der Schlammbäder ist im Eintrittspreis inbegriffen.

ALLES FÜR DIE SCHÖNHEIT

Im Osten der Stadt, inmitten eines Industrie- und Verwaltungsviertels, findet man, oder besser gesagt, finden die Frauen ein gemütliches Fitness- und Kosmetikzentrum, wo sich das weibliche Geschlecht vom „Streß der Männerwelt" zurückziehen kann. Geleitet wird „Baðhúsið" (Badehaus) von der in Sachen weibliche Schönheit kompetenten Frau Linda Pétursdóttir, die Ende der 80er Jahre den Titel „Miss World" gewonnen hat.

Baðhúsið Líkams-og Heilsurækt, Ármúla 30 108 Reykjavík Tel. 588 16 16 Fax 588 14 14.

Zauberer und Höhlen-menschen

Heiße Quellen, Höhlen, Moore locken bei Borgarnes von der Ringstraße ins Landesinnere.

Vom Nationalpark **Þingvellir** führt ein Weg durch die Berge zum **Borgarfjörður** im Westen. Obwohl diese Hochlandpiste, die den Namen **Kaldidalur** (das kalte Tal) trägt, lediglich 40 Kilometer lang ist, gehört sie zu den interessantesten Bergpisten des Landes.

Der Weg führt zunächst östlich am Berg **Ármannsfell** vorbei und dann über die flache Ebene von **Hofmannaflöt** (Hofmännerebene).

Am nördlichen Ende der Ebene erhebt sich ein etwas sonderbarer, hutförmiger kleiner Berg mit

Auf den Hochlandstraßen hat man das Gefühl auf dem Mond zu sein.

dem Namen **Meyjarsæti** (Frauensitz). In vergangenen Zeiten diente dieser Platz als Raststätte für erschöpfte Reiter, die sich auf dem Weg zum alten Thingplatz befanden. Laut überlieferten Berichten soll es hier oft ziemlich hoch her gegangen sein: Tapfere Burschen sollen Wettkämpfe ausgetragen haben, während die Frauen am unteren Hang des „Frauensitzes" saßen und ihren Männern zusahen.

Hinter dem „Frauensitz" folgt eine tiefe Ebene, in der sich der flache See **Sandkluftavatn** ausbreitet. Bei trockenem Wetter und starkem Wind kommt es am Ufer oft zu heftigen Sandstürmen, die früher Autofahrern große Schwierigkeiten bereitet haben. Vor wenigen Jahren legte man aber einen Weg westlich um den See herum, um

dieser Gefahr vorzubeugen. In der Nähe der Weggabelung, an der eine Straße zum **Lundareykjadalur** abgeht, fallen auf einem Hügel einige Steinhaufen auf, die sogenannten **Hallbjarnarvörður**. Hier soll im Mittelalter ein Kampf stattgefunden haben. Ein Bauer aus dem Süden namens Hallbjörn heiratete eine Frau mit Namen Hallgerður aus der Gegend von Borgarfjörður im Westen. Nachdem die beiden einen lieblosen Winter im Westen miteinander verbracht hatten, wollte Hallbjörn mit seiner Frau in den Süden ziehen. Als sie sich weigerte, mit ihm zu gehen, wickelte er sich ihre langen Haare um die Hand und schlug ihr den Kopf ab. Danach ritt er mit drei Begleitern über „das kalte Tal". Ein Verwandter der Getöteten machte sich an die Verfolgung und holte ihn auf dem Hügel ein, wo heute die Steinhaufen stehen. Dort brachte er den Frauenmörder um.

Hinter dem alten Kampfplatz beginnt dann das eigentliche „kalte Tal". Der Weg führt an dem Steinhügel **Beinakerling** (Knochenweib) vorbei, wo Reisende bis heute einen Vers hinterlassen sollen, um die Geister im „kalten Tal" zu besänftigen.

Auf dem sogenannten **Langihryggur** (langer Rücken), an der Stelle zwischen den beiden Gletschern **Langjökull** und **Ok**, ist der mit 727 Metern höchste Punkt des Weges mit zahlreichen Steinhaufen markiert. Dort können, auch im Hochsommer, kühle Winde von den Eisfeldern herunterwehen. Von der Höhe sieht man im Nordosten den **Prestahnjúkur** (Priestergipfel). Der Name des Berges geht auf ein Ereignis aus der Mitte des 17. Jahrhunderts zurück. Damals glaubten viele, das Tal zwischen dem Berg und dem nahe gelegenen

Gletscher wäre von Geächteten bewohnt. Um den Wahrheitsgehalt dieses Gerüchts zu prüfen, kletterten zwei mutige Pfarrer aus dem **Borgarfjörður** auf den Gipfel des Berges und stellten fest, daß das Tal vollkommen öde und unbewohnt war. Seitdem wird der Berg nach den beiden Priestern benannt.

Das Gestein im Prestahnjúkur enthält einen wertvollen vulkanischen Stoff, nämlich Perlit, der dort in kleinen Mengen abgebaut worden ist. Diese besondere Lava-Art dehnt sich beim Erhitzen aus und ähnelt dann dem leichten Bimsstein. Perlit wird auch noch heute als Isoliermaterial geschätzt.

Wenn man aus dem „kalten Tal" im Norden herunterkommt, öffnet sich der Blick auf die oberen Täler von Borgarfjörður. Im Nordosten, oberhalb der letzten Höfe, breitet sich eine große Lava- und Sandebene mit dem Namen **Geitland** (Ziegenland) aus. Auf dieser heute völlig unbewohnten Ebene sollen bis etwa 1600 einige Höfe gestanden haben. Ein Dichter und Naturwissenschaftler, der um die Mitte des 19. Jahrhunderts über diese kahle und unwirtliche Ebene ritt, fand damals noch einige Überreste der längst verödeten Höfe. Er stieß auch auf Spuren der berühmten heißen Quelle **Skrifla**, einer der „beweglichsten" heißen Quellen des Landes.

Nach einer alten Sage befand sich Skrifla vor Urzeiten an dem Hof **Kalmanstunga**, im oberen Teil von Borgarfjörður. Nachdem man die blutigen Kleider eines unschuldig getöteten Mannes in Skrifla gewaschen hatte, verschwand die Quelle und tauchte in der Geitland-Ebene wieder auf. Als sich später Lava über die Ebene ergoß, tauchte die Quelle wieder unter und zog diesmal zum Hof **Reykholt** hinunter, wo sie heute noch sprudelt. Unterwegs soll sie für kurze Zeit an dem Hof Húsafell haltgemacht haben.

Húsafell ist der erste Hof, den man nach der Fahrt von Þingvellir über die Hochlandpiste vom „kalten Tal" aus erreicht. Auf diesem von schönen Birkenwäldern umgebenen Hof wohnt der Bauer **Kristleifur Þorsteinsson** mit seiner Familie. Als ich an einem Spätsommertag von der Hochlandpiste hinunterfahre, treffe ich Kristleifur vor seinem Hof. Seine inzwischen über siebzig Jahre sind dem Bauern von Húsafell überhaupt nicht anzumerken. Nach einer „obligatorischen" Tasse Kaffee brechen wir mit dem Alten auf, um Islands berühmteste Höhle namens **Surtshellir** zu besichtigen.

Während wir mit dem Jeep eine halbe Stunde auf einer holprigen Straße in die große Lava-Ebene **Hallmundarhraun** hineinfahren, erzählt Kristleifur, seine Verwandten hätten schon seit Jahrhunderten den Hof Húsafell bestellt. Viele von ihnen seien dort Pfarrer gewesen. Die erste Kirche, so der Bauer, sei bereits im 12. Jahrhundert im Ort gebaut worden.

Als ich Kristleifur nach der kleinen, schönen Kirche frage, die heute in der Nähe des Hofes steht, schmunzelt er und erzählt die sonderbare Geschichte der Kirche: Nachdem man die Vorgängerkirche von Húsafell zu Beginn des 19. Jahrhunderts abgerissen hatte, tauchte wiederholt die Idee auf, den aufgelassenen Friedhof in grünes Ackerland zu verwandeln. Viele, insbesondere die Frauen, widersetzten sich jedoch. Gegen Ende der zwanziger Jahre dieses Jahrhunderts träumte ein Angestellter am Hof, der längst verstorbene Pfarrer Snorri Björnsson sei zu ihm gekommen und hätte ihn gebeten, dafür zu sorgen, daß nicht Kühe und Schafe sein Grab niedertrampeln. Dreimal im Winter hatte der Angestellte den gleichen Traum. Daraufhin beschloß er, einen Zaun um den alten Friedhof zu ziehen und einen Bogen aus Beton über dem „Seelentor" zu errichten. Doch damit nicht genug. Der Angestellte kämpfte auch dafür, daß in Húsafell wieder eine Kirche entstand. Sein Traum ging in Erfüllung: 1973 wurde die neue Kirche vom Bischof des Landes eingeweiht.

Es weht eine angenehme Brise, als ich an einem Wegweiser in der Lava mit dem Bauern aus dem Jeep steige. 300 Meter sind es noch bis zum Surts-

Sagenumwoben ist die Landschaft am Borgarfjörður, im Westen Islands.

hellir. Wir stiefeln über die unebene und zerrissene Lavafläche, bis wir plötzlich am Rand eines tiefen Lavagrabens stehen. „Hier müssen wir herunter", sagt Kristleifur und beginnt, wie eine Bergziege über die Steine hinunterzuklettern. Ich folge ihm, und bald stehen wir an der Öffnung zu einer dunklen Höhle. Aus einer mitgebrachten Tüte nimmt der Bauer zwei Taschenlampen heraus. Im matten Lichtschein erkennen wir, daß der Boden steinig und uneben ist. Wir kommen nur mühsam voran.

Zunächst ist die Surtshellir ziemlich niedrig, aber bald stehen wir in einem hohen Gewölbe. Die Luft hier unten ist kühl und feucht. Ich klettere hinter dem Alten auf eine Art Terrasse hoch. Dort fällt der schwache Lichtstrahl der Taschenlampe auf einige Steine, die offenbar von Menschen aufeinandergeschichtet wurden und an kleine Schränke erinnern. „Sie sind früher bestimmt mit Schafshäuten überdeckt worden", erklärt mir der alte Bauer in der Dunkelheit. Und langsam wird mir bewußt, daß ich mitten im „Wohnzimmer" der Höhlenmenschen stehe. Laut Kristleifur geht die Geschichte der Höhlenmenschen auf das Mittelalter zurück.

Bei den Hallbjarnarvörður ereilte den Frauenmörder Hallbjörn sein Schicksal.

„Damals sollen einige junge Schüler am alten Bischofsitz **Hólar** im Norden Islands im Leichtsinn ihre Köchin getötet haben. Um der Strafe zu entkommen, flohen die Schüler vom Norden über die Berge, bis sie zur Hallmundarhraun im Westen kamen. Sie hatten gehört, in dieser immer noch nicht abgekühlten Lava gäbe es eine große warme Höhle. Sie fanden die Höhle Surtshellir und richteten sich dort als Geächtete ein. Sie lebten von Schafen, die sie von den Bauern aus dem Borgarfjörður stahlen. Trotz ihres Ärgers wagten es die Bauern nicht, gegen die Geächteten vorzugehen. Diese pflegten sogar in der nahe gelegenen Kirche von **Kalmanstunga** den Gottesdienst zu besuchen, wobei sie voll bewaffnet in der Mitte der Kirche standen und sich mit dem Rücken aneinander lehnten. Zwei Mädchen aus der Gegend sollen sogar mit den Geächteten in der Höhle gelebt haben.

Nachdem die Bauern das Verhalten der Höhlenmenschen einige Jahre über sich hatten ergehen lassen, erklärte sich ein tapferer Bauernsohn von Kalmanstunga bereit, als Spitzel zu den Geächteten in die Höhle zu gehen. Unter dem Vorwand, er sei wegen eines Verbrechens von den Bauern verstoßen worden, gelang es ihm, das Vertrauen der Höhlenbewohner zu gewinnen. Als er beinahe zwei Jahre mit ihnen zusammengelebt hatte, sah er endlich eine Möglichkeit für die Bauern, an die Geächteten heranzukommen. Einmal, als sie zur Pferchzeit im Herbst Schafe stehlen gehen wollten, stellte er sich krank, um nicht mitgehen zu müssen. Sie wurden aber mißtrauisch und schnitten ihm die Sehnen beider Füße durch, damit er nicht fliehen konnte.

Als sie weg waren, gelang es ihm mit großer Mühe, ein Pferd zu besteigen und zu den Höfen hinunterzureiten. Er wußte, daß die Geächteten auf dem Heimweg mit den gestohlenen Schafen in einer Lavamulde Rast machen würden. Dort gelang es den Bauern dann, die Räuber im Schlaf zu überraschen. Nicht alle konnten aber in der Mulde getötet werden. Einige wurden erst nach langer Verfolgungsjagd überwältigt.

Einer der Geächteten namens **Eiríkur** war ein schneller Läufer. Ihm gelang es, in die Berge zu entkommen. Er rettete sich auf einen Felsvorsprung unterhalb des großen Gletschers, nördlich von Borgarfjörður, der seitdem **Eiríksjökull** heißt. Beim Hochklettern konnten ihm die Bauern aber den unteren Teil eines Beins abschlagen. Als die Bauern die Frauen der Geächteten aus der Höhle holen wollten, sollen sich diese heftig gewehrt haben, u.a. indem sie heißgekochten Urin über die Bauern gossen. Anschließend vergingen viele Jahre. Die Wunden des Bauernsohnes von Kalmanstunga heilten und nach dem Tod seines Vaters übernahm er den Hof.

Eines Tages kam ein fremdes Schiff an die Südküste. Es sprach sich herum, daß die fremden Seefahrer eine Menge guter Waren zu geringen Preisen anzubieten hätten. Viele Bauern zog es zum Schiff, darunter auch den Bauern von Kalmanstunga. Sobald er jedoch an Bord war, ließ der Kapitän die Taue kappen und segelte einfach los. Danach hörte man nie wieder etwas von dem Bauern. Es sprach sich aber bald herum, daß der Kapitän ein Holzbein gehabt haben soll ...“

Nach dieser ausführlichen Erzählung von Kristleifur in der dunklen Höhle habe ich plötzlich das Gefühl, nicht allein zu sein. Es ist, als ob aus den dunklen Ecken der Höhle Geflüster und gedämpftes Gelächter zu hören sei. Noch unheimlicher wird es, als der alte Bauer plötzlich verschwindet, als hätte ihn die Erde verschluckt. Ich entdecke einen pechschwarzen Seitengang, und nach einigen Metern sehe ich das Taschenlampenlicht von Kristleifur wieder. Als ich, halbgebeugt, in dem niedrigen Seitenarm ihn wieder erreiche, lacht er und erzählt mir, daß sich so mancher Höhlenbesucher schon in diesem Seitengang verirrt hat. Man müsse aber einfach immer nur weiterlaufen, der Gang führe schließlich zum Hauptgewölbe zurück.

Irgendwie bin ich auch erleichtert, als wir wieder am Eingang sind. Beim Hinaufklettern erzählt mir Kristleifur, er habe Musikern einmal vorgeschlagen, in der Höhle ein Konzert zu veranstalten. Er sei davon überzeugt, das Gewölbe eigne sich dafür besonders gut. Als wir wieder oben an dem Graben stehen, erzählt er mir noch von dem jungen Mann, der sich einmal unten in der Höhle verlaufen hat. „Immerhin ist die Höhle insgesamt anderthalb Kilometer lang. Der junge Mann ist mehr als eine Woche in der Höhle herumgeirrt, bis er zufällig einen Ausgang fand. Als er ans Tageslicht kam, entdeckte er aber, daß er sich auf der nördlichen Halbinsel **Langanes** befand, Hunderte von Kilometern von Surtshellir entfernt. Und nicht nur das: Beim letzten Stück der Wanderung sind seine Schuhe angeblich immer schwerer geworden. Er dachte zunächst an Sand in seinen Schuhen. Als er sie im Freien lee-

ren wollte, sah er aber, daß sie voller Gold waren. „Tja so verbirgt halt Island in der Tiefe manchen großen Schatz“, sagt der alte Bauer mit einem etwas nachdenklichen Lächeln.

Nach einem warmen Bad in dem phantastischen kleinen Schwimmbad von Húsafell, das eigentlich aus mehreren heißen Becken besteht, verbringe ich die Nacht in einer der gemütlichen Urlaubshütten am Ort. Am nächsten Morgen laufe ich mit Kristleifur durch den Wald zum Hof hinüber, und wir wandern in die große Bergschlucht hinter dem Hof. Nach einer kurzen Wanderung am Bach entlang, stoßen wir auf Augen, Hände und Gesichter, die in kleine herumliegende

Borgarfjörður ist reich an warmen und kalten Wasserquellen.

Steine eingemeißelt sind. Es sind die Werke des in Húsafell lebenden Bildhauers **Páll Guðmundsson**, der zu den originellsten Künstlern des Landes gehört. Mit der Natur seiner Heimat eng verbunden, hat er die Steine in der Schlucht mit seiner Meisterhand zum Leben erweckt. Diese tiefe Bergschlucht mit dem rauschenden Bach in der Mitte und dem isländischen Himmel darüber hat der junge Bildhauer in eine der ungewöhnlichsten „Kunsthallen“ der Welt verwandelt. Beim genaueren Hinsehen entdeckt man, daß ihm die Natur dabei Hilfe geleistet hat: An den Hängen der Schlucht befinden sich einzelne Felsen, die wie versteinerte Trollgesichter aussehen.

Als wir zum Hof zurücklaufen, kommen wir an dem alten historischen Schafspferch vorbei, den der legendäre Pfarrer **Snorri Björnsson** im 18. Jahrhundert aus Steinen gebaut hat, damit die Schafe und Ziegen am Hof gemolken werden konnten. Neben dem Pferch legte der Pfarrer einen großen Stein, an dem die Männer ihre Kraft erproben konnten. Diesen flachen, 180 Kilo schweren Basaltbrocken, der heute noch neben dem Pferch liegt, sollten die Männer zunächst hochheben und dann auf die Pferchwand legen. Das ist bis jetzt nur wenigen gelungen. Noch seltener schaffte es einer, den Brocken auf einen großen Stein mit der Inschrift „Snorri" hochzuhieven. Die dritte und schwerste Probe besteht darin, sich den Brocken auf die Brust zu legen

ze ich mich für eine Weile mit dem alten Bauern zusammen. Kristleifur erzählt mir von seinem großen Traum, oben auf dem Gletscher **Langjökull**, wo er inzwischen eine Schneekatze und einige Motorschlitten für Gäste stationiert hat, ein „Eisschloß" zu bauen. Es sei überhaupt kein Problem, ein großes „Schloß" in den Gletscher hineinzuhauen, wo man u.a. eine Gaststätte betreiben könne. Er müsse nur die Sparkassen von seiner Idee überzeugen, da ein solcher Schloßbau doch einiges kosten werde. Wer weiß, vielleicht erlebt es dieser alte Mann noch, „Schloßherr" auf dem Gletscher zu werden. Schließlich hat er vor kurzem seinen siebzigsten Geburtstag in einer Gletscherhöhle gefeiert. Nach einem interessanten Gespräch über „Eisschlösser", Naturschutz, Philosophie und Politik setze ich mich in den Wagen und fahre am großen Gletscherfluß **Hvítá** entlang das Tal herunter.

Der Gletscherfluß Hvítá hat seinen Weg durch die Lava gefunden.

Nach etwa zehn Minuten biege ich an dem Schild „Hraunfossar" von der Hauptstraße ab und halte am Rand der Flußspalte. Dort eröffnet sich ein ungewöhnlicher Blick. Auf einer etwa tausend Meter langen Strecke stürzen kleine Frischwasserfälle aus der gegen-

und mit ihm um den Pferch zu laufen. Snorri hätte dies angeblich ohne Mühe geschafft, obwohl er schon Mitte vierzig war, als er in Húsafell Pfarrer wurde. In der jüngsten Zeit haben aber einige wenige Isländer diese Kraftprobe des Pfarrers bestanden, darunter der verstorbene **Jón Páll Sigmarsson**, der viele Jahre lang den Wettbewerb um den „stärksten Mann der Welt" gewann. Es verwundert also kaum, daß der Pfarrer Snorri von seinen Landsleuten für einen Zauberer gehalten wurde. So sagte man ihm auch nach, er hätte einmal auf der Hauswiese von Húsafell nicht weniger als siebzig Gespenster vertrieben. Außerdem sprach man ihm magische Kräfte zu.

Nach einem mißlungenen Versuch, den schweren Basaltbrocken von der Stelle zu bewegen, set-

überliegenden Lavawand in den trüben Gletscherfluß hinunter. Birkengestrüpp wächst zwischen den Wasserfällen aus der Wand. Jetzt, am Ende des Sommers, verfärbt sich gerade das Gestrüpp und strahlt uns in gelben und rötlichen Farben entgegen. Es ist ein Naturschauspiel ohnegleichen. Nachdem wir uns mühsam von diesem faszinierenden Anblick losgerissen haben, gehen wir ein kleines Stück an der Spalte entlang zu einer Stelle, an der eine Holzbrücke über den Fluß führt. Oberhalb der Brücke stürzt der Hraunfossar mit großer Gewalt in eine enge Spalte hinunter.

An dieser Stelle müssen wir an die reiche Witwe und Mutter von zwei Kindern denken, die vor langer Zeit auf dem nächstgelegenen Hof lebte. Einmal ging sie mit ihren Leuten zum Gottesdienst in der am anderen Ufer gelegenen Kirche von **Gilsbakki**. Die Kinder blieben allein zu Hause. Als die Kirchgänger zurückkamen, waren sie verschwunden. Man konnte ihre Spuren bis zu einem über den Fluß gespannten, natürlichen Steinbogen verfolgen. Dort waren sie offensichtlich in den Fluß gestürzt. Daraufhin ließ die Mutter den Steinbogen zertrümmern, und zwar mit der Prophezeiung, daß nie jemand lebendig über den **Barnafoss**, den „Kinderfall", kommen werde. Somit hatte der Wasserfall seinen heutigen Namen erhalten.

Eine halbe Stunde weiter östlich gelangt man zum Hof **Reykholt**, dem früheren Wohnsitz des großen Gelehrten und Schriftstellers **Snorri Sturluson**. Dort treffe ich den Pfarrer Geir Waage, dessen Auftreten eigentlich mehr einem englischen Lord als einem isländischen Landpfarrer ähnelt – abgesehen von der Tatsache, daß er nach altisländischer Bauernsitte Tabak schnupft. Während eines Spaziergangs erzählt der Pfarrer von der Geschichte des Ortes.

„Nachdem Snorri Sturluson die interessantesten Bücher des Nordens im Mittelalter verfaßt hatte, darunter die **Snorra-Edda**, die **Heimskringla**, die Geschichte der norwegischen Könige, und die dramatische **Egils Saga**, wurde er hier auf seinem Wohnsitz am 23. September 1241 von politischen Feinden ermordet."

Zu seinen Lebzeiten ließ sich der Schriftsteller ein Warmwasserbecken bauen: **Snorralaug**, das immer noch in Reykholt hinter dem heutigen Schulgebäude zu sehen ist. Dort ist auch der unterirdische Gang freigelegt worden, der früher vom Wohnsitz des Dichters zum Bad führte. Das Wasser wird durch einen unterirdischen Gang von der nahe gelegenen, schon genannten heißen Quelle Skrifla in das Bad geleitet.

Stolz zeigt Geir den Rohbau einer neuen Kirche, die in Reykholt am Entstehen ist. Neben der Kirche wird, zum Teil mit Spenden aus Norwegen, ein Snorri-Zentrum gebaut, in dem in Zukunft Forscher aus aller Welt Gelegenheit haben werden, die Werke des großen Schriftstellers zu erforschen.

Als wir an der Statue von Snorri stehen, die der norwegische Staat den Isländern schenkte, erzählt Geir mit einem ironischen Lächeln auf den Lippen von der Grübelei der Fachleute über Snorris angeblich letzte Worte:

Die Mörder sollen den Schriftsteller beim Schreiben in seiner Stube überrascht haben. Als einer von ihnen die Axt hob, soll Snorri gesagt haben: 'Nicht zuschlagen'." Natürlich ging es nicht an, diese Worte als Ausdruck der Todesangst des großen Mannes auszulegen. Also entwickelte ein Gelehrter die Theorie, in den alten Quellen wäre die zweite Hälfte des Satzes mit Sicherheit weggefallen. Snorri hätte nämlich ausgerufen: „Nicht zuschlagen, bevor ich diesen Satz beendet habe." Im letzten Augenblick muß ein so großer Schriftsteller selbstverständlich an sein Werk gedacht haben.

Während uns der Pfarrer Einzelheiten aus Snorris Leben erzählt, wird uns bewußt, daß die Erzählkunst, die von Snorri und anderen großen Schriftstellern im Mittelalter auf der Insel gepflegt wurde, immer noch lebendig ist.

Es gelingt Geir nämlich, die Lebensverhältnisse an diesem Ort vor 750 Jahren derart lebhaft darzustellen, daß man irgendwie das Gefühl bekommt, er habe Snorri Sturluson persönlich gekannt. Erzähler wie ihn findet man immer wieder auf Island – Menschen, die in der Lage sind, Helden aus längst vergangenen Zeiten durch ihre Erzählungen wieder zum Leben zu erwecken.

Es ist bereits Sonnenuntergang, als ich mich vom Pfarrer Geir verabschiede und mich auf die Heimreise nach Reykjavík mache. Während ich um den schönen **Hvalfjörður** (Walfjord) fahre, erinnere ich mich an die Planungen, hier einen Naturpark einzurichten. Die Isländer beabsichtigen nämlich noch immer, unter diesem 30 Kilometer langen und knapp 100 Meter tiefen Fjord, in dem im Zweiten Weltkrieg die Amerikaner eine große Flottenstation betrieben haben, einen Tunnel zu bauen. Falls der Tunnel jemals Wirklichkeit werden sollte, dann entsteht vermutlich mit der Zeit an den Ufern des Fjords ein reizvolles Wandergebiet.

> In der 1,5 Kilometer langen Lavahöhle von Surtshellir hat sich schon so mancher verlaufen.

IM KALTEN TAL

Zwischen Vulkanen und Gletschern führt die ehemalige Hauptverbindungsroute zum Althing durch das karge Kaldidalur. In Reykholt kann man den Spuren von Snorri Sturluson folgen.

ANREISE

Von Reykjavík nach Húsafell fährt einmal die Woche, freitags um 18.30 Uhr, ein Linienbus. Zurück geht es dann von Húsafell nach Reykjavík sonntags um 15.15 Uhr. Zwischen Borgarnes und Reykjavík gibt es täglich zwei Busse, und von Borgarnes nach Reykholt fährt jeden Tag ein Bus.
Genaue Informationen über die Abfahrtzeiten sind erhältlich bei: Sæmundur Sigmundsson
Tel. 37 33 33 oder 37 13 73.
Die Autofähre „Akraborg" verkehrt auch mehrmals am Tag zwischen Reykjavík und Akranes.
Für weitere Informationen:
Tel. 551 60 50 oder 551 64 20.

SEHENSWÜRDIGKEITEN

BORG A MÝRUM
An diesem Hof, ein wenig nördlich der Ortschaft Borgarnes, nahm Skallagrímur Kveldúlfsson, der Vater des großen Dichters und Wikingers Egill Skallagrímsson Land.
Im Andenken an den Dichter wurde 1985 vor dem Hof eine Skulptur des Bildhauers Ásmundur Sveinsson aufgestellt.

SKALLAGRÍMSHAUGUR
Ein Hügel in dem kleinen Park in Borgarnes, von dem man glaubt, hier sei der „Landnahme-Mensch" Skallagrímur mit seinem Pferd und seinen Waffen beigesetzt worden. Es wird auch vermutet, der Skalde Egill Skallagrímsson habe im Hügel seine verstorbenen Söhne beigesetzt.
Ein Denkmal zeigt den Skalden, der seinen ertrunkenen Sohn nach Hause trägt.

GLYMUR
Der höchste Wasserfall der Insel, mit 198 m, am Fluß Botnsá am Ende des Hvalfjörður. Der Fluß führt

in der Regel wenig Wasser. 1 Stunde Wanderung von der Hauptstraße.

DEILDARTUNGUHVER
Die wasserreichste Thermalquelle Europas und vermutlich der ganzen Welt. Am Hof Deildartunga, wenige Kilometer von Reykholt entfernt, sprudeln aus einem Hügel pro Sekunde 180 Liter von 97 Grad warmen Wasser. An der Quelle wächst eine seltene Farnart, der „Teufelskamm" (Blechnum spicant). Die Häuser der beiden Orte Akranes (64 km entfernt) und Borgarnes (34 km entfernt) werden mit Wasser aus der Quelle geheizt.

VÍÐGELMIR
Eine große Höhle im Gelände des Hofs Fljótstunga. Gehört zu den

„geräumigsten" Höhlen der Welt. Messungen haben ergeben, daß 250 Einfamilienhäuser in Víðgelmir Platz finden würden.
Funde haben ergeben, daß die große Höhle zur Wikingerzeit bewohnt war.

GRABRÓK
Ein sonderbarer Vulkankrater an der Ringstraße bei der Wirtschaftlichen Hochschule von Bifröst. Vermutlich 3000 Jahre alt. Naturschutzgebiet.

HRAUNFOSSAR
Auf einer 1 km langen Strecke strömen aus der Erde schäumende Bäche, die über Lavafelsen und durch Birkenvegetation in den Fluß Hvítá hinunterstürzen.

Reykholt, der Wohnsitz des Edda-Verfassers Snorri Sturluson.

Aus dem Lavagestein stürzen die Wasserfälle Hraunfossar in die Schlucht des Flusses Hvítá.

Die Wasserfälle befinden sich etwa 10 Autominuten von Húsafell entfernt.

SAGA-RUNDGANG
Im Sommer werden in der Ortschaft Borgarnes Rundgänge für Touristen auf den Spuren der berühmten Egils Saga veranstaltet. Weitere Informationen erhält man entweder im örtlichen Tourist-Büro Tel. 437 21 08 oder im Hotel Borgarnes Tel. 437 11 19.

AUSFLÜGE

HÖHLENBESICHTIGUNG
Von Húsafell gibt es im Sommer täglich von Mo – Fr um 11 Uhr eine Fahrt zu einer der beiden Höhlen, Surtshellir oder Víðgelmir. Die Fahrt mit Besichtigung der Höhle dauert 2 – 3 Stunden. Preis: ca. 10 DM.

GLETSCHERTOUREN
Im Sommer finden von Húsafell aus auch organisierte Ausflugsfahrten auf den Gletscher Langjökull statt.

Abfahrt jeden Tag von Mo – Fr um 10 Uhr. Die Gletschertour dauert etwa 3 Stunden. Preis: ca. 40 DM.

UNTERKUNFT

HÜTTEN
Húsafell, Hálsasveit
311 Borgarnes
Tel. 435 13 78
Fax 435 14 75.
In Húsafell kann man in gemütlichen, voll eingerichteten Holzhütten übernachten. Preisbeispiel: Wochenmiete für eine Hütte für 5 Personen ca.550 – 700 DM. Es gibt auch Schlafsackunterkünfte.

* HÓTEL EDDA
320 Reykholt
Tel. 435 12 60
Fax 562 58 95.
Sommerhotel in der lokalen Internatsschule. Einfache Unterkunft mit Waschbecken auf den Zimmern. Duschen im Flur.

** SOMMER-HOTEL HVANNEYRI
Tel. 437 00 00.

Unterkunft in den Räumen der Landwirtschaftsschule von Hvanneyri, wo seit Jahrzehnten isländische Landwirte ihre Ausbildung erhielten.

** HÓTEL BORGARNES
Egilsgata 14 – 16
310 Borgarnes
Tel. 437 11 19
Fax 437 14 43.
Ein kleines, aber gemütliches Hotel, das rund ums Jahr geöffnet ist. Restaurant und Bar.

Insider News

DIE KIRCHE VON SAURBÆR
Die 1957 am nördlichen Ufer des Walfjords gebaute Kirche von Saurbær ist ein wahres Kleinod. Die Kirchenfenster schmücken Bilder der isländischen Künstlerin Gerður Helgadóttir (1928 – 1975), die lang in Paris lebte. Die Kirche ist dem größten religiösen Dichter der Isländer Hallgrímur Pétursson (1614 – 1674) gewidmet.

Im Reich des Feuergottes

Nirgendwo spürt man die vulkanische Kraft so intensiv wie auf Heimaey. Nach dem Ausbruch 1973 hat sich aber längst wieder ein neues Inselleben entwickelt.

Alten historischen Quellen zufolge hat der Erstbesiedler Islands, **Ingólfur Arnarson**, im Jahr 875 die Leiche seines Blutsbruders Hjörleifur auf der verlandeten Insel Hjörleifshöfði an der Südküste Islands gefunden. Hjörleifur soll von seinen rebellierenden Sklaven ermordet worden sein. Ingólfur verfolgte die Mörder und fand sie auf einer Gruppe von Inseln, die unweit der Südküste lagen. Rachebeseelt tötete er alle. Da die Sklaven – in den Augen der skandinavischen Besiedler – aus dem Westen, genauer gesagt aus Irland, stammten, gab man man den Inseln nach dieser Feuertaufe den Namen **Vestmannaeyjar**, „Westmänner-Inseln".

Seit diesem dramatischen Racheakt des Landnehmers haben sich dort noch viele andere, nicht weniger dramatische Ereignisse zugetragen. Höhepunkt der jüngeren Geschichte war der Vulkanausbruch Anfang des Jahres 1973 auf der Hauptinsel **Heimaey** – einen der gefährlichsten Eruptionen aller Zeiten auf Island.

Als ich mit Páll Helgason – oder „Palli", wie man ihn hier nennt – in einer Mulde in der neuen Lava stehe, aus der gewaltige Dampfwolken steigen, klärt er mich darüber auf, daß es noch eine Weile dauern wird, bis die Hitze ganz aus der Lava entwichen ist. „Hier unten", sagt er, „ist die Lava zum Beispiel auf knapp dreißig Meter Tiefe immer noch sechs- bis neunhundert Grad heiß!"

Bereits während des Flugs nach Heimaey mußte ich an die unvergeßliche Winternacht des Jahres 1973 denken: Kurz nach halb zwei Uhr in der Nacht zum 23. Januar wurden die Einwohner der Hauptinsel Heimaey von einem gewaltigen Dröhnen aufgeweckt. Einer der Inselbewohner hat später erzählt, er hätte zunächst geglaubt, ein schwerer Bulldozer wäre an seinem Haus vorbeigefahren. Er hätte sich gewundert und wäre zum Fenster gegangen, blickte hinaus, doch die Straße lag verlassen da. Dann veränderte sich die Art des Lärms, und es klang plötzlich, „als würde ein Jet abheben". Dieses Geräusch wurde immer stärker, und plötzlich sah der Mann am Fenster, daß unweit der obersten Häuser des Ortes ein kleines Feuer aus der Erde drang. Er rief seine Frau, und gemeinsam beobachteten die beiden in der Dunkelheit, wie ein Riß die Erde spaltete, aus dem glühende Lava strömte.

Noch nie zuvor in der isländischen Geschichte waren Menschen Zeugen der ersten Sekunden eines Vulkanausbruchs gewesen. Erschrocken verließen die Einwohner ihre Häuser und brachten sich hastig vor den Lavaströmen in Sicherheit. Im Lauf der Nacht wurden die meisten der fünftausend Inselbewohner mit Schiffen, Booten und Flugzeugen zum isländischen Festland gebracht.

Eine der eindrucksvollsten Schilderungen dieser Ereignisse war der vom Rundfunk übertragene Be-

Bis zu 150 Meter schossen die Lavafontänen in den Himmel.

Pallis Sohn kümmert sich liebevoll um die Vögel.

◀ *Eine Feuergloriole umgab die Kirche von Heimaey beim Vulkanausbruch im Jahr 1973.*

richt des inzwischen verstorbenen isländischen Dramatikers **Jökull Jakobsson**. Sein bewegender Bericht kommt mir in Erinnerung, als ich mich selbst auf dem etwa zwanzig Minuten langen Flug zur Insel über dem Meer befinde. Er war damals in der Dämmerung mit einem kleinen viersitzigen Flugzeug zur Insel geflogen. Unten erblickte der Dramatiker eine ununterbrochene Lichterkette zwischen Heimaey und dem Festland. Schiff reihte sich an Schiff, vollbeladen mit Menschen, die am Abend ahnungslos zu Bett gegangen waren und jetzt vor dem gnadenlosen Toben der Naturgewalten flüchteten.

Jakobsson fühlte den Widerspruch in seinen Beobachtungen: „Freundlich rauschten die Propeller, die Zeiger auf dem Armaturenbrett führten ihren rhythmischen, heiteren Tanz vor. Bald schien in der Dunkelheit eine schwache Röte auf, die beim Näherkommen deutlicher und breiter wurde. Sie erinnerte an den Sonnenuntergang eines schönen Winterabends, an ein gemütliches, über dem Sofa hängendes Gemälde. Aber das Bewußtsein, daß diese Röte nicht himmlischer, sondern irdischer Natur war, dieses Bewußtsein rief andere Gefühle hervor, als es die Schönheit verdiente. Als wir näher kamen, verwandelte sich dieses schöne Gemälde in die wahre Hölle ...“

Aus dem Rundfunkbericht des Dramatikers geht hervor, daß es der Pilot Helgi Jónsson nicht

Auf den Westmänner-Inseln leben noch viele Menschen vom Fischfang.

leicht hatte, als sie über die Insel Heimaey kamen: „Kurz vorher hatte ein anderes Flugzeug abgehoben, mußte jedoch wegen des glühenden Steinhagels wieder auf die Landebahn hinunter. Helgi war aber entschlossen, den Naturgewalten zu trotzen, um uns einen möglichst tiefen Blick in die Unterwelt zu gewähren. Ich habe keinen Zweifel daran, daß wir vier noch viel blasser im Gesicht wurden als wir schon waren, als er nach unten ging und die Maschine mit einer schnellen Wendung der Feuerspalte zudrehte, so daß die Flammen an der der Spalte zugekehrten Flügelspitze zu lecken schienen; der Aschenregen donnerte wie ein Hagel gegen das Flugzeug. Für einen Augenblick waren alle so hingerissen von dieser hautnahen Berührung mit dem höllischen Spiel, daß wir nichts anderes sahen; plötzlich aber wurden wir aus dem Schlummer gerissen, als die Maschine von unten einen harten Schlag bekam. Im nächsten Augenblick stürzte sie durch ein höllisches Loch. Mir erschien es wie eine Ewigkeit, bis sie einen neuen Schlag in den Bauch bekam, der sie wieder nach oben stieß. Jetzt war aber genug. Helgi bog in westliche Richtung ab, auf das

Nur eine einzige von den 15 nur schwer zugänglichen Westmänner-Inseln vor der Südküste Islands ist bewohnt: die Hauptinsel Heimaey.

Meer hinaus. Wahrscheinlich hatten die Leute im Turm inzwischen Mitleid mit uns bekommen und erteilten uns jetzt die Landeerlaubnis. Es krachte gewaltig, als unsere arme Maschine aufsetzte. Und nachher sahen wir die Reifenspuren; nicht schwarz im weißen Schnee, sondern weiß im schwarzen Bimsstein. Fliegen war in dieser Nacht über der Insel wahrlich kein Vergnügen, wenn man bedenkt, daß die feuerspeiende Spalte nur wenige hundert Meter vom Ende der Landebahn entfernt war. Deswegen verließ man sich auch in erster Linie auf die Schiffe."

Zum Glück war die ganze Flotte dieses zweitwichtigsten Fischereiortes der Isländer in dieser Nacht im Hafen. Darum gelang es, die meisten Einwohner innerhalb nur weniger Stunden zum Festland zu bringen. Alte und Kranke wurden aber mit Fokker-Maschinen und Hubschraubern von der Insel gerettet. Manche von denen, die in dieser Nacht mit dem Schiff zum Festland kamen, hatten nicht einmal eine Zahnbürste bei sich. Die ver-ängstigten Flüchtlinge wurden von der Küste mit Bussen nach Reykjavík gefahren, wo sie dann zunächst in Schulen untergebracht wurden.

Am Tag nach dem Ausbruch hatten alle Kinder der Hauptstadt schulfrei. In den nächsten Tagen kamen die Inselbewohner bei Verwandten und Freunden überall im Land unter.

Es muß als ein reines Wunder angesehen werden, daß kein Mensch bei dieser großen Naturkatastrophe zu Schaden kam. In den ersten zwölf Stunden des Ausbruchs flossen aus der etwa anderthalb Kilometer langen Feuerspalte rund 34 Millionen Tonnen von tausend Grad heißer Lava. Als der Ausbruch nach fünf Monaten im Frühjahr zu Ende ging, bedeckte die Lava 2,7 Quadratkilometer Fläche.

Wenn man heute auf dem Flughafen von Heimaey landet, scheint die Insel völlig ruhig zu sein. Sobald man aber mit dem kräftigen „Inselburschen" Palli auf die Lava fährt, wird einem klar, daß der Schein gewaltig trügt. „Bis vor wenigen Jahren", so Palli, „konnte man die Lava zum Aufheizen des Wassers verwenden. Nicht schlecht", fügt er hinzu, „für eine Insel, auf der

Ein buntes Stilgemisch prägt das Stadtbild des Fischerortes auf der Insel Heimaey.

es früher kein heißes Wasser gab." Und nicht nur mit dem warmen, sondern auch mit dem kalten Wasser hatten die „Westmänner" in früheren Zeiten immer ihre Probleme. Deshalb mußten sie bis zum Jahr 1968 Regenwasser für die Haushalte sammeln. Heute erhalten sie durch Wasserleitungen das unverzichtbare Naß vom Festland.

Natürlich gibt Palli auch eine amüsante Geschichte zum Thema Wasserknappheit auf Heimaey zum besten: „Einmal, als ein Fremder bei einer Familie auf Heimaey zu Gast war, wurde ihm der größte Luxus gewährt, den man auf der Insel kennt: Er durfte ein Vollbad nehmen. Später versammelte sich die ganze Familie an der Badewanne, prüfte das Wasser und stellte fest, daß der Gast gar nicht so arg dreckig gewesen sei. Danach nahm die gesamten Familie im selben Wasser ein Bad. Anschließend wurde es jedoch noch immer nicht weggeschüttet, sondern dazu verwendet, die schmutzige Wäsche der Familie zu waschen. Und nachdem das erledigt war, kochte man aus demselben Wasser angeblich noch einen guten kräftigen Kaffee ...! Wenn ich Gästen auf der Insel diese Geschichte erzähle", fügt Palli hinzu, „weigern sie sich manchmal, so lange sie hier sind, Kaffee zu trinken, und bestellen statt dessen lieber ein Glas Milch oder einen Orangensaft"! Pallis augenzwinkernder Schlußkommentar: „Auch wenn es sich nur um eine Geschichte handelt ..."!

Nach einer Fahrt auf der Straße, die man durch das gewaltige Lavagebiet, am Fuß des 1973 entstandenen Vulkans **Eldfell** gebaut hat, kommen wir zu einer seltsamen Stelle, wo in der schwarzen Wüste ein kleiner „Blumengarten" sprießt. „Das sind die Cola-Blumen", sagt Palli schmunzelnd. Tatsächlich sind diese etwas hilflosen, auf der Lava wachsenden Pflanzen zum Teil mit Cola-Flaschen geschützt. Dieser äußerst ungewöhnliche Garten, den sogar ein kleiner Gartenzwerg ziert, wurde vor einigen Jahren von zwei älteren Leuten angelegt – mitten in der trostlosen schwarzen Lavawüste eine beeindruckende Hymne auf das Leben. „Es ist auch erstaunlich, wie schnell sich das Moos auf der Lava angesiedelt hat. Das haben wir aber den starken Winden vom Festland zu verdanken", weist Palli auf die weitere Flora hin.

Vieles versetzt den Gast auf dieser Insel ins Erstaunen. So zum Beispiel die Tatsache, daß die Lava 1973 – zufällig? – an einer Stelle ins Meer floß, an der 121 Seeleute in der ersten Hälfte des Jahrhunderts bei schweren Stürmen ertrunken waren. „Beinakelda" (Knochenloch) nannte man das feuchte Massengrab. An dieser einst berüchtigten Stelle hat sich mittlerweile ein Stück Land gebildet.

Wenn man oben auf der dunklen Lava steht, kann man sich kaum vorstellen, daß 100 bis 200 Meter darunter Straßen und zusammengestürzte Häuser begraben liegen. Obwohl während des Ausbruchs Hunderte von Freiwilligen versuchten, so viele Wertgegenstände wie möglich zu retten, mußten die Menschen teilweise hilflos zusehen, wie ihre Häuser, für die sie sich jahrelang aufgeopfert hatten, von den glühenden Lavamassen vernichtet wurden. Unterhalb des rund 200 Meter hohen Vulkans liegen fast 400 Häuser begraben – ein

Künstlich angelegt: ein Blumengarten in der noch lauwarmen Lava von 1973.

Drittel aller Häuser, die vor dem Ausbruch den Ort bildeten. Kein Wunder, daß manchen bei diesem traurigen Anblick die Tränen kamen.

Trotz der tragischen Folgen dieser Naturkatastrophe haben die Westmänner jedoch ihren Humor nicht verloren. So erzählt Palli von einem kleinem Unglück, das in der großen Eile, mit der in der Ausbruchsnacht die Leute aus dem Altersheim evakuiert wurden, passierte: „Überall vergaß man nämlich die dritten Zähne mitzunehmen, die in Gläsern auf den Nachttischen standen. Deswegen wurde ein junger Mann, der mit einer Rettungsmannschaft auf der Insel zurückgeblieben war, gebeten, die dritten Zähne zu holen. Es mißlang ihm aber, die Gebisse auseinanderzuhalten. Zurück in Reykjavík, wo sich die Alten versammelt hatten, um ihre Zähne zu bekommen, leerte er eine große Plastiktüte mit etwa siebzig bis achtzig Gebissen auf den Tisch. Es dauerte eine ganze Weile, bis alle ihre Zähne wieder im Mund hatten!"

An kleinen Geschichten und netten Anekdoten herrscht bei Páll Helgason wahrlich kein Mangel. Als wir am Hafen stehen und den im Wind segelnden Eissturmvögeln zusehen, behauptet er, daß deren Eier besonders gut für die Potenz seien. Das mache so manchen „Westmann" zum Nesträuber. Natürlich kennt Palli auch eine Geschichte zur Wirksamkeit, aber es muß ja nicht alles verraten werden, sonst haben die armen „fýlar", wie die Isländer die Eissturmvögel nennen wegen ihrer Kunst, knapp über den Wellen zu gleiten, bald nichts mehr zum Ausbrüten.

Am nächsten Morgen unternehme ich eine Bootsfahrt um die Insel Heimaey. Es ist eine schöne Fahrt, mit einem kurzen Abstecher in die „Fjós" (Stall), eine Meereshöhle, die diesen Namen zu Recht trägt. Denn dort riecht es kräftig nach dem von der Sonne aufgewärmten Vogelkot.

Auf den Westmänner-Inseln gibt es die größten Brutstätten des kleinen Papageientauchers, der im Isländischen „Lundi" heißt. Die Hügel und Hänge der Inseln wimmeln von diesen etwas unbeholfen wirkenden Vögeln. Mit ihren kurzen Flügeln und dem buntgestreiften Schnabel stürzen sich die Lundi von ihrer Behausung zum Meer hinunter, um Futter zu holen. Dieser lustig aussehende **Prófastur** – „Dekan", wie ihn die Einheimischen auch nennen – wird seit alten Zeiten auf den Westmännern gefangen. Nach der Brutzeit, von Anfang Juli bis Mitte August, ist der Lundi vogelfrei. Man fängt ihn, sobald er sein Nest im Gras verläßt, mit einem Netz, das an einem langen Stiel befestigt ist. Er gilt als

Eine Gruppe von Papageientauchern sonnt sich auf einer Felsklippe.

Aromatischer Wildgeschmack dank Milch: Legt man Papageientaucher in Milch ein, schmecken sie nicht mehr nach Fisch.

eine besondere Delikatesse. Einer der „Eyjapeyi", der Vogelfänger, schwärmt auf dem Boot von der Vielfalt der Zubereitungsarten: „Wir essen ihn gekocht, gebraten, eingelegt oder geräuchert." Es werden jedoch nur die älteren Vögel gefangen und gegessen. „Das hat", erklärt der junge Kapitän, „einen einfachen Grund. Es gilt nämlich das Gleiche für Papageientaucher wie für Frauen und Weine: je älter, desto besser." Einer jungen Frau an Bord ist deutlich anzumerken, daß sie von diesem Macho-Spruch nicht sonderlich begeistert ist ...!

Nachdem die jungen Papageientaucher im August von ihren Eltern verlassen worden sind, geschieht etwas Sonderbares: Hungrig und von der Beleuchtung im Ort magisch angezogen, flattern sie auf die Lichter zu und landen hilflos auf den Straßen und in den Gärten der Häuser. Und genau das ist die große Stunde der Kinder auf Heimaey: Sie fangen nämlich die umherirrenden Jungvögel ein und bewahren sie bis zum nächsten Morgen in Schuhschachteln mit Luftlöchern und anderen Kartons auf. Dann versammeln sie sich mit den Tieren unten am Meer, und ein Vogel nach dem anderen wird in die Luft geschleudert und kann zurück in die Freiheit fliegen.

Nicht nur auf der Hauptinsel Heimaey werden die Papageientaucher gefangen. Auf den unbewohnten, umliegenden Inseln fallen immer

wieder kleine Häuser auf, in denen die Vogelfänger während der Fangzeit oft für mehrere Tage Quartier beziehen. Früher wurden die Federn der Papageientaucher für das Bettzeug benutzt.

Aber nicht nur Papageientaucher werden auf den Westmänner-Inseln gefangen: Jedes Jahr geht man auch auf die sogenannte **Sker**, die „Schäre", um Baßtölpel und Eissturmvögel zu fangen. Und immer noch leben auf den Inseln Leute, die die althergebrachte Sitte

Ähnlich wie die Albatrosse gelten auch die Baßtölpel als Könige der Lüfte.

Die jüngste Insel der Welt wurde erst 1963 geboren – und doch ist Surtsey ein Paradies für Naturwissenschaftler und Geologen.

des Eiersammelns pflegen. Sie sammeln die wohlschmeckenden Eier von Eissturmvögeln, Tordalken und Gryllteisten. Weil die beiden letztgenannten Schwarzvögel ihre Eier in die Felsenwände legen, müssen sich die Eiersammler wagemutig an einem Seil hinunterschwingen. Dieses „Seilschwingen", das in früheren Zeiten notwendig war, um für den Lebensunterhalt zu sorgen, ist heute ein populärer Sport auf den Westmänner-Inseln geworden. In der Nähe des Hafens demonstrieren die Schwinger die große Kunst auf diesem Gebiet. Auch Gäste haben auf Heimaey die Gelegenheit, sich von den untersten Felsen zu schwingen, was vielen großen Spaß bereitet.

So ist das Leben auf Heimaey nicht nur von der Nähe des neuen Vulkans und der Lava bestimmt, sondern auch von den Vogelfelsen und dem Meer, aus dem die Einwohner einen erheblichen Teil des wertvollsten Exportguts der Isländer holen. Denn obwohl nur zwei Prozent der Bevölkerung auf Heimaey wohnen, werden dort stolze fünfzehn Prozent der isländischen Fischprodukte hergestellt. Die Gewässer um die Inseln sind nämlich reich an Dorsch, Schellfisch, Seelachs, Rotbarsch, Steinbutt, Scholle und anderen Fischarten.

Als wir mit unserem Boot um die Insel weiterfahren, zeigt der junge Kapitän auf eine Insel, die weiter draußen im Meer liegt. „Diese Insel, die wie eine Maus oder eine Ratte aussieht, ist **Surtsey**. Das ist die jüngste Insel der Welt. Sie ist vor dreißig Jahren aus dem Meer gestiegen." Es waren Fischer, die am 14. November des Jahres 1963 das Feuer aus dem Meer steigen sahen, ungefähr 20 Kilometer südwestlich von Heimaey. Wo vorher eine Tiefe von 130 Metern war, entstand in dreieinhalb Jahren eine knapp 170 Meter hohe Insel, die nach dem altnordischen Feuergott Surtsey benannt ist – ein Paradies für Wissenschaftler aus aller Welt. Inzwischen wurden dort an die dreißig Pflanzenarten gefunden. Fünf Vogelarten brüten regelmäßig auf der neuen Insel, darunter Eissturmvögel, die als erste 1970 ihre Jungen in der warmen Lava aufzogen.

Es ist nicht verwunderlich, daß sich auf einer Insel wie Heimaey ein eigener Menschenschlag herausgebildet hat. Von sich selbst behaupten die Westmänner, sie seien keine „normalen" Isländer. Trotz des witzigen Untertons einer solchen Behauptung steckt ein Körnchen Wahrheit darin. Die Einwohner von Heimaey führen nämlich ein Leben, das sich vom Leben der anderen Isländer in vielerlei Hinsicht unterscheidet: Sie halten beispielsweise jeden Sommer ihr eigenes „Volksfest" ab, bei dem drei Tage und Nächte lang orgiastisch gefeiert wird. Während der Festzeit, Anfang August, ziehen viele Einwohner des Ortes auf Heimaey in das Tal **Herjólfsdalur**, wo sie das lange Wochenende in Zelten verbringen. Man spielt Gitarre und singt – die Kehlen trocknen dabei kaum aus. Man behauptet, daß die meisten Kinder auf der Insel im April, also neun Monate nach dem Fest, zur Welt kommen.

Ein Einheimischer hat mir erzählt, nach einem besonders „gut gelungenen" Fest vor wenigen Jahren, wären als Spätfolge sage und schreibe 87 Kinder geboren worden. Das sei absoluter Rekord gewesen. Es ist allerdings damit zu rechnen, daß viele dieser Kinder „Mischlinge" sind, weil das turbulente Volksfest der Westmänner von vielen Bewohnern des isländischen Festlandes besucht wird.

Als wir um den Felsen namens **Heimaklettur** fahren, machen wir in einer Höhle unter diesem auf Island berüchtigten „Heim der Winde" einen kurzen halt. Gísli, ein im ganzen Land bekannter blinder Musiker, auch solch ein „Inselbursche", spielt in der Meereshöhle einige Lieder auf seiner Flöte, darunter Kompositionen aus seiner Feder. Kaum anderswo wird es auf der Welt noch so einen grandiosen Konzertsaal wie diesen geben.

Wieder im Hafen angelangt, trifft man sich am Abend zum ausgiebigen „Lundi-Essen". Und es läßt sich gar nicht leugnen: Mit Kartoffeln, leckerer Sahnesoße und Konfitüre ist der kleine „Dekan" eine wahre Delikatesse.

Feuerspeiend und qualmend entstand in den 60er Jahren die Insel Surtsey.

GEWALT DES VULKANISMUS

Vögel und Vulkane prägen die Geschichte und das Leben auf Vestmannaeyjar, wie die Westmänner-Inseln im Isländischen heißen. Allerdings spielt längst auch der Fischfang eine wichtige Rolle auf Heimaey, der einzigen bewohnten Insel der kleinen Inselgruppe.

VULKANISMUS AUF ISLAND

Vulkanausbrüche finden im Durchschnitt alle 5 Jahre statt. Ein Drittel aller Lavaströme, die in den vergangenen Jahrhunderten auf der Erde flossen, sind „made in Iceland". 1783, öffnete sich oberhalb der Berge an der Südküste Islands eine über 30 km lange Vulkanspalte, auf der zur gleichen Zeit etwa 100 Krater aktiv waren. Bei diesem in der Erdgeschichte größten Ausbruch eines Vulkans kam eine solche Menge Lava hoch, daß etwa 560 km² Land bedeckt wurden. Die Asche und die giftigen Gase dieser gewaltigen Eruption verursachten eine der schwersten Hungersnöte in der Geschichte der Insel. Zu den bekanntesten Vulkanen der Insel gehören Hekla im Süden (Ausbrüche: 1970, 1980, 1981 und 1991), Katla unter dem Gletschereis des Mýrdalsjökull an der Südküste (zuletzt 1918 aktiv), Askja im nordöstlichen Hochland (letzter Ausbruch 1961) sowie die Kraflaspalte oberhalb des Sees Mývatn (Mückensees), die in den Jahren 1975 – 1984 zahlreiche Male aktiv wurde.

Verbunden mit dem Vulkanismus sind häufig Erdbeben, von denen die meisten jedoch nur geringeren Schaden anrichten. Bei Erdbeben im Südlandgebiet sind 1784 und 1896 allerdings viele Bauernhöfe zerstört worden, und 1934 richtete ein Erdbeben in dem im nördlichen Eyjafjord gelegenen Ort Dalvík großen Schaden an.

■ Heimaey

ANREISE

Die Icelandair fliegt täglich mit der bequemen Fokker-50 von Reykjavík nach Heimaey. Der Flug dauert eine knappe halbe Stunde. Außerdem fährt von der Ortschaft Þorlákshöfn an der Südküste die Autofähre Herjólfur zu den Westmänner-Inseln. Von der Buszentrale in Reykjavík fährt ein Bus nach Þorlákshöfn (etwa 50 Minuten). Die Fahrt mit der Fähre dauert dann etwa zweieinhalb Stunden. Weitere Informationen sind in Reykjavík unter Tel. 505 02 00 zu erhalten.

UNTERKUNFT

* HÓTEL BRÆÐRABORG
Mit 20 gut ausgestatteten Zimmern (Bad, Telefon, Satellitenfernsehen und Minibar) eine komfortable Unterkunft. Von den Zimmern auf der Vorderseite blickt man direkt auf den neuen Vulkan „Eldfell".
Mit Restaurant und Bar, die am Wochenende von den Einheimischen gut besucht wird.
Tel. 481 15 15
Fax 481 20 07.

RESTAURANT

VIÐ FÉLAGARNIR
Ein nettes Restaurant, in dem man in gemütlicher Atmosphäre sowohl

23.1.1973: Aus der Feuerspalte steigen riesige Rauchwolken empor.

Heute nach über zwanzig Jahren ist das Alltagsleben auf Heimaey eher ruhig und beschaulich.

Fisch- und Fleischgerichte als auch die für die Insel typischen Papageientaucher und Trottellummen schmausen kann.
Heiðarvegur 3
Tel. 481 25 77.

EINKAUFEN

GALLERI PRÝÐI
Kirkjuvegur 12.
Werke einheimischer Künstler, Souvenirs und ausgestopfte Vögel.

GALLERY
Kirkjuvegur 19.
Hier sind ähnliche Sachen zu finden, außerdem handgestrickte Wollpullover.

SEHENSWÜRDIGKEITEN

THE VOLCANIC SHOW
Kein Sommergast auf Heimaey sollte sich die örtliche Filmshow entgehen lassen. Vom 15. Mai – 31. September laufen ein- bis dreimal täglich im lokalen Theater zwei beeindruckende Filme, von denen die Westmänner mit Stolz behaupten können, daß sie nur auf der Insel zu sehen sind:
„Reginsund" (Das große Schwimmen) erzählt von der übermenschlichen Leistung eines einheimischen Seemannes, der 5 km ans Land geschwommen ist, nachdem sein Boot mit den übrigen Besatzungsmitgliedern untergegangen war.
„Eldeyjan" (Die Feuerinsel) ist eine interessante, mehrfach preisgekrönte Dokumentation über die Ausbrüche von 1973 auf Heimaey. Gesamtdauer der beiden Filme: 50 Minuten.

AUSFLUGSTOUREN
Wer mit dem Boot um die Inseln oder mit „Palli" über die neue Lava fahren möchte, sollte sich mit „PH-Tours" in Verbindung setzen.
Tel. 481 15 15
Fax 481 20 07.

AQUARIUM
Das örtliche Aquarium und Naturkundemuseum ist einen Besuch wert. In Bassins schwimmen Fische, die Seeleute mitgebracht haben, daneben stehen ausgestopfte Vögel.

Außerdem findet man hier eine der wertvollsten Steinsammlungen des ganzen Landes, mit über 1000 isländischen Steinen. Im Sommer (1. Mai – 1. September) täglich von 11 – 17 Uhr geöffnet. Im Winterhalbjahr Sa und So 15 – 17 Uhr.
Tel. 481 19 97.

Insider News

NATIONALFEST DER WESTMÄNNER
Am ersten Wochenende im August findet auf den Westmänner-Inseln das sogenannte „Nationalfest" (þjóðhátíð) der Westmänner statt. Drei Tage und Nächte lang feiern die Inselbewohner, die während dieser Zeit aus ihren Häusern in ein Zeltlager ins Tal „Herjólfsdalur" umziehen. Tausende von Gästen kommen auch vom „Festland" hinüber. Es wird gesungen, getanzt und rund um die Uhr getrunken. Für einen „normalen" Mitteleuropäer ein unvergeßliches Erlebnis!

5 Kjölur

Auf den Spuren der Geächteten

Eine Fahrt über das Hochland Islands führt nicht nur durch spektakuläre Landschaft, sondern macht auch mit Geschichten von Gesetzlosen vertraut.

Einst dienten die Hochlandrouten als Anreisewege zu den Þin

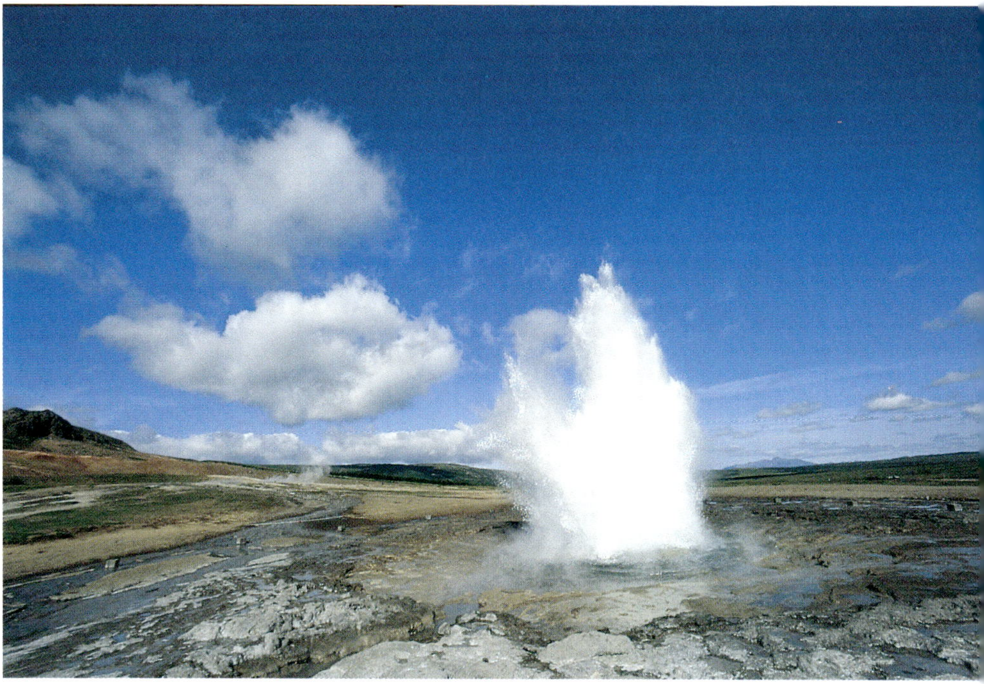

Auf manchen Geysir ist noch Verlaß: Der Strokkur bricht regelmäßig im Abstand von 5 – 10 Minuten aus.

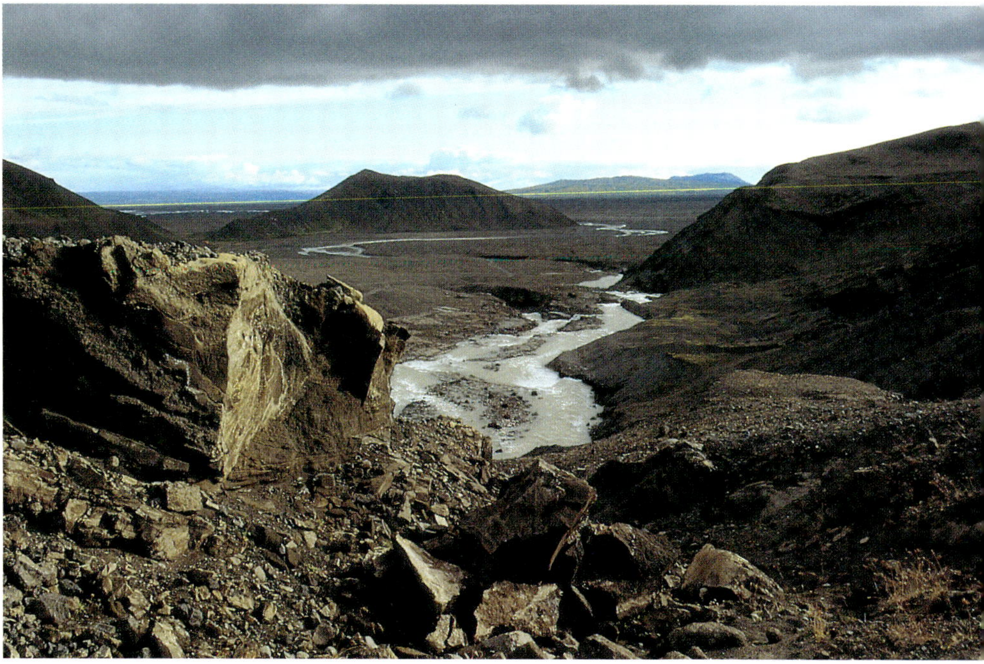

Der Südteil der Kjölur-Route führt in großen Teilen durch eine wahre Mondlandschaft.

grane Muster aus Hitze, Wasserdampf und Schwefel.

r dem Bad in der heißen Quelle immer „Fiebermessen".

eiße Quellen laden überall zur Entspannung ein.

Schon im Mittelalter kannten die Isländer zwei Wege durch die Berge zwischen dem Norden und dem Süden. Zum einen war es der gut zweihundert Kilometer lange Reitweg über **Sprengisandur** (zwischen Hofsjökull und Vatnajökull), zum anderen der wesentlich kürzere Weg über **Kjölur**. Diese beiden Wege galten als äußerst mühsam und gefährlich. Unterwegs waren beschwerliche Flüsse zu durchqueren, und Gerüchte von Gesetzlosen flößten vielen Reisenden Furcht ein. Heute noch haftet dem Weg über Kjölur im Bewußtsein der Isländer etwas Unheimliches an. Deswegen ist eine Fahrt durch das Gebiet immer ein besonderes Erlebnis.

Mit einer guten Vorhersage des isländischen Wetteramtes im Gepäck starte ich an einem sonnigen Spätsommertag im August mit einem Freund in Reykjavík. Wir wollen in zwei Tagen mit dem Jeep über Kjölur in Richtung Norden fahren.

Für eine Hochlandüberquerung sollte man immer genügend Proviant mitnehmen, denn in den höheren Regionen findet man nämlich keine der sonst so verbreiteten Hamburger- und Hot-dog-Buden mehr. Einige Tüten des äußerst schmackhaften „Harðfiskur" (Stockfisch) und andere Leckereien sind da eine gute Vorsorge. Schließlich darf man nicht vergessen, daß eine technische Panne in der Einöde des Hochlandes einen längeren Aufenthalt zur Folge haben kann.

Nach anderthalb Stunden Fahrt auf weitgehend akzeptablen Straßen kommen wir nach **Geysir**. Vor der inzwischen ausgebauten Raststätte steigen wir aus.

Von der charmante Sigga, die seit Jahren dieses Geschäft führt, erfahren wir, daß man im Lauf des Tages noch zahlreiche Touristenbusse erwartet. Es liegt nämlich ein großer Luxusdampfer bei Reykjavík vor Anker, und gegen Mittag werden einige Hundert Kreuzfahrer zum Geysir gebracht. „Die Wurstvorräte könnten am Nachmittag knapp werden", sagt Sigga und schmunzelt dabei.

Doch schon vor dem Auftritt der Kreuzfahrer herrscht im „Söluskálinn" (Kiosk) am Geysir reger Betrieb. Es ist eine isländische Reisegruppe angekommen, die auf dem Weg in die Berge ist. Nach den Mengen der Hot dogs zu urteilen, die

die Reisenden verschlingen, scheinen sie mit einer großen Hungersnot unterwegs zu rechnen.

Der „Hot dog" ist als „ein með öllu" – „eine mit allem", wie die Isländer die beliebte Wurst mit Senf, Ketchup, Zwiebeln und Remoulade nennen – die wahre Nationalspeise geworden. „Vergiß aber nicht die heißbegehrte 'Prinz Polo' – das ist auch eine Art Nationalspeise", äußert sich Sigga.

Es handelt sich dabei um polnische Schokoladenkekse, die sich seit Jahrzehnten auf Island großer Beliebtheit erfreuen. Um den kleinen Hunger zu stillen, ist es üblich, an den Kiosken um „Coke" und „Prinz Polo" zu bitten. Kaum ein Ausländer ist überraschenderweise von dieser osteuropäischen Süßigkeit begeistert ...!

Nach der Plauderei mit der netten Wirtin gehen wir zu den Geysiren auf der anderen Seite der Straße. Der alte Geysir, von dem alle Springquellen der Welt ihren Namen beziehen, ist wie immer ruhig; die kleinere Springquelle, **Strokkur** (Butterfaß), schleudert aber alle paar Minuten heißes Wasser in die Höhe. Neben dem Spazierweg durch das Quellengebiet brodelt und zischt das kochende Wasser aus vielen kleinen Erdlöchern – eine wahre Hexenküche.

Die Meinungen darüber, warum der „alte" Geysir in den vergangenen Jahrzehnten immer ruhiger wurde, gehen auseinander. In der ersten Hälfte des Jahrhunderts soll er noch regelmäßig große Wassermengen bis zu 80 Meter in die Höhe geschleudert haben. Andere sagen, die seit langem auf Island geübte Sitte, die Quelle mit Hilfe einer guten Portion Schmierseife zum Ausbruch zu bewegen, hätte dem Geysir möglicherweise geschadet.

Fest steht jedenfalls, daß die Springquelle, deren Name auf der ganzen Welt bekannt ist, schon immer „eigensinnig" war. Das wußte der inzwischen

Der „Vater aller Geysire", der Stóri Geysir, ziert sich mit seinen Ausbrüchen.

Nach einer „Generalreinigung" des Förderkanals ist auf den Strokkur wieder Verlaß: Alle 5 bis 10 Minuten spuckt er wieder heißes Wasser aus.

verstorbene langjährige Wächter des Naturparks, Sigurður Greipsson, am besten. Vor einigen Jahren hatte ich den ehemaligen Leiter einer Sportschule in Haukadalur bei Geysir an den Quellen getroffen. Er erzählte, einige Jahre zuvor sei die dänische Königin anläßlich eines öffentlichen Island-Besuchs zum Geysir gekommen. Der Staatspräsident habe vorher bei ihm angerufen und darum gebeten, Schmierseife in die Quelle zu schütten. Die Königin habe nämlich ein randvolles Programm, und deswegen müsse Geysir zu einer bestimmten Zeit aktiv werden. Sigurður tat, worum er gebeten wurde.

Bei strömendem Regen kam die vornehme Gesellschaft bei den Quellen an. Als sich jedoch

Überall blubbert und brodelt es heiß aus der Erde.

die weltberühmte Springquelle überhaupt nicht rührte, mußte der Besuch vorzeitig und erfolglos abgebrochen werden. Kaum war aber die letzte Limousine außer Sicht, schoß eine große Wassersäule empor. Und mit einem Grinsen fügte der alte Mann hinzu: „Ja, das sage ich schon immer, der Geysir geht nicht für jeden hoch!"

Um die versteckte Ironie dieser kleinen Bemerkung zu verstehen muß man sich dann erinnern, daß sich die Isländer erst 1944, nach fast sechshundert Jahre langer Kolonialherrschaft, endgültig von den Dänen gelöst hatten.

Auf einen Wasserfall ist da schon mehr Verlaß als auf einen Geysir: Wenige Kilometer von den heißen Quellen entfernt steigt die kalte Dampfwolke über dem **Gullfoss** in die Höhe. Dieser 31 Meter hohe Fall, der in zwei Stufen in den gewaltigen Cañon des Gletscherflusses **Hvítá** hinunterstürzt, gehört zu den schönsten Naturphänomenen der Insel. Mit energischem Auftreten hat Sigríður Tómasdóttir es verhindern können, daß der Fall am Anfang des Jahrhunderts an eine ausländische Firma „verkauft" wurde, die am Gullfoss ein Kraftwerk bauen wollte. Falls es dazu gekommen wäre, hätten die Isländer eine wahre Perle der Natur für immer verloren. Kein Wunder, daß man der tapferen Bauerntochter Sigríður Tómasdóttir vom Hof Brattholt am Wasserfall ein Denkmal in Erinnerung an ihre Rettungstat errichtet hat.

Nach dem Besuch am Gullfoss verlassen wir die Hauptstraße und setzen unsere Fahrt auf einer noch relativ guten Bergstraße oberhalb des Wasserfalles fort. Vor uns thront der über zwölfhundert Meter hohe Tafelberg **Bláfell**. Das Wetter ist noch schön, obwohl sich einige Wolken am nördlichen Horizont gebildet haben. Als wir über den **Bláfellsás** fahren, eine Erhebung am Fuß des großen Berges, machen wir an einem von Menschen errichteten Steinhügel am Straßenrand halt. Seit langer Zeit ist es Sitte, beim Durchfahren einige Steine auf den Hügel zu legen. Was wirklich hinter diesem Brauch steckt, ist nicht klar, vermutlich aber soll es den Reisenden einfach Glück bringen.

Kurz darauf öffnet sich der Blick auf den Gletschersee **Hvítárvatn**. Hinter der Brücke über den aus dem See kommenden Fluß Hvítá biegen wir von der Straße ab und fahren eine kleine Piste am Nordostufer des Sees entlang. Bald erreichen wir die Hütte des Isländischen Reisevereins in **Hvítárnes**. Neben der Hütte sind die Fundamente eines Hofes zu sehen, der vor Jahrhunderten hier gestanden hat. Allerdings kann man die inzwischen überwachsenen Grundmauern noch erkennen. Kaum zu glauben, daß hier früher Menschen gelebt haben.

Ein überwältigender Anblick bietet sich dem Betrachter. Am Ende des etwa dreißig Quadratki-

In zwei Kaskaden stürzt der Gullfoss 31 Meter in die Tiefe.

lometer großen Sees thront der Gletscher **Langjökull**. Eine Gletscherzunge kalbt in den See. Hier, mehr als 400 Meter über dem Meeresspiegel, umgeben von Bergen, Flüssen, einem See und einem Gletscher, sollen einst Bauersleute Heu für ihre Tiere geerntet haben. In diesem gewaltigen „Gebirgssaal", weit ab von allen Siedlungen, spielten früher sogar heitere Kinder am Seeufer mit Schafsknochen. Wie die Siedler hießen, wo sie herkamen und was aus ihnen wurde, weiß aber niemand. Die Bewohner von Hvítárnes blieben unbekannt.

Mein Reisebegleiter erzählt, sein Großvater sei vor vielen Jahren mit einem bekannten isländischen Geologen hier gewesen. Dieser habe in der Nähe der Hofruine ein kleines Loch in den Boden gegraben, um nach vulkanischer Asche zu suchen. Später habe der Geologe behauptet, dieser abgelegene Hof wäre mit Sicherheit beim großen Ausbruch des 70 Kilometer entfernten Vulkans **Hekla** im Jahr 1104 verwüstet worden. Somit weiß man, wann die letzten Menschen den Platz verlassen haben.

Wieder auf der Hauptstraße geht es an der Abzweigung nach **Kerlingarfjöll** (Altweiberberge) vorbei, einer Gruppe von knapp 1500 Meter hohen, bunten Liparitbergen, wo es im Sommer eine populäre Skischule gibt. Hinter den Liparitbergen

erhebt sich das gewaltige Eismassiv des Gletschers **Hofsjökull**. Vor uns ist auch der tausend Meter hohe, aus der Lavawüste ragende Berg **Kjalfell** zu sehen, der während der letzten Eiszeit entstanden ist.

Obwohl die Sonne immer noch hoch am Himmel steht, überfällt mich ein leichter Schauer, als ich zum Kjalfell hinübersehe. In der Nähe dieses Berges hat sich vor zweihundert Jahren etwas Unheimliches zugetragen: Begonnen hat alles mit einer Schafspest, die im Norden großen Schaden anrichtete. Der Bauer vom Hof Reynistaður in **Skagafjörður** beauftragte daraufhin vier Männer, darunter seinen elfjährigen Sohn, eine Schafsherde, die er im Süden gekauft hatte, über Kjölur in den Norden zu treiben. Im Spätherbst des Jahres 1780 trieben die vier, zusammen mit einem Begleiter aus dem Süden, die Schafe in die Berge. Als sie aber im Norden nicht mehr auftauchten, wurde angenommen, daß sie bei Stürmen in den Bergen ums Leben gekommen seien.

Erst im nächsten Frühling fand ein Bauer, der mit einigen Leuten über Kjölur ritt, die Zelte der Toten. Die Gruppe, die das Grauen entdeckte, behauptete, in den Zelten seien vier Leichen gewesen. Als man aber die Toten aus den Bergen holen wollte, waren nur zwei zu finden. Später entdeckte man weit von den Zelten entfernt eine abgeschnittene Hand, zusammen mit einem toten Pferd, dessen Kehle durchschnitten worden war.

Fast siebzig Jahre nach diesen unheimlichen Ereignissen wurden dann in den Bergen Knochen entdeckt, die man für die Knochen der beiden Brüder von Reynistaður hielt. Es gab viele Spekulationen darüber, was damals geschehen sei – unter anderem wurde vermutet, einige Bauern hätten die Leichen ausgeraubt und versteckt. Was aber nie bewiesen wurde ...!

An einem Hügel konnte man bis in die jüngste Zeit immer noch Schafsknochen von dem damaligen Viehtreck entdecken.

Über den Liparitbergen von Kerlingarfjöll erhebt sich der Hofsjökull.

Diese Ereignisse haben den Leuten so viel Angst eingeflößt, daß sie den Reitweg über Kjölur die nächsten hundert Jahre vermieden. Bis zum heutigen Tag halten sich Gerüchte, daß es dort oben nicht immer mit rechten Dingen zugehe. Camper, die in dieser Gegend übernachtet haben, behaupten, sie hätten in den hellen Sommernächten Schatten auf der Zeltwand gesehen, ohne daß irgendwelche Menschen in der Nähe waren.

Am Denkmal des früheren Leiters der Straßenbaubehörde **Geir Zoëga** machen wir halt. Hier hat die Straße ihren höchsten Punkt erreicht: 672 Meter über dem Meeresspiegel. Trotz der Sonne weht eine kühle Brise. Nach einem letzten Blick über die geheimnisvolle Wüste, in der zwei Jahrhunderte zuvor fünf Menschen mit Pferden und Schafen einen grausamen Todeskampf mit gnadenlosen Schneestürmen geführt hatten, legen wir das letzte Stück nach **Hveravellir** zurück, einem der ungewöhnlichsten Plätze im isländischen Hochgebirge. Aus zahlreichen heißen Quellen in der Mulde des kleinen Tales steigen Dämpfe empor.

Am Rand des Quellengebiets befindet sich eine kleine Reisehütte, die 1938 gebaut wurde. Hinter der Hütte liegt eines der ungewöhnlichsten Bäder dieser Welt: ein kleines, mit heißem Wasser gefülltes Freibad. Unweit der alten Reisehütte wurde vor wenigen Jahren eine große neue Hütte erbaut. Auf einem Hügel oberhalb der Mulde steht das Wohnhaus der Wetterbeobachter von Hveravellir. Seit Mitte der sechziger Jahre bewohnen Meteorologen des staatlichen Wetteramts dieses Gebäude.

Mit dem Jeep an der Reisehütte angekommen, beschließen wir, die letzten Sonnenstrahlen auszunutzen, ziehen unsere Badehosen an und steigen in das kleine Bad. Dort sitzen schon zwei Leute, ein älterer Herr aus Österreich und eine Isländerin in ihren mittleren Jahren. Sie erzählt, daß

eine enge Verwandte von ihr zwei Jahre an diesem Ort für das Wetteramt gearbeitet habe. „Sie hat so von Hveravellir geschwärmt, daß inzwischen die ganze Verwandschaft hier oben gewesen ist", sagt die Frau. „Den Winter fand sie allerdings ein bißchen lang", fügt sie hinzu.

Das ist leicht zu begreifen. Im Winter muß man den Wetterbericht des isländischen Rundfunks nicht sehr oft hören, um festzustellen, daß Hveravellir ein Kälteloch ist. Die Frau erzählt uns auch, manchmal sei ihre Verwandte im Winter der Schneestürme wegen tagelang nicht aus dem Haus gekommen. Ein durchaus ungewöhnlicher Arbeitsplatz also ...! Aber Leute, die Einsamkeit suchen oder in Ruhe arbeiten wollen, werden

Isländische Badefreuden in den heißen Quellen von Hveravellir.

E s spukt dort droben im Hochland! Oder wie sonst soll man sich das mysteriöse Verschwinden von zwei Toten erklären ...?

wohl kaum anderswo so sehr auf ihre Kosten kommen wie hier.

Nach dem herrlichen Bad kommt der schauerliche Moment, in dem man sich schnell in der kühlen Brise abtrocknen und anziehen muß. Nachdem wir in der Hütte Quartier bezogen haben, machen wir einen Spaziergang zu den Quellen hinüber. Von den zahlreichen heißen Quellen Islands sind sie die reizvollsten – nicht zuletzt wegen der landschaftlichen Kulisse mit den nahen Bergen und dem Gletscher Hofsjökull.

Als zwei junge Isländer Mitte des 18. Jahrhunderts im Auftrag des dänischen Königs eine Forschungsreise durch Island machten, kamen sie auch nach Hveravellir. Das Dröhnen der Quellen, das sie schon von weitem hörten, erinnerte die beiden an den Schrei eines Löwen. Vor allem eine Quelle machte einen solchen Lärm, daß die Pferde scheuten. Es war **Öskurhólshver**, die „Schreihügelquelle". Inzwischen ist diese schreiende Quelle leiser geworden. Trotzdem pfeift sie immer noch ganz schön, als wir in der Abendsonne an dem hellgefärbten, aus Kieseln errichteten „Schreihügel" stehen. Unmittelbar daneben befindet sich die Quelle **Bláhver** (Blauquelle), gefüllt mit völlig klarem, strahlendblauen Wasser. Eine andere Quelle ist offensichtlich in früheren Zeiten von Menschenhand eingefaßt worden: Um die Quelle zu „bändigen", hat man um ihre Öffnung Steine gelegt.

Die Kjölur-Route führt auf Schotterpisten durch einsame Hochebenen.

Zwischen Bewunderung und Ächtung: Der Dieb Fjalla-Eyvindur und seine Frau Halla genießen heute noch einen legendären Ruf.

„Er war schon ein großer Künstler, der **Fjalla-Eyvindur**", sagt eine Stimme hinter mir. Es ist die Frau, die wir vorher im Bad getroffen haben. „Er hat diese Steine gelegt, um warmes Wasser aus der Quelle schöpfen zu können. Dort oben hat er mit seiner Halla gewohnt." Sie zeigt auf den dunklen, nahe gelegenen Rand der Lava **Kjalhraun**. Wir gehen die wenigen Meter zur Lavazunge hinüber.

Oben auf der Lavakante sind deutlich Ruinen einer einfachen Behausung zu erkennen. Dort hauste, kurz nach der Mitte des 18. Jahrhunderts, „Berg-Eyvindur", Islands berühmtester Geächteter, mit seiner nicht weniger legendären Frau Halla. Warum sie zu Gesetzlosen wurden, ist unklar. Fest steht jedoch, daß die beiden an die zwanzig Jahre im Gebirge lebten, davon die ersten in Hveravellir. Hier, auf der unwirtlichen Lavakante, baute Eyvindur eine Hütte und faßte die in der Nähe liegende heiße Quelle ein. In der Quelle sollen sie dann ihr Essen gekocht haben. Mit ihnen in Hveravellir lebte auch der geächtete Dieb **Arnes**. Gemeinsam zogen sie von hier aus gen Norden, um den Bauern Schafe zu stehlen. Außerdem sollen sie auch Reisende, die Stockfisch über Kjölur in den Norden brachten, überfallen und ausgeraubt haben. Obwohl Fjalla-Eyvindur ein gemeiner Dieb war, genoß er schon zu Lebzeiten bei seinen Landsleuten eine gewisse Sympathie. Er war eben kein gewöhnlicher Dieb. Trotz seiner Vergehen – Schafe stehlen war in dieser Zeit ein großes Verbrechen – zollte man ihm Respekt, weil er so lange unter den äußerst schwierigen Lebensbedingungen in den Bergen ausharrte.

Und wenn man an einem Sommerabend neben der Ruine seiner Behausung auf der Lavakante von Hveravellir steht, wird klar, daß der Geächtete damals tatsächlich eine heroische Leistung vollbracht hat. Es ist kaum vorstellbar, daß Menschen vor zweieinhalb Jahrhunderten hier in den Bergen überwintern konnten.

Nach einer kräftigen Suppe am Abend setzen wir uns in der Hütte mit einer isländischen Wandergruppe zusammen, die zu Fuß über Kjölur unterwegs ist. Das Gespräch dreht sich um die Geächteten Eyvindur und Halla. Jeder hat sich sein eigenes Bild der beiden zurechtgemacht. Die meisten halten Eyvindur für einen klugen und künstlerisch begabten Mann. Er habe wasserdichte Schüsseln gebastelt, die heute im Museum aufbewahrt werden, und habe vom Hüttenbau wirklich etwas verstanden. Halla scheint aber nicht so gut abzuschneiden wie ihr Mann. Eine junge Frau behauptet, das Bild, das sich die Leute immer von Halla als einer dummen und häßlichen Frau machten, zeuge von typischer Frauenfeindlichkeit. Man werfe Halla immer vor, sie habe alle ihre Kinder ausgesetzt. „Wie", fragt die junge Frau, „hätte sie die Kinder auf der Flucht in den Bergen großziehen können? Man kann ihr wirklich nichts vorwerfen, unter diesen Umständen hatte sie keine andere Wahl."

Während die Wanderer weiter über die Geächteten streiten, beschließe ich, vor dem Schlafengehen einen Spaziergang zu machen. Draußen ist die Sonne bereits untergegangen. Aber die nähere Umgebung ist in das geheimnisvolle Licht des Vollmonds getaucht. Ich gehe auf die Höhe oberhalb des Tälchens. Vor mir leuchtet die große Wölbung des Gletschers im Mondschein. Abgesehen von dem leisen „Flüstern" der heißen Quelle ist es so still, daß das Schweigen wie eine Hülle über der Erde liegt.

Es ist etwas Unwirkliches an dieser nächtlichen Stille. Nach einer Weile meine ich, aus der Wüste dumpfe Geräusche zu hören. Sind sie nur Einbildung? Ist das vielleicht das Echo der längst verstummten Hufe der Pferde, die vor Jahrhunderten Menschen durch diese öde Wüste trugen, auf dem Weg nach Hause oder zum Althing im Süden?

Auch wenn es schön sein kann, in netter Gesellschaft zu sein, bekommt man den Zauber der isländischen Natur erst dann zu spüren, wenn man in der endlosen Weite allein ist. Bei einsamen Spaziergängen in der Einöde kommt man dem Herzen des Landes näher. In solchen Stunden kann man etwas Ähnliches erleben wie das, was die alten Griechen früher „Katharsis", Läuterung der Seele, nannten. Als ich nach einem langen Spaziergang in die Hütte zurückkomme, streiten sich die Wanderer immer noch darüber, ob die Frau des Geächteten schön oder häßlich war. Die Vergangenheit läßt den Isländern eben keine Ruhe.

Mineralien verleihen den heißen Quellen ihre blaue Farbe.

ÜBERS HOCHLAND

Die Überquerung des Hochlands ist immer noch ein kleines Abenteuer – und ein Ausflug in das „Herz der Insel". Nirgendwo sonst kommt man der Natur so nahe.

HOCHLANDROUTEN

● KJÖLUR

Im Sommer gibt es eine tägliche Busverbindung von Reykjavík über die Kjölur-Hochlandpiste nach Akureyri und zurück. Die Fahrt geht am Geysir-Gebiet und dem „Gullfoss" (Goldener Wasserfall) vorbei. Der Bus macht auch einen kurzen Halt in „Hveravellir". Die Fahrt dauert zehneinhalb Stunden. Der Preis für eine einfache Fahrt beträgt 120 Mark.
Es besteht die Möglichkeit, in der Berghütte von Hveravellir zu übernachten. In dem Fall ist es erforderlich, die Übernachtung im voraus zu buchen.
Buchungen über:
Ferðafélag Islands (Isländischer Reiseverein), Mörkin 6, 108 Reykjavík, Tel. 568 25 33.

● SPRENGISANDUR

Die Sprengisands-Route ist die längste Hochlandpiste des Landes. Wie Kjölur ist sie nur im Hochsommer befahrbar (Juli/August). Zu dieser Zeit ist vier Mal die Woche ein Bus zwischen Reykjavík und dem Norden über Sprengisandur unterwegs. Die Fahrt dauert 12 – 13 Stunden und kostet ca. 170 Mark. Unterwegs macht der Bus u. a. halt an der Berghütte des Isländischen Reisevereins in Nýidalur, in der man übernachten kann. Für den Fall sollte man aber im voraus buchen (siehe Kjölur). Je nach Wochentag geht die Fahrt in Akureyri oder am Mývatn zu Ende. Für die Sprengisands-Route sollte man sich ruhig Zeit lassen. Falls das Wetter mitspielt, kann man auch in Nýidalur an dem Informationszentrum für Touristen zelten. Man muß jedoch damit rechnen, daß die Temperaturen etwa 4 – 6 Grad niedriger liegen als unten an der Südküste.
Die beiden Touren über Kjölur und Sprengisandur lassen sich auch miteinander kombinieren.

Weitere Informationen zum Fahrplan unter:
Tel. 552 23 00 oder 511 15 15.

ERDWÄRME UND ENERGIEQUELLEN

Die 14 Solfatarenfelder des Landes befinden sich in jungvulkanischen Zonen, d.h. in Gegenden, wo nach der letzten Eiszeit vulkanische Aktivitäten in Gang waren. Die bedeutendsten Hochtemperaturgebiete liegen in den Bergen Landmannalaugar östlich des Hekla-Vulkans und in Grímsvötn, unter der Eiskappe des Vatnajökull. Landmannalaugar läßt sich problemlos im Rahmen eines Abstechers von der Sprengisands-Route über das Hochland besuchen. Die Gegend ist geprägt von den heißen Quellen, den Vulkankratern und den bunten Liparitbergen. Die „Quellen der Landmänner" liegen im Naturschutzgebiet Fjallabak. (Camping und Hütte am Rand des

An Möglichkeiten zum Zelten – wie hier in Hveravellir – ist auf den Hochlandrouten kein Mangel.

Der Strokkur, das „Butterfaß", in voller Aktion.

geothermaler Wärme versorgt. Hinzu kommt noch, daß an die 15 Hektar überglaster Gewächshausfläche durch Wasser aus den heißen Quellen der Insel aufgewärmt werden. In den Gewächshäusern werden vor allem Gurken und Tomaten sowie Blumen und Zierpflanzen gezüchtet.

Im Land gibt es auch an die 100 öffentliche Schwimmbäder, die mit naturheißem Wasser gefüllt sind. Rund ums Jahr gehen die Isländer auch in ihre „heißgeliebten" Freibädern schwimmen.

Insider News

THERMALBAD
Neben der alten Berghütte von Hveravellir befindet sich ein kleines Becken mit heißem Wasser zum Baden. Wegen der außergewöhnlichen Lage ohne Zweifel eines der tollsten „Freibäder" des Landes.

VERSAILLES EN MINIATURE
Auf der Sprengisands-Route findet man südlich des Höfsjökull das kleine, einsame Gästehaus und Speiselokal Versalir. Auch wenn es architektonisch mit dem großen Vorbild bei Paris kaum aufnehmen kann, übertrifft es den Hof des „Sonnenkönigs" sicherlich im Hinblick auf die spektakuläre Umgebung. Hier kann man sehr leckere hausgebackene Kuchen verspeisen.
Tel. 853 24 78.
Geöffnet: Juli und August.

DIE BLAUE LAGUNE
Kein Islandbesucher sollte es versäumen, ein Bad in der (etwa 4 km von Grindavík entfernt, an der Straße 43 gelegen) „Blauen Lagune" zu nehmen (siehe Foto auf Seite 18/19). Die Lagune wird aus Überschußwasser des Kraftwerks Svartsengi gespeist und bereitet nicht nur Badespaß, sondern ist auch für die Heilkraft bei Hautleiden bekannt.
Das Bad ist das ganze Jahr über täglich geöffnet (Verleih von Badekleidung).

Laugahraun). Aufgrund der Wandermöglichkeiten sollte man sich gerade für dieses Gebiet genügend Zeit nehmen. Die Touren führen unter anderem auf den Bláhnúkur und den Brennisteinsalda – beide mit herrlichem Ausblick – sowie zum idylischen See Frostastaðavatn.

Am Fuß des Berges Hengill, etwa 35 km von Reykjavík entfernt, befindet sich ebenfalls ein großes Hochtemperaturgebiet. Seit 1990 wird dort Geothermalenergie für die Hauptstadt gewonnen. Es ist daneben geplant, die Dampfenergie aus der Hengill-Gegend in Zukunft auch zur Stromversorgung einzusetzen.

In einigen der Hochtemperaturgebiete der Insel lagert sich verarbeitungsfähiger Schwefel ab.So wurde z.B. in den vergangenen Jahrhunderten am Mývatn (Mückensee) im Nordosten des Landes Schwefel in großen Mengen abgebaut.

In den siebziger Jahren wurde damit begonnen, Geothermalenergie zur Stromerzeugung zu nutzen. In der Nähe des Mývatn entstand das Kraftwerk Krafla, das heute 30 MW Strom produziert. Wegen vulkanischer Ausbrüche und zahlreicher

Erdbeben in der Gegend war der Bau des Kraftwerks jedoch mit Schwierigkeiten verbunden. Mit Dampf wird auch die nahe gelegene Kieselgur-Fabrik betrieben. Diese 1966 gebaute Anlage produziert heute pro Jahr 27.000 Diatomite. Neben dem Aluminiumwerk im Süden gehört sie zu den wenigen großen Industrieanlagen, die es – abgesehen von Fischfabriken – auf Island gibt.

Was den Isländern „von oben" an Temperaturen fehlt, bekommen sie von unten. An etwa 250 Stellen im Land strömt aus dem Erdinneren heißes Wasser mit Durchschnittstemperaturen, die bei 75 Grad Celsius liegen. Es ist schwer zu sagen, wie viele heiße Quellen auf Island sprudeln. Man geht davon aus, daß die Zahl bei etwa 800 liegt.

Die wasserreichste Quelle des Landes, Deildartunguhver im Borgarfjord (siehe Info-Teil zu Kapitel 3, Seite 40), liefert 180 Liter kochendes Wasser pro Sekunde. Aus dieser Quelle beziehen die Einwohner der beiden Ortschaften Borgarnes und Akranes an der Südwestküste ihr heißes Wasser. Inzwischen werden knapp 90 % der isländischen Bevölkerung mit

6 Islandpferde

Im Tölt durch die Einsamkeit

„Die treuesten Diener des Volkes" nennen die Isländer liebevoll ihre leichtfüßigen und intelligenten Vierbeiner.

Das Islandpferd ist für die Isländer kein gewöhnliches Tier. Seit der Besiedlung der Insel wurde es zu den verschiedensten Zwecken eingesetzt. Es mußte die Menschen durch unwegsame Lavaströme, reißende Flüsse und schwarze Wüsten von einer Ecke der Insel zur anderen tragen. Gelegentlich mußte es sogar über die von heimtückischen Spalten zerrissenen Gletscher gehen. Es wurde dazu benutzt, Güter und Post zu den abgelegensten Höfen zu befördern, das Heu von der Wiese in die Scheune zu transportieren, neugeborene Kinder von der Hebamme nach Hause, Kranke zum Arzt und Tote zum Friedhof zu tragen. Und bis heute ist das Pferd – trotz der Konkurrenz von Helikopter und Flugzeug – unentbehrlich, wenn im Frühherbst die in den Bergen und Heiden am Rand des Hochlands freiweidenden Schafe zusammengetrieben werden.

Längst sind die guten Eigenschaften dieser kleinen, aber zähen Pferderasse über Islands Landesgrenzen hinaus bekannt. Seit der Mitte des 19. Jahrhunderts werden „Isländer" exportiert, allein in den vergangenen drei Jahrzehnten etwa 60.000 Exemplare – ein guter Grundstock auch für Nachzüchtungen in aller Welt.

Für die Popularität der Islandpferde gibt es viele Gründe, ein gewichtiger ist sicher die hervorragende Eignung als Sportreitpferd. Verbände von Islandpferdezüchtern und -freunden findet man heute in Deutschland, Österreich und der Schweiz, in Belgien und den Niederlanden, in allen skandinavischen Ländern und Großbritannien, sogar in den USA.

Islandpferde repräsentieren eine uralte Rasse, die – ähnlich der isländischen Sprache – knapp 1000 Jahre unverändert geblieben ist. Die ersten Siedler brachten ihre Pferde aus dem Westen Norwegens und von den Britischen Inseln mit. Es waren kräftige Tiere, die ihren Herren sowohl im Frieden wie auch in Kriegen zu Diensten standen. Im 11. Jahrhundert wurde der Import fremder Pferde nach Island verboten, ein Verbot, das heute noch besteht. Es wird so streng gehandhabt, daß Pferde aus Island, die an Wettbewerben und Turnieren außerhalb der Insel teilnehmen, nicht wieder ins Land dürfen – nicht einmal das benutzte Zaumzeug.

Aus diesem Grund mischte sich das Islandpferd auf der Insel zu keiner Zeit mit anderen Rassen. Die Isolation führte auch dazu, daß sich das Tier einige Eigenschaften bewahrte, die den europäischen Pferden im Lauf der Jahrhunderte abhanden gekommen sind. Dies gilt besonders für den **Tölt**, die sogenannte „fünfte Gangart" der Pferde. Sie laufen dabei mit gleichmäßigen Intervallen im Vierertakt, und zwar in folgender Reihenfolge: hinten links, vorne links, hinten rechts, vorne rechts. Es läßt sich weder überhören noch übersehen, wenn ein Pferd diesen Gang einlegt: Man hört ein viertaktiges Stakkato, und das Tier bewegt sich in einer sehr stolzen, aufgerichteten Haltung vorwärts. Für den Reiter ist es eine angenehme Gangart: Ohne das geringste Hüpfen sitzt er vollkommen still im Sattel. Bei Vorführungen ihrer Pferde demonstrieren die isländischen Reiter diese Gangart gern, indem sie ein volles Bierglas in der Hand halten. Mit dem Glas drehen sie mehrere Runden, ohne daß dabei ein einziger Tropfen verschüttet wird!

Neben den besonderen physischen Eigenschaften zeichnet sich das Islandpferd auch durch ein großes Einfühlungsvermögen aus. Das zeigt sich beispielsweise in kritischen Situationen, wenn der Reiter aus irgendwelchen Gründen plötzlich in Schwierigkeiten gerät. Ich erinnere mich, einmal beim Schafabtrieb einen Bauern gesehen zu haben, der einen so ordentlichen Schluck zu sich genommen hatte, daß er vom Pferd fiel. Das Tier war sich der Situation sofort bewußt, trippelte wie ein Ballettänzer leichtfüßig über den Betrunkenen hinweg und stellte sich geduldig neben ihn. Dort stand es regungslos, bis sein Herr wieder zu sich kam. Nachdem es dem Bauern wieder gelungen war aufzusteigen, trabte es los, als wäre nichts geschehen.

Es ist eine Tatsache, daß man mit diesen außergewöhnlichen Tieren kommunizieren kann. Es finden sich auch Berichte darüber, daß sie ihre Herren vor Spalten und anderen natürlichen Gefahren gewarnt haben. Kein Wunder, daß die Einheimischen das Islandpferd als den „treuesten Diener des Volkes" bezeichnen. Manche bezweifeln, daß die Menschen ohne diese treuen Gefährten auf der herben Insel ausgeharrt hätten.

Das meint auch Arinbjörn Jóhannsson, der oberhalb des **Miðfjörður** im Norden der Insel den Pferdehof „Brekkulækur" betreibt. „Das Leben auf Island wäre zumindest anders verlaufen", sagt Abbi, wie er genannt wird, als wir zusammen mit seiner deutschen Frau Gudrun im gemütlichen Wohnzimmer sitzen. Wie so viele Isländer hat der Bauernsohn aus dem Miðfjörður einen interessanten Lebenslauf: Nach dem Abitur am Gymnasium von Akureyri ist Abbi für einige Jahre zum Studium nach Deutschland gegangen. Er hatte zunächst Schwierigkeiten, sich für ein bestimmtes Fach zu entscheiden. Nach einer Wanderung durch verschiedene Fakultäten beschloß er, in Köln Völkerkunde zu studieren. Für einen Nordländer, dem das Blut der vielgereisten Wikinger in den Adern fließt, im Grunde keine überraschende Wahl. Ende der siebziger Jahre kehrte Abbi in seine Heimat zurück.

Da er hier im dünn besiedelten Fjord mit seinen völkerkundlichen Studien aber wenig anfangen konnte, mußte er sich eine geeignete Tätigkeit suchen. So begann er, Reittouren in die Umgebung seines Hofes zu veranstalten. Zunächst waren es kleine Touren, aber mit der Zeit wurden sie immer populärer, und heute reiten den ganzen Sommer über Gruppen unter Abbis sicherer Leitung in die Berge. Inzwischen hat er auch einige junge Assistentinnen, vor allem aus Deutschland, für die Sommerperiode engagiert. Aber es wird nicht nur geritten. Unterwegs werden in Bergseen Lachsforellen gefangen, die von den Reitern zubereitet werden.

An einem freundlichen Sommertag bin ich mit Abbi auf der **Arnarvatnsheiði** oberhalb des Miðfjörður unterwegs. Die Heide (im Isländischen, anders als im Deutschen, eine Bezeichnung für eine zwischen den Bergen gelegene Hochebene) ist ein reines Naturparadies. Hier oben befindet sich eine riesige Seenplatte.

Ein romantisch veranlagter Dichter hat bereits im vergangenen Jahrhundert die Heide hier oben durch ein in ganz Island bekanntes Gedicht verewigt:

„Efst á Arnarvatnshæðum,
oft hef ég fáki beitt.
Þar er allt þakið í vötnum
og þar heitir Réttarvatn eitt"
(„Wie oft bin ich über die Arnarvatnsheide
mit meinem Pferde gereist.
Unter den zahlreichen Seen
ist einer, der Réttarvatn heißt.")

Nach dem Abtrieb aus dem Hochland werden die Pferde „sortiert".

Ein Pferd, das die Entwicklung des Landes bestimmte: Ohne die Islandpferde wäre und würde das Leben auf der Insel anders verlaufen.

Diese Zeilen kommen den Isländern in den Sinn, wenn sie gemächlich mit dem Pferd zwischen den vielen Seen auf der Arnarvatnsheide reiten. Auf den Seen schwimmen einzelne Eistaucher, vor den Pferden hüpfen gelegentlich aufgeregte Schneehühner davon.

Abbi erzählt, er habe schon viele Leute über die Heide begleitet. Er legt Wert darauf, daß seine Gäste schon geritten und in guter körperlicher Verfassung sind. „Auch wenn das Wetter im Sommer hier oben in der Regel angenehm ist, kann es natürlich, wie überall in den Bergen, plötzlich umschlagen. Deswegen muß man darauf vorbereitet sein, daß es plötzlich zu regnen oder zu stürmen beginnt. Deshalb müssen die Teilnehmer an solchen Reittouren warme Kleidung mitbringen."

Während mir Abbi die Namen der Berge und Gletscher am Horizont erläutert, lasse ich meine Gedanken schweifen. Es ist ein unbeschreibbares Gefühl, mit dem sanften Islandpferd die einsame Hochebene zu überqueren. Es ist, als ob das Pferd mit dieser Erde verwachsen sei. Es trabt mit einem so sicheren Schritt über den rauhen Boden, daß es sich anfühlt, als würde man über die Erde schweben. „Wir achten schon darauf", sagt Abbi, „daß am Anfang niemand zu viele Stunden auf den Pferden sitzt. Die Reiter müssen sich erst an die Bewegungen der Pferde gewöhnen." Das haben Menschen, die seit Jahren nur im Büro oder im Auto sitzen, dringend nötig. Abbi klärt mich

auch darüber auf, was passieren könne, wenn man in dieser Hinsicht zu Beginn nicht Maß hält. „Dann kommen eben die armen Leute am nächsten Tag in einer Haltung zum Frühstück, als ob sie das Pferd immer noch zwischen den Beinen hätten!" Er erzählt mir auch davon, wie er bei der ersten Begegnung der Teilnehmer mit den Pferden versucht, für jeden das passende Tier zu finden. Dazu muß er einerseits den Charakter jedes einzelnen Pferdes sehr genau kennen. Andererseits sollte er bereits den Charakter des Teilnehmers einzuschätzen versuchen. Dank seiner Menschenkenntnis hat er in der Regel ein gutes Händchen: „Bis jetzt lag ich meistens richtig."

Es gibt keinen Zweifel daran, daß dieser kluge und fröhliche Naturbursche eine Menge Gefühl für Menschen und Pferde besitzt. So wie seine Tiere scheint auch Abbi mit der Heide verwachsen zu sein. Wie sagte schon der deutsche Bischof Adam von Bremen in seiner um 1200 geschriebenen Hamburger Kirchengeschichte: „Für die Isländer sind die Berge, was für uns die Städte sind." Der Bischof hat damals wohl an solch erdgebundene Isländer wie Abbi gedacht – Menschen, die erst dann in ihrem Element sind, wenn sie statt von Straßen und Häusern von Gletschern und Bergen umgeben sind.

Als wir von der Reittour auf die Heide zurückgekommen sind und wieder in der gemütlichen Stube von Brekkulækur sitzen, erzählt mir Abbi, er habe viel in dieses neue Haus investiert. Dabei sei ihm auch plötzlich bewußt geworden, daß er diesen Hof wohl nie im Leben wieder verlassen könne. Er habe sich selbst, wie er es ironisch formuliert, zu „lebenslänglichem Aufenthalt hier verurteilt". Trotz der leichten Ironie ist dem Bauernsohn aus dem Miðfjörður deutlich anzumerken, daß er gegen dieses „Urteil" keine Berufung einlegen wird.

Natürlich sprechen wir auch über Pferde. Abbi

Auch beim Schaftrieb erweisen sich die Islandpferde als sehr nützlich.

hält 40 Tiere auf dem Hof. Im Sommer bekomme er von seinen Nachbarn knapp hundert Pferde dazu. „Viele Leute", sagt er, „die schon einmal solche Reittouren in die Berge gemacht haben, kommen immer wieder." Das kann man leicht verstehen. Keine Art des Reisens ist wohl besser dazu geeignet, dem Islandbesucher den landschaftlichen Zauber der Insel zu vermitteln. Pferde sind aber auch für die Isländer längst nicht mehr nur Arbeits- und Transporttiere, sondern Reiten ist eine populäre Art der Freizeitgestaltung und gilt im Land als eine schöne Art, den kleinen Sorgen des Alltags zu entkommen. Dies nutzen natürlich die Menschen im Ballungsraum Reykjavík gern aus, und so gibt es am Rand der Hauptstadt viele große Ställe, in denen die Einwohner der Metropole ihre eigenen Pferde halten. Rund um die Stadt stößt man immer wieder auf Reitergruppen.

In Reykjavík wurde 1922 auch Islands erster Reitverein gegründet, heute sind es im ganzen Land etwa 50 mit gut 10.000 Mitgliedern. Alle vier Jahre veranstalten sämtliche Vereine ein Landestreffen, das sogenannte **Landsmót**, wo es bei Wettrennen und verschiedenen anderen Wettbewerben hoch hergeht. Das Landsmót ist zugleich ein mehrtägiges Fest, mit offiziellen Bällen und ungezwungenen, geselligen Meetings, bei denen keineswegs nur Quellwasser getrunken wird.

Von den Dichtern des Landes ist das Islandpferd immer wieder besungen worden. Es gibt zahlreiche „Hestavísur" (Pferdeverse), die im Land populär sind. In einer der mittelalterlichen Sagas, der **Hrafnkels Saga**, die im Osten des Landes spielt, steht ein Pferd sogar im Mittelpunkt der Handlung. Als das Christentum im Jahr 1000 auf dem alten Thingplatz im Süden eingeführt wurde, hat man das Essen von Pferdefleisch aus religiösen Gründen verboten. Und obwohl Pferdefleisch auf Island heute von vielen gegessen wird, gibt es gleichzeitig viele, die es nie zu sich nehmen würden – nicht unbedingt aus religiösen Gründen, sondern einfach wegen der besonderen Stellung dieses Tieres in der Geschichte des isländischen Volkes.

Es ist nicht leicht, die Faszination des Reitens mit Worten wiederzugeben. Kaum jemandem ist es aber besser gelungen als dem Dichter **Einar Benediktsson** in seinem Gedicht „Fákar" (Pferde). Von seinem jung verstorbenen Landsmann und Dichterkollegen, **Jóhann Jónsson**, der in der ersten Hälfte dieses Jahrhunderts viele Jahre in Leipzig verbrachte, wurde das auf Island berühmte Reitgedicht meisterhaft ins Deutsche übertragen. In Anbetracht dessen, daß Reiten und Dichten im Bewußtsein der Isländer eng miteinander verbunden sind, mag es angebracht sein, diese Anmerkungen zum „treusten Diener" der Isländer mit einem Gedicht des großen Nationaldichters Einar Benediktsson abzuschließen (siehe Kasten links).

PFERDE *von Einar Benediktsson*

Am Frühmorgen findet der Aufbruch statt.
Es leuchtet der festverklärte Raum.
Die Welt tut sich auf, wie ein weißes Blatt.
Ganz unbefleckt, kein Acker, kein Baum.
Menschen und Rosse auf schnurgeraden Wegen,
Die frohlockend durch den Hochsommer fegen.
Dann hat das Herz seinen wachsten Traum.
Dann spendet die Welt ihren höchsten Segen.
Es strafft sich die Brau'. Aus den Nüstern steigt Dampf.
Das Auge blickt Feuer. Der Reiter fegt
Am Reiter vorbei, und das Spiel wird zu Kampf.
Das Maul kaut sein Eisen unentwegt
In begeisterter Wut. Die Füße schreiten
In tänzelnder Anmut. Der Hand entgleiten
Die Zügel; so eigenmächtig trägt
Das Tier seinen Herrn in die stürmenden Weiten.
Nun entfacht der Renner die eigene Glut.
Der Huf trifft den Pfad wie peitschender Wind.
Die Reiter verstummen und sind auf der Hut.
Wie geschwungene Wipfel die Mähne sind.
Es brandet ein Schaum um die fauchenden Lippen.
Die Haut spannt sich gläsern auf stählernen Rippen.
Und jede Bewegung schreibt sicher und blind
Ihrer Vollendung Ruhm und die bröckelnden Klippen.
Und Freiheit und Sturm spielt um Mähne und Kleid,
Und dein Alltag wird jeglicher Schwere quitt.
Der Wegstaub tanzt Reigen der Sorglosigkeit;
Und die Gegend jauchzt unter deinem Ritt.
Das sonnige Land kommt in gleißendes Fließen,
Der Pfad wird zur Sturzflut aus Gras und Kiessen,
Die du stromaufwärts fliegst – und bei jedem Schritt,
Deine Bahn und dein Herz schon Funken schießen.

IM DIENST DES VOLKES

Für Islandpferde gilt das oberste Reinheitsgebot. Die Rasse wird vor jeglicher Vermischung streng geschützt. Am berühmtesten für Züchtungen ist der Skagafjörður westlich von Akureyri.

REITERFERIEN

Wer mit „Abbi" und seinen Leuten in die Wildnis reiten möchte, kann sich für weitere Auskünfte direkt an Abbis Hof Brekkulækur im Nordwesten Islands schriftlich, telefonisch oder per Fax wenden:
Arinbjörn Jóhannsson
Brekkulækur
531 Hvammstangi
Tel. 451 29 38
Fax 451 29 98.
Neben Reittouren veranstaltet „Abbi" auch Fahrrad- und Wandertouren.
Inzwischen gibt es auf Island zahlreiche Veranstalter, die Reittouren auf der Insel anbieten.
Der größte Veranstalter solcher Touren ist „Íshestar", dessen Hauptquartier in Hafnarfjörður, einem Nachbarort von Reykjavík, zu finden ist. „Íshestar" veranstaltet sowohl kurze als auch längere Reittouren durch das unbewohnte Innere des Landes.

Íshestar (Icelandic Riding Tours)
Bæjarhraun 2
200 Hafnarfjörður
Tel. 565 30 44
Fax 565 21 13.

REITTOUREN

14 TAGE DURCH DAS LAND

Wer an einer längeren Reittour Interesse hat, kann mit „Abbi" 14 Tage durch das Land reiten. Der Ritt geht über die Hochebene Arnarvatnsheiði, in den Süden. Dieser Teil des Ritts hat Expeditionscharakter und wird mit Packpferden bestritten, ansonsten wird das Gepäck mit einem Auto transportiert. Zwischendurch ruhen sich die Teilnehmer aus und machen kleinere Fahrten mit dem Auto. Im Hinblick auf die 300 km im Sattel ist diese Tour nur für gute Reiter geeignet.

SCHAFABTRIEB

Wer den Schafabtrieb im Herbst hautnah miterleben möchte, kann sich „Abbi" Anfang September für eine Woche anschließen. Von den Weidegebieten des Hochlandes werden die Schafe in die Siedlungsgebiete hinuntergetrieben und im Pferch nach Besitzern aussortiert. Dabei finden im ganzen Land volksfestähnliche Feiern statt. An dieser Jahrhunderte alten Tradition kann man sich zu Pferde beteiligen. Es ist allerdings nur eine kleine Anzahl von „fremden" Reitern möglich.

MIT DEM PFERD NACH LANDMANNALAUGAR

Um das Innere des Landes kennenzulernen, ist das Islandpferd besonders gut geeignet. So veranstaltet „Íshestar" z. B. eine einwöchige Reittour in die faszinierende Gegend von Landmannalaugar, hinter den Bergen oberhalb der Südküste. Die Tour fängt damit an, daß die Teilnehmer von ihrer Unterkunft in Reykjavík – oder Hafnarfjörður – abgeholt werden und mit dem Bus zum Hof Eyvindarmúli an der – aus der Saga vom weisen Njal bekannten – „Fljótshlíð" (Flußhalde) gefahren werden. Nachdem man sich Zeit gelassen hat, um die Pferde kennenzulernen, gibt es einen Ritt zu einer einsamen Berghütte in der Nähe des Naturparks „Þórsmörk". Von dort geht es dann weiter nach „Landmannalaugar", einem Gebiet, das für seine farbenprächtigen Liparitberge und heißen Badequellen im ganzen Land berühmt ist. Unter-

Vor einer Reittour mit Abbi werden die Pferdehufe nochmals überprüft.

Genügsam und ausdauernd – die Islandpferde sind ideal für längere Reittouren.

Tel. u. Fax 486 60 28. An der Straße Nr. 32 nach Þjórsárdalur kann man schöne Reittouren am längsten Fluß Islands, dem Þjórsá, unternehmen. Die Aussicht auf den berühmten Vulkan Hekla ist hier besonders schön.

AUSRÜSTUNG

Wenn man in Betracht zieht, daß die Durchschnittstemperaturen auf Island im Sommer zwischen 7 und 13 Grad liegen und das Wetter in den Bergen sehr wechselhaft sein kann, sollte man darauf achten, genügend warme Sachen wie eine winddichte Jacke, warme Pullover, Handschuhe und einen Schal mitzubringen. Warme Socken nicht vergessen! Reithosen und Reitstiefel aus Gummi sind empfehlenswert sowie leichte Schuhe für wärmere Tage. Wenn man aus dem Ausland kommt, muß man besonders darauf achten, daß eventuell mitgebrachte, gebrauchte Reitkleidung (auch Gummistiefel) vorschriftsgemäß vor der Einreise zu desinfizieren ist! Ein gebrauchter Sattel und Zaumzeug darf nicht eingeführt werden, das Gleiche gilt auch für gebrauchte Reitbekleidung aus Leder.

wegs überquert man u. a. den mächtigen Gletscherfluß „Markarfljót" und kommt an dem berühmten Vulkan „Hekla" vorbei. Nach einer Woche im Sattel geht die Tour im neuen Gästehaus Leirubakki im Bezirk Landssveit zu Ende.

RITT ÜBER SPRENGISANDUR
Mit „Íshestar" kann man einen zehntägigen Ritt über die Wüste von Sprengisandur zwischen den Gletschern Hofsjökull und Vatnajökull machen. Für diese lange Reittour durch die Steinwüste des zentralen Hochlandes muß man allerdings viel Übung und gute Kondition mitbringen.

RITT INS UNGEWISSE
Wer Lust dazu verspürt, ohne ein bekanntes Ziel loszureiten, kann eine Abenteuer-Reittour mit dem Veranstalter „Hestasport" in Skagafjörður im Norden unternehmen. In der zweiten Hälfte des August findet eine 8tägige Tour ins Ungewisse statt. Minimal sechs, maximal 15 Teilnehmer machen zusammen mit erfahrenen Reitern eine spannende Abenteuerreise. Es kann darum gehen, ein einsames, abgelegenes Bergtal aufzuspüren oder eine neue Route durch das Hochland ausfindig zu machen. Motto dieser Tour: Lassen Sie sich überraschen!

Information:
Hestasport
Raftahlíð 20, 550 Sauðárkrókur
Tel. 453 50 66, Fax 453 60 04
oder

Magnús Sigmundsson
Vindheimar, 560 Varmahlid
Skagafjörður.

REITEN BEI REYKJAVÍK
Für diejenigen, die das Islandpferd kennenlernen wollen, aber keine langen Reisen auf sich nehmen möchten, empfiehlt es sich, den Pferdehof Laxnes, etwa 20 Minuten mit dem Auto von Reykjavík entfernt, zu besuchen. Zweimal am Tag veranstalten die Leute von Laxness einen 3stündigen Ritt in der Umgebung der Geburtsstätte des Literaturnobelpreisträgers Halldór Laxness, nach dem sich der große Autor genannt hat. Ideal für Anfänger, die noch nicht „fest im Sattel" sind. Die Veranstalter holen die Teilnehmer nach telefonischer Anmeldung der Unterkunft in Reykjavík ab.
Information:
Þórarinn Jónasson
Laxness Horse Farm
270 Mosfellsbær
Tel. 566 61 79, Fax 566 67 97.

REITEN IM SÜDEN
Zwei weitere Höfe im Süden sind für längere und kürzere Reittouren zu empfehlen.
Syðra Langholt
Hrunamannahreppi
845 Flúðir
Tel. 486 67 74, Fax 486 67 71.
In unmittelbarer Nähe des Gewächshausdorfes Flúðir am Fluß Stóra Laxá (Großer Lachsfluß) gelegen. Information:
Steinsholt II
801 Selfoss

Insider News

ALLEIN ZU PFERD DURCH DIE NATUR
In unmittelbarer Nähe des großen Wasserfalls Gullfoss liegt der Hof Brattholt. Hier kann man ein Pferd mieten und die Umgebung, darunter die nahe gelegene Geysir-Gegend und den „goldenen Wasserfall", erkunden. Dabei sollte man einen Blick in die wildromantische Schlucht des Flusses Hvítá nicht versäumen.
Information:
Brattholt
Biskupstungur
801 Selfoss
Tel. 486 89 41

7 Vatnajökull

Feuer und Eis

Gletscherüberquerungen waren einst ein gefährliches Unterfangen, heute gehören sie zum organisierten Abenteuer.

So, ihr wollt also auf den Vatnajökull. Von dem werdet ihr nie wieder lebendig zurückkehren. Der Vatnajökull ist nämlich der verfluchteste Ort auf der ganzen Erde!" So begrüßte im Jahr 1936 ein Kapitän der Küstenwache die Mitglieder einer isländisch-schwedischen Gletscherexpedition, als sie an Bord seines Schiffes kamen.

Von beängstigender Macht und Größe ist der Gletscher wahrlich, aber erst aus der Luft kann man erkennen, wie riesig der **Vatnajökull** ist. In nüchternen Zahlen: Auf den 8400 Quadratkilometern Fläche könnte man Deutschlands neue Hauptstadt Berlin fast zehnmal auf Eis legen – auf Eis, das meist etwa 600 – 800 Meter, an einigen Stellen sogar über einen Kilometer dick ist. Diese Masse bringen sämtliche anderen europäischen Gletscher nicht einmal gemeinsam auf die Waage.

Als der Kapitän die Forscher damals so harsch begrüßte, dachte er aber nicht nur an das Eis. Vatnajökull ist nämlich mehr als ein riesiger Gletscher. Er ist zugleich einer der größten „Feuerberge" der Welt. Unter der endlosen weißen Fläche befinden sich zahlreiche heiße Quellen und einige Vulkane – immer wieder Ursachen verheerender Naturkatastrophen.

Im südöstlichen Teil des Vatnajökull-Massivs verbirgt das Eis Islands größten Zentralvulkan, den **Öræfajökull**. Seine Spitze, der **Hvannadalshnjúkur**, mit 2119 Meter Islands höchster Gipfel, markiert den Rand eines gigantischen, fünf Kilometer breiten Kraters. Die ersten Jahrhunderte nach der Besiedlung Islands im Jahr 874 war der Vulkan unter dem Eis ruhig und friedlich. Zu seinen Füßen ahnten die Menschen nichts von der Gefahr, die über ihnen schwebte. Ganz im Gegenteil: Der große Gletscher gewährte einer kleinen, blühenden Bauerngemeinde

Schutz vor Wind und Wetter – nicht weniger als dreißig Höfe standen hier im Landkreis **Litla-héraθ** Mitte des 14. Jahrhunderts. 1362 passierte dann die Katastrophe. Der Vulkanausbruch soll so gewaltig gewesen sein, daß der ganze Landkreis völlig verwüstet wurde. Es hagelte Asche und Bimsstein, zahlreiche Gehöfte wurden darunter begraben. Laut alten Annalen soll der Bimssteinregen sogar den Schiffsverkehr vor den Westfjorden, einige hundert Kilometer entfernt, gestört haben. Es war der größte Aschenausbruch der Welt, seit im Jahr 79 die Stadt Pompeji vernichtet wurde. Es ist den Berichten allerdings

Den Öræfajökull im Nationalpark Skaftafell umgeben oft dichte Wolken.

Der rasende Gletscher: Aufgrund hoher Niederschlagsmengen erreichen die Gletscherarme eine Fließgeschwindigkeit von 4 – 8 Meter im Jahr.

◀ *Vorbei an Farnen und Basaltsäulen stürzt der Svartifoss in die Tiefe.*

nicht zu entnehmen, wie viele Menschen bei der Katastrophe ums Leben kamen. Eine alte Quelle erwähnt, niemand hätte den Ausbruch überlebt – außer einer alten Frau und einem Pfarrer.

Zusätzlich zum Bimsstein- und Aschenhagel brachen große Teile des Gletschers ab, Wasserfluten stürzten herab, die viele Höfe mitrissen. Heute trägt der Landkreis, in dem sich wieder einige weit auseinander liegende Höfe befinden, den Namen **Öræfi** (Unbewohntes Land). Die Bewohner bekommen auch jetzt die Nähe des feurigen Gletschers zu spüren. Erdwärme und vulkanische Ausbrüche unter dem Eis führen immer wieder zu gewaltigen Fluten, die von den Abflüssen des Gletschers ins Meer getragen werden. Wegen der großen Schwefelmengen, die bei solchen Fluten in die Flüsse gelangen, sind Vögel und Pflanzen in der Nähe der Flüsse getötet worden. Ein alter Mann aus dem Landkreis Öræfi hat mir einmal erzählt, früher hätten die Frauen ihren Silberschmuck bei solchen Fluten in Tierhaut eingehüllt, damit er nicht schwarz werde.

Wenn man die strahlendweiße Fläche aus der Luft betrachtet, ist es schwer vorstellbar, daß der Gletscher damals so viel Unheil angerichtet hat. Als wir nach einer Stunde auf dem kleinen Flughafen von **Höfn** landen, treffe ich **Tryggvi Árnason**, früher Bürgermeister des Ortes. Heute führt der etwas hagere Mann mit Brille Leute auf den Gletscher.

Mit einer Gruppe von Isländern, die auf Abenteuer aus sind, besteigen wir einen Geländebus. Etwa eine halbe Stunde fahren wir auf der Ringstraße Nr. 1 in westlicher Richtung. Bei dem Wasserkraftwerk von **Smyrlabjörg** verlassen wir die Hauptstraße. Hier beginnt der Geländewagen in die Höhe zu klettern. Es ist eine mühsame Fahrt für Summi, den Busfahrer. Etwa eine Stunde lang muß er mit dem Geländebus einen steilen Hang nach dem anderen erklimmen. Die Straße ist schmal und kurvig, und Leute, die an Höhenangst leiden, sollten bei einzelnen Kurven lieber die Augen schließen.

Auf dem Weg nach oben erzählt Tryggvi, er sei einmal mit einigen isländischen Journalisten hierher gefahren. „Vor der Auffahrt haben sie in Höfn einen guten Tropfen zu sich genommen. Dadurch waren auf dem Weg nach oben alle sehr heiter und gelassen, mit Ausnahme einer jungen Frau. Sie saß neben einem Pfarrer aus Höfn und betonte bei jeder Kurve, diese Strecke würde sie nie und nimmer mit dem Bus zurücklegen, sondern nur mit dem Hubschrauber." Oben angekommen, hätten die Journalisten einen Cocktail bekommen, der sie alle noch weiter aufgeheitert hätte – nur nicht die junge Frau. Sie hätte ein Glas nach dem anderen geleert, ohne den Alkohol auch nur im geringsten zu spüren. Für die Rückfahrt hätte sie auch noch eine Flasche von dem scharfen Getränk verlangt. Auf dem Weg nach unten bestand sie darauf, zwischen den zwei mitreisenden Ortspfarrern zu sitzen. Als sie nach Höfn zurückkamen, war die Frau immer noch nüchtern, während die beiden Pfarrer ziemlich angetrunken waren.

„Außerdem hat die Frau die beiden Geistlichen unterwegs aus Angst so ordentlich in die Schenkel gezwickt, daß sie große Schwierigkeiten hatten, ihren Ehefrauen am Abend die blauen Flecken zu erklären!" Tryggvi lacht.

Danach schiebt er die Geschichte von dem „Westisländer" (wie die Nachkommen der um die letzte Jahrhundertwende nach Kanada ausgewanderten Isländer genannt werden) nach, der vor einigen Jahren mit ihm auf den Gletscher fuhr.

Durch riesige Schuttfelder geht's zum Gletscher.

Seit 60 Jahren war der Mann nicht auf Island gewesen. Als ihn Tryggvi fragte, wie ihm die Fahrt auf den Gletscher gefallen hätte, antwortete dieser, er hätte nie geglaubt, daß er, einmal wieder auf der Insel seiner Vorfahren angekommen, abwechselnd auf dem Rücken und auf dem Bauch reisen würde! Das sei mit Sicherheit die steilste Straße, auf der er je gefahren wäre.

Summi, der Busfahrer erzählt auch von der deutschen Gruppe, die vor wenigen Jahren mit Jeeps hier hochgefahren ist. Während der Fahrt hätten die Deutschen wegen dichten Nebels nichts gesehen. Oben hatten sie in der Hütte auf dem Gletscher übernachtet und vermutlich ein wenig gefeiert. Als er sie am nächsten Morgen, bei klarer Sicht, mit dem Geländebus nach unten brachte, wurde einigen schlecht, als sie sahen, wo sie am Tag vorher bei Nebel gefahren waren!

Nach einer Stunde kommen wir zum Gletscherrand. Dort stehen zahlreiche Motorschlitten bereit und eine Schneekatze für die weniger Wagemutigen. Nachdem uns Tryggvi vorgeführt hat, wie man so einen Schlitten bedient, saust die Gruppe los. Es ist ein tolles Gefühl, in 800 Meter Höhe über das Eis zu flitzen. Aus Sicherheitsgründen werden alle gebeten, dem Reiseleiter zu folgen. Es kann gefährlich sein, auf dem Gletscher seine eigenen Wege einzuschlagen. An manchen Stellen sind unter der weißen Schneedecke Spalten verborgen. Darum muß bei solchen Fahrten immer jemand dabei sein, der sich gut auskennt. Nach einer kurzen Fahrt erreichen wir eine kleine Holzhütte namens **Jöklasel**, die oben auf dem Gletscher steht. Hier bekommen alle warme Spezialanzüge. Danach kann die Fahrt über das Eis weitergehen.

Als wir später am steilen Rand einer gewaltigen Gletscherschlucht stehen bleiben, erzählt Tryggvi, das Verrückteste, was er hier oben je erlebt habe, sei wohl die Tagestour einer Spirituo-

sen-Firma aus Deutschland gewesen. Die Firma hätte Werbung für ein neues Getränk machen wollen und zu diesem Zweck nach einem geeigneten „Stück Eis" gesucht. Dabei wäre sie auf den „größten Eiswürfel der Welt", den Gletscher Vatnajökull, gekommen. Nachdem er selbst mit seinen Leuten tagelang auf dem Gletscher eine „Eistheke" und andere „Einrichtungen" zurechtgehauen hätte, wären 180 Leute mit Geländebussen zum Gletscher hochgefahren worden. Dort hätte sogar eine Live-Band gespielt, und eigens eingeflogene Fotomodelle aus Frankreich hätten die Gäste mit Getränken bedient. Der ganze Spaß dauerte nur wenige Stunden – danach wurden die Gäste wieder nach unten gebracht. „Als ich ein

Abenteuer ohne großes Risiko: Motorschlittentour auf dem Vatnajökull.

Nur für Schwindelfreie! Die Fahrt auf den Gletscher konnte mancher Besucher nur dank ordentlichen Alkoholgenusses unbeschadet überstehen.

paar Tage später wieder auf den Gletscher kam, waren alle eisigen 'Kunstwerke' wieder geschmolzen!" Und er fügt hinzu: „Ein Glück, daß es an diesem Tag keinen Sturm gegeben hat!"

Der Gletscher hat schon immer Leute jeden Alters angezogen. So ist nach den Worten von Tryggvi sogar einmal eine 94jährige Isländerin hier hoch gekommen. Sehr gern hat der „Eismann" aus Höfn auch eine junge Braut übers Eis geführt, die in über tausend Meter Höhe auf dem Gletscher vor einem Eisaltar geheiratet hat.

Wenn man hier oben steht, fällt es einem schwer sich vorzustellen, daß die Isländer früher mit ihren Pferden über diese weiße Wüste gezogen sind. So ritten zum Beispiel im Mittelalter die Nordisländer über den Gletscher, wenn sie zum Fischen an die Südküste wollten. Diese Fahrten nahmen ein Ende, nachdem bei einem heftigen Gewittersturm im Winter 1573 53 Seeleute aus dem Landkreis Suðursveit vor der Küste unterhalb des Gletschers ertranken. Danach vergingen dreihundert Jahre, bis man wieder quer über den Vatnajökull reiste: Diesmal war es ein junger, schottischer Anwalt namens W. L. Watts, der mit fünf isländischen Begleitern in zwei Wochen den Gletscher überquerte. Heute braucht man für diese Strecke mit dem Motorschlitten nur noch fünf Stunden.

Im 20. Jahrhundert hat man den Vatnajökull umfassend erforscht. Man weiß jetzt zum Beispiel, daß der Gletscher in den vergangenen hundert Jahren so stark zurückgegangen ist, daß die Weltmeere seinetwegen um einen Millimeter gestiegen sind. Man weiß auch, daß seine Gletscherzungen seit zwei bis drei Jahrzehnten wieder auf dem Vormarsch sind.

Nachdem wir für eine Weile den Blick über die Südküste zum Meer hinaus genossen haben, geht es schließlich wieder per Motorschlitten zur Gletscherhütte zurück. Eigentlich sind die Schlitten

Die Bootstouren über den Jökulsárlón führen dicht an den Eisbergen vorbei.

Wo der Gletscher gegen den Himmel ragt, hört das Land auf irdisch zu sein ... – die Grenze erreicht man am Vatnajökull.

ganz einfach zu bedienen. Lediglich an steilen Hängen heißt es vorsichtig sein, um nicht das Gleichgewicht zu verlieren.

Nach einer kleinen Erfrischung in einer Hütte, in der es in 840 Meter Höhe auf dem Eis sogar eine Gaststätte und eine Bar gibt, bringt der Geländebus die Gruppe wieder hinunter. Weil das Wetter so herrlich ist, beschließe ich spontan, auf dem Gletscher zu übernachten. Am Nachmittag kommen einige Leute hoch, die das Gleiche vorhaben. Da es aber in der Hütte etwas eng wird, nehme ich meine Isoliermatte und den Schlafsack unter den Arm und gehe nach draußen. Nachdem ich eine kleine passende Mulde im Gletscher gefunden habe, lege ich die Alumatte in die Mulde und den Schlafsack darauf. Im Schlafsack ist es angenehm warm, und ich schlafe bald ein. Am frühen Morgen weckt mich die brennend heiße Gletschersonne. Auf der Nase sind bereits die Anzeichen eines Sonnenbrandes zu spüren. Es ist ein schwer beschreibliches Gefühl, in der strahlenden Morgensonne auf dem größten Gletscher Europas aufzuwachen. Als ich allein auf dem Eis stehe und zum nächsten Gipfel hinaufblicke, kommen mir die Worte des isländischen Schriftstellers und Nobelpreisträgers **Halldór Laxness** in den Sinn: „Wo der Gletscher gegen den Himmel ragt, hört das Land auf, irdisch zu sein ...“

Gegen Mittag ist Summi mit dem Geländebus wieder da. Auf der Fahrt nach unten muß er an einer scharfen Kurve einmal zurücksetzen. Glücklich auf der Ringstraße angekommen, fahren wir in westliche Richtung, durch den Landkreis **Suðursveit**. Danach beginnt die Gletscherwüste **Breiðamerkursandur**. Nach einer halben Stunde Fahrt sind wir am Gletschersee **Jökulsárlón**. Aus dem See ragen bis zu 15 Meter hohe Eisberge empor, die vom Gletscher abgebrochen sind. Kleinere Eisbrocken driften im Wasser.

Während einer anschließenden Bootsfahrt zwischen den Eisbergen erzählt uns Kapitän Fjölnir, der See sei über 160 Meter tief. Man habe, so Fjölnir, vor wenigen Jahren mit Hilfe von Satellitenaufnahmen unter dem Talgletscher **Breiðamerkurjökull**, der in den See hineinragt, einen 15 Kilometer langen Fjord entdeckt. Es bedeutet, daß dieser zweitgrößte Talgletscher des Vatnajökull auf dem Wasser schwimmt. „Zum Baden“, so Fjölnir weiter, „ist der See allerdings nicht besonders gut geeignet. Die Wassertemperaturen liegen bei drei Grad.“ Ein nur tausend Meter langer, aber reißender Fluß verbindet den Eissee mit dem Meer. Am Anfang des

Dampf quillt sogar aus dem Eis des Vatnajökull.

Jahrhunderts war der Gletscher so weit vorgerückt, daß er fast ins Meer kalbte. Zum Glück ist er aber wieder zurückgegangen, sonst wäre die 1974 eröffnete Ringstraße um die Insel nie Wirklichkeit geworden.

Ein älterer Isländer, der auf der Bootsfahrt dabei ist, erzählt, wie die Einwohner früher über den Gletscherrand reiten mußten, um den Fluß zu umgehen. „Er ist nämlich äußerst gefährlich und hat mehr Menschenleben gefordert als die meisten anderen Flüsse der Insel. Reittouren über den Gletscherrand waren aber auch nicht ganz ungefährlich. 1927 ist zuletzt ein Mann bei einer solchen Tour ums Leben gekommen, als ein großes Stück des Gletschers unter seinen Füßen zerbrach und ins Wasser fiel. Stellt euch mal vor“, fügt der ältere Herr hinzu, „über hundert Jahre lang mußten die Briefträger die Post über das Eis bringen, das müssen schon kräftige Burschen gewesen sein!“ Kein beneidenswerter Beruf, wenn man sich den Weg über diese von Spalten durchzogenen Eismassen vorstellt.

Nach der Bootsfahrt gibt es in der kleinen Raststätte am See eine leckere Waffel mit Schlagsahne und Konfitüre. Danach fahre ich mit dem Bus zum nahe gelegenen Hof **Fagurhólsmýri**, wo ich mit ein paar Freunden aus Reykjavík verabredet bin. Auf der Fahrt durch den Landkreis Öræfi, der im 14. Jahrhundert durch den Ausbruch des Vulkans unter dem Eis verwüstet wurde, sitze ich neben einem Bauern, der weiter im Westen an der Südküste lebt. „Eigentlich ist es ein Wunder“, sagt er, als wir an den weit auseinander liegenden Höfen vorbeifahren, „daß dieser Landkreis wieder besiedelt wurde, nach allem, was hier passiert ist. Man darf nicht vergessen, daß der Vulkan 1727 zum zweiten Mal ausgebrochen ist, auch wenn der Ausbruch nicht ganz so schlimm war wie der erste."

Vor dem kleinen Laden von Fagurhólsmýri steige ich aus. Meine Freunde sind schon da. Wir haben vor, mit dem Bauern vom nächsten Hof, **Hofsnes**, zur Landspitze **Ingólfshöfði** hinauszufahren. Wir hatten uns telefonisch mit einem Bauern an dem alten Flughafen unterhalb der Ringstraße verabredet. Als wir eine Weile in der Nähe der inzwischen mit Gras bewachsenen Landebahn gewartet haben, kommt er mit dem Traktor und seinem speziell ausgerüsteten Heuwagen. Der Bauer Siggi von Hofsnes veranstaltet eine der ungewöhnlichsten Touren, die man im Sommer auf Island machen kann: Er bringt Leute auf seinem Heuwagen über die Sandwüste und die vielen Flüsse zum Ingólfshöfði hinaus. Zu diesem Zweck hat er Metallstangen auf seinem Heuwagen angebracht, an denen sich die Passagiere auf der einmaligen Fahrt durch das feuchte Gelände festhalten können.

Siggi fährt vorsichtig, damit seine Gäste vom herumspritzenden Wasser und Schlamm verschont bleiben. Als wir nach einer halben Stunde bewegter Fahrt auf Ingólfshöfði ankommen, hat sich das Wetter geändert. Ein leichter Sprühregen hat eingesetzt, und am Felsen ist es ein wenig neblig. Unter großen Anstrengungen kämpfen wir uns mit Siggi einen mit Sand bedeckten Hang hoch. Oben ist Ingólfshöfði mit Gras bewachsen.

Hier, an diesem 76 Meter hohen Felsvorsprung, soll der erste Siedler Islands, **Ingólfur Arnarson**, 874 mit seinem Schiff gelandet sein. 1100 Jahre später hat man ihm hier oben ein Denkmal errichtet. Siggi zeigt auf eine Stelle im Gras: „Hier hat Ingólfur vermutlich seinen Hof gehabt."

Wir sind aber nicht in erster Linie hierher gekommen, um der Landnahme zu gedenken, sondern um das rege Vogelleben zu beobachten. Hunderte, Zigtausende von Papageientauchern und anderen Meeresvögeln sind hier zu Hause. Die kleinen **Papageientaucher** sind so zahm, daß man beinahe ganz an sie herangehen kann. Während wir die Vögel in aller Ruhe betrachten, geht Siggi ein Stückchen weiter und verschwindet im Nebel. Nach wenigen Minuten kommt er mit einem Netz zurück, in dem ein Papageientaucher strampelt. Er nimmt den Vogel aus dem Netz und hält ihn fest, damit wir ihn uns aus der Nähe ansehen können. Der Vogel pickt ihn mit dem Schnabel in den Finger, bis der Bauer blutet. Er lächelt nur und läßt den Vogel wieder frei. Einer von bis zu einer Million Papageientaucher flattert zurück in die Freiheit.

Als wir über den etwa 1200 Meter langen Ingólfshöfði gehen, bekommen wir es mit der großen **Raubmöwe** zu tun. Sie hat den mittleren Raum des Felsvorsprungs für sich in Anspruch genommen. Der Vogel, der auf Isländisch „Skúmur" heißt, ist einer der größten und zugleich aggressivsten Vögel, die auf der Insel brüten. Wer sich im Hochsommer in die Nähe ihrer Nester wagt, muß mit Attacken rechnen. Siggi erzählt uns, eine der Raubmöwen hier auf Ingólfshöfði sei mit zunehmenden Alter bösartig geworden. Vor der müsse man sich in acht nehmen. Kaum hat er dies erzählt, als sie auch schon mit vollem

Eine Wanderung mit herrlichen Ausblicken führt zum Skaftafellsjökull.

Tempo auf ihn zufliegt. Der Vogel kommt so nahe, daß er den Kopf des Bauern mit der Flügelspitze berührt. Siggi läßt sich aber nicht aus der Fassung bringen. „Dieses Tier hat mich schon vor wenigen Tagen zu Boden geworfen, als ich in die Nähe der Jungen kam." Wir preisen uns natürlich glücklich, unverletzt aus dem Revier der bösartigen Raubmöve zu kommen.

Als wir, um wieder zum Heuwagen zu gelangen, den Hang hinuntersteigen, hören wir plötzlich ein wohlvertrautes Zivilisationsgeräusch. Wir trauen unseren Ohren nicht. Doch Siggi bleibt stehen, steckt die Hand in seinen kleinen Rucksack und holt ein Handy heraus! Hier, unter abgelegenen Vogelfelsen, umgeben von Papageientauchern und den wütenden Raubmöven, steht der Bauer seelenruhig und telefoniert! In dieser Szenerie kommt man sich wirklich wie in einem absurden Theaterstück vor. „Mein Sohn", erklärt Siggi, als das Telefongespräch zu Ende ist, „er wollte nur wissen, ob wir hier draußen viel Nebel bekommen hätten. Zu Hause am Hof ist es nämlich sonnig." So ist es eben auf Island: Auch unter außergewöhnlichen Umständen redet man ständig über das Wetter.

Nach einer kurzen Fahrt beginnend in Fagurhólsmýri gelangen wir zum Nationalpark **Skaftafell**, einem der schönsten Plätze der isländischen Natur. In dieser Gegend, die 1968 wegen der reichhaltigen Flora und der außergewöhnlich schönen Landschaft zum Nationalpark erklärt wurde, kann man ganze Tage verbringen.

Oberhalb der grünen, mit Birken bewachsenen Hänge thront der **Hvannadalshnúkur**. Zahlreiche Wanderwege führen durch die Landschaft, in der man über zweihundert wilde Pflanzenarten und unzählige Vogelarten entdecken kann – ein Paradies für Botaniker und Ornithologen. Wasserfälle stürzen in tiefe Spalten hinunter.

Wir beschließen, im nahe gelegenen kleinen Hotel „Skaftafell" Quartier zu beziehen. Am späten Nachmittag machen wir uns auf den Weg hinauf in den Nationalpark. Als wir durch den Birkenwald gehen, hören wir schönen Vogelgesang: Es ist der „Músarrindill" (Zaunkönig), Islands kleinster, aber zugleich bester Singvogel, der hier am Fuß des Gletschers seine Lieder in die Welt zwitschert. Über dem Weg zum Wasserfall **Svartifoss** ragt die höchste Spitze Islands in der untergehenden Sonne in den Himmel. Der Nobelpreisträger Halldór Laxness hatte Recht: Wo der Gletscher in den Himmel ragt, haftet dem Land etwas „Außerirdisches" an. Es ist, als würde sich das Eis auf mystische Weise mit dem Himmel vereinigen.

Im Bereich des Gletschers müssen alle Pflanzen ums Überleben ringen.

Ausflug der etwas anderen Art: Mit Traktor und Heuwagen zu Papageientaucher und Raubmöwe.

AM FUß DES EWIGEN EISES

Der Vatnajökull, der mit 8300 km² größte Gletscher Europas, dominiert die Landschaft im Südosten Islands. Zentrum für die vielseitigen Aktivitäten in der abwechslungsreichen Natur ist der Ort Höfn.

ANREISE

Die Icelandair fliegt im Sommer mehrmals täglich von Reykjavík nach Höfn. Der Flug dauert eine Stunde.
Im Sommer gibt es auch jeden Tag einen Linienbus („Austurleið") zwischen Reykjavík und Höfn (480 km). Da der Bus häufig anhält, ist man in der Regel gute 8 Stunden unterwegs.

AUSFLÜGE

BOOTSTOUREN
Bootsfahrten auf dem Gletschersee Jökulsárlón werden in der Zeit vom 1. Juni – 31. August täglich von 9 – 20 Uhr angeboten. In der Regel muß man die Bootsfahrt nicht im voraus buchen, es sei denn, man reist mit einer Gruppe an. Zu Stoßzeiten im Sommer kann es vorkommen, daß man 15 – 20 Minuten auf ein Boot warten muß. Währenddessen kann man sich in der kleinen Gaststätte am See bestens versorgen. Die Bootsfahrt dauert etwa 40 Minuten. Bei der Fahrt zwischen den zum Teil riesigen Eisbergen sollte man die Kamera stets griffbereit haben! Die Bootsfahrt kostet pro Person knapp 30 DM.
Tel. 478 10 65.

NATIONALPARK SKAFTAFELL
Der 1968 gegründete Park wurde 1984 auf 1600 km² erweitert. Auf zahlreichen Wanderwegen kann man eine reichhaltige Vegetation bewundern. Zu dem Nationalpark gehören drei Talgletscher.
Der Eintritt zum in das Gebiet von Skaftafell ist frei.
Von Höfn aus werden zahlreiche Touren auf den Gletscher Vatnajökull angeboten. Eine Tagestour von Höfn zum Nationalpark von Skaftafell, zum Gletschersee und anschließend den Trip auf den Gletscher kostet ca. 240 DM. Inbe-

griffen ist eine einstündige Fahrt mit dem Schnee-Skooter über den Gletscher unter der Leitung eines Einheimischen. Alternativ kann man auch für eineinhalb bis zwei Stunden im „Snowmobil" mitfahren. Im Preis enthalten ist ein Mittagessen im Jöklasel Restaurant, das sich auf dem Gletscher in 840 Meter Höhe befindet.
Für Buchungen und weitere Informationen wende man sich an:

Glacier Tours
c/o Tryggvi Árnason
P.O.Box 66
780 Höfn
Tel. 478 17 01
Fax 478 19 01.

Inzwischen werden auch Jeeptouren auf den Gletscher angeboten. Vom 1. Juli – 15. Oktober kann man z.B. von Höfn eine Tagestour mit dem Jeep über den Gletscher machen. Eine solche Fahrt von etwa 8 Stunden endet dann, nach einem Besuch in Hallormsstaðaskógur, dem größten Waldgebiet der Insel, in der Ortschaft Egilsstaðir im Osten.
Die Jeeptour kostet etwa 260 DM.
Für Buchungen und weiter Information wende man sich an:

Bjarni S. Bjarnason
Silfurbraut 15
780 Höfn
Tel. 478 15 67
Fax 478 21 67.
Von den Veranstaltern der Gletscher- und Jeeptouren werden auch verschiedene mehrtägige Reisen auf den Gletscher und durch den Südosten angeboten.

Campingplatz im Nationalpark:
Tjaldstæðið Þjóðgarðinum
Tel. 478 16 27.

INGOLFSHÖFÐI
Mit dem Heuwagen des Bauern von Hofsnes kann man, wie im

Kapitel beschrieben, nach Ingólfshöfði hinausfahren. Die abenteuerliche Tour mit dem Heuwagen dauert 2 – 4 Stunden. Diese Fahrt muß im voraus gebucht werden, Mindestzahl 5 Personen.
Preis pro Person ca. 12 DM.
Zu buchen über:

Hofsnes
785 Fagurhólsmýri
Tel. 478 16 82.

REITTOUREN
Auf dem Hof Hrollaugsstaðir, wo im Sommer in der Internatsschule ein Gästehaus betrieben wird, werden Reittouren angeboten. Preis pro Stunde ca. 30 DM.
Informationen bei:

Björn Þorbergsson
Hrollaugsstaðir
781 Höfn
Tel. 478 10 57 und 478 19 05.

UNTERKUNFT

** HÓTEL HÖFN
780 Höfn
Tel. 478 12 40
Fax 478 19 96.
Modernes, komfortables Hotel, das für sein Restaurant bekannt ist, in dem man hervorragendes Lamm und leckeren Hummer schmausen kann. Außerdem ist das Meeresfrüchtebuffet sehr zu empfehlen. Reichhaltiges Frühstück im Preis inbegriffen.

* HÓTEL EDDA
Nesjum
781 Höfn
Tel. 478 14 70.
Einfaches Sommerhotel, etwa 7 km von Höfn entfernt. Geöffnet vom 10. Juni – 31. August.
Eine Internatsschule, die im Sommer als Hotel benutzt wird. Hier kann man auch preisgünstige Schlafsackunterkunft bekommen.

Die malerische Torfkirche von Hof aus dem Jahr 1884.

* BRUNNHÓLL MÝRAR

Brunnhóll, c/o Sigurlaug
Gissurardóttir, 781 Höfn
Tel. 478 10 29
Fax 478 10 79.
Einer von den Bauernhöfen in der
Gegend, die Übernachtung anbieten. Der Hof liegt etwa 30 km westlich von Höfn.
Vom Hof hat man einen herrlichen
Blick auf die Talgletscher des
großen Vatnajökull. Der Spezialbus, der die Leute zum Gletscher
bringt, hält am Hof. Fahrradvermietung und Einblick ins bäuerliche
Leben.

* BÖLTI SKAFTAFELL

Guðveig Bjarnadóttir
Bölti
785 Fagurhólsmýri
Tel. 478 16 26.
Gästehaus mitten im Nationalpark.
Wegen der hohen Lage am Hang
hat man einen schönen Blick auf
die unteren Teile des Nationalparks. Viele schöne Wanderwege
in unmittelbarer Nähe, darunter der
Pfad zu dem vom Säulenbasalt
umgegebenen Wasserfall
„Svartifoss“.

* HÓTEL SKAFTAFELL

Freysnesi
Tel. 478 18 45.
Kleines, aber feines Hotel, 4 km

östlich vom Nationalpark und in
nur 800 Meter Entfernung vom
Rand des Talgletschers „Svínafellsjökull“. Großartige Umgebung und
viele schöne Wanderwege.
Restaurant und Bar.
Schlafsackunterkunft möglich.
Frühstück 17 DM.

JUGENDHERBERGE STAFAFELL

c/o Gunnlaugur Ólafsson
Lón, 781 Höfn
Tel. 478 17 17
Fax 478 17 18.
Stafafell in Lón, etwa 35 km nordöstlich von Höfn.
Ein malerisch gelegener Hof, am
Gletscherfluß „Jökulsá í Lóni“. Unterkunft in einem aus dem vergangenen Jahrhundert stammenden,
restaurierten Hofgebäude. Von
Stafafell kann man Wanderungen
in der traumhaft schönen Gegend
von „Lónsöræfi“ unternehmen.

CAMPING

Campingplätze findet man in Skaftafell, Höfn und Stafafell in Lón.

MUSEUM

Im ältesten Haus von Höfn, „Gamlabúð“ am Eingang des Ortes, befindet sich ein Heimatmuseum mit
vielen interessanten Gegenständen, die Einblick in das Leben ver-

gangener Zeiten vermitteln. Das
Haus wurde ursprünglich 1864 als
Handelsgebäude in Papós, nordöstlich von Höfn, errichtet. 1897
wurde es dann nach Höfn transportiert und neu aufgebaut.
Geöffnet im Sommer (Juni –
August) von 10 – 12 und
14 – 17 Uhr. Eintritt 5.50 DM.

SCHWIMMEN

In Höfn, einige Schritte von der
überall sichtbaren Telefonzentrale
entfernt, befindet sich ein kleines
Freibad, das im Sommer von
8 – 12 und 14 – 20 Uhr geöffnet ist.
Am Hof Svínafell, in unmittelbarer
Nähe des Nationalparks Skaftafell,
gibt es inzwischen auch ein kleines Freibad, das der Bauer selbst
betreibt.

INFORMATION

Touristeninformation Höfn
im Campingplatz bei Hafnarbraut
Tjaldstæðið við Hafnarbraut
Tel. 478 17 01.

Insider News

HUMMERFEST

Anfang Juli lädt Höfn zum sogenannten „Hummerfest“ ein.
Es wird ein Flohmarkt im Freien
veranstaltet, daneben finden
Tanzveranstaltungen und allerlei „Happenings“ statt. Vor allem aber dreht sich das Fest
um den Hummer, der zu den
größten Leckereien der isländischen Küche gehört. Ein Muß
für die Freunde von Schalentieren!

HANDRAÐINN HORNAFIRÐI

Ein originelles kleines Geschäft
mit einer Cafeteria im „OmaStil“ in der oberen Etage eines
Lagergebäudes in Höfn. Unter
der Regie einiger älterer Damen vom Ort werden hier schöne Exemplare an isländischer
Handwerkskunst verkauft. Außerdem kann man aus „alten“
Tassen guten Kaffee zu „Oma-Preisen“ bekommen.
Handraðinn
Pakkhúsloftið Höfn, 780 Höfn
Tel. 478 16 95 oder 478 16 85.

8 Sagas

Njáll und andere Helden

Seit dem 13. Jahrhundert gilt Island als das Land der Sagas und Legenden.

Ein Reisender aus Dänemark erzählte einmal davon, er sei bei einem Bauern in Südisland eingekehrt. Nach dem Abendbrot wäre ein Bauer von einem Nachbarhof zu Besuch gekommen. Die beiden hätten sich lange und ernsthaft unterhalten, wobei immer die gleichen Namen genannt worden seien. Als der Nachbar wieder fortgegangen war, so der Däne, habe er den Bauern gefragt, ob es in seinem Verwandten- oder Bekanntenkreis irgendwelche Probleme gebe. Die beiden hätten nämlich einen so besorgten Eindruck gemacht. Der Bauer sah den Dänen an, lächelte und gab zur Antwort: „Nein, nein, es ist alles in Ordnung. Wir haben uns nur über das Verhalten einiger Leute aus der Njáls Saga unterhalten."

Auf Island war es bis in die jüngste Zeit nicht ungewöhnlich, daß sich die Leute über die Helden der alten **Sagas** so unterhielten, als ob diese zur eigenen Familie gehörten. Mit dem Einzug des Fernsehens, des Videos und anderer zeitraubender Freizeitbeschäftigungen hat sich das Verhältnis der Bevölkerung zum literarischen Erbe etwas geändert. Trotz des veränderten Freizeitverhaltens haben die Isländer ihre Sagas jedoch keineswegs aus den Augen verloren. Schließlich gehören einzelne Sagas nach wie vor zur Pflichtlektüre eines jeden Schülers.

Unter dem Begriff „Saga" versteht man gewöhnlich die sogenannten **Íslendingasögur** (Isländer-Geschichten), etwa vierzig historische Romane, die zum größten Teil im 13. Jahrhundert auf der Insel verfaßt wurden. Es ist kein Wunder, daß die Einheimischen bis zum heutigen Tag auf diesen Beitrag ihrer Vorfahren zur Weltliteratur stolz sind. Gelehrte aus dem In- und

Im Saga-Museum Þjóðveldisbærinn wird das isländische Mittelalter lebendig.

Die Isländer verstehen auch heute noch die Sprache ihrer Saga-Helden, ihrer Vorfahren, die vor 1000 Jahren auf der Insel lebten.

Ausland haben sich immer wieder die Frage gestellt, wie es möglich war, daß auf einer so dünn besiedelten Insel am Rand der bewohnten Welt solche literarischen Meisterwerke entstehen konnten. Manche verweisen in dem Zusammenhang auf die langen Winternächte, die gerade dazu einladen, Geschichten zu erzählen. Und ohne Zweifel wird die mündliche Überlieferung eine wichtige Quelle der Sagas gewesen sein.

Die Umstände im alten Freistaat der Isländer waren in vielerlei Hinsicht für Geschichtenerzähler günstig. Trotz der weit auseinanderliegenden Höfe gab es rege Verbindungen zwischen den Einwohnern verschiedener Regionen. Einmal im Jahr traf sich die Bevölkerung auf dem Thingplatz

Þingvellir im Süden, wo ihnen der Austausch und die Kommunikation sicherlich Anregungen zu vielen Erzählungen gaben. Tatsache ist, daß dieses „kleine" Volk im hohen Norden die ersten „Romane" Europas schrieb, die in einer Landessprache verfaßt worden sind – und das zu einer Zeit, als in anderen Ländern Europas klerikales Latein noch die dominierende Schriftsprache war.

Nicht nur, daß die Sagas der Isländer in der Muttersprache verfaßt worden sind. Bis zum heutigen Tag können die Isländer ihre vor achthundert Jahren niedergeschriebenen Romane ohne allzu große Mühe noch im Original lesen. Die einsame Lage der Insel und andere Umstände haben dazu geführt, daß die Sprache über Jahrhunderte hinweg fast unverändert geblieben ist. Natürlich hat sie bestimmte Wandlungen durchgemacht. Die Grammatik der Saga-Sprache weist einige Unterschiede zur Sprache der heutigen Isländer auf, außerdem werden einzelne Wörter nicht mehr gebraucht oder haben eine neue Bedeutung bekommen. Das ändert jedoch nichts an der Tatsache, daß die Sprache zum größten Teil die gleiche geblieben ist. So sprechen die Sagahelden eine Sprache, die den Isländern heute weitgehend geläufig ist. Deswegen stehen sie ihnen immer noch so nahe, wie der dänische Reisende auf dem Bauernhof feststellen konnte.

Und nicht nur die Sprache der Sagahelden ist den Isländern heute noch vertraut. Viele von ihnen erkennen sich in den Helden der Sagas wieder. So ist es üblich, daß jeder Isländer seinen Lieblingshelden hat. Für den einen ist z.B. der Skalde Egill Skallagrímsson, der Held der Egils Saga, „sein Mann". Der andere möchte sich lieber mit Gunnar Hámundarson, dem großen Helden der Njáls Saga, identifizieren. Berühmte Zitate aus den Sagas gehören auf Island zum allgemeinen Sprachgebrauch.

Es gibt viele Gründe dafür, daß von diesen historischen Romanen des Mittelalters heute noch eine solche Faszination ausgeht. In den Sagas werden Ausschnitte aus dem Leben der Isländer von den Anfängen bis zur frühen Hälfte des 11. Jahrhunderts dargestellt – eine Zeit, in der sich der alte Freistaat etablierte, und eine echte Aufbruchszeit: Im neuen Land angekommen, waren die Siedler darum bemüht, ihr Zusammenleben zu regeln. Sie hatten aus Norwegen und dem keltischen Raum den Glauben an die alten Götter mitgebracht. Wie aus den Sagas hervorgeht, erlegte ihnen dieser Glaube bestimmte Pflichten auf. Vor allem ging es dabei um Freundschaft, Ritterlichkeit und Ehre. In vielen Sagas stößt man auf beeindruckende Beispiele für die Treue zu Freunden und heftige Reaktionen, wenn es darum geht, die Ehre zu verteidigen. Auch wenn die Isländer keine – im christlichen Sinne – großen Moralisten sind, werden diese Prinzipien im Land noch sehr hoch geschätzt. Für seine Freunde legt man die Hand ins Feuer, und wenn ein Isländer seine Ehre oder die seiner engsten Verwandten verletzt sieht, kennt er in der Regel keine Gnade. Er wird zwar nicht mehr, wie noch in den Sagas üblich, für die Rettung seiner Ehre töten, aber mit anderen Mitteln, wie z.B. einer Anklage, Vergeltung suchen.

Es leben auf Island heute noch Menschen, die einzelne Sagas fast auswendig kennen. Einer davon ist der ehemalige Lehrer Jón Böðvarsson, der jahrzehntelang mit großem persönlichen Engagement junge Gymnasiasten für die Welt der Sagas begeisterte. Es ist ein besonderes Erlebnis, den Spuren der berühmten **Njáls Saga** im Süden der Insel zu folgen. Diese Saga, im 13. Jahrhundert entstanden, gilt als das größte Meisterwerk der isländischen Saga-Literatur. Wie alle Sagas wurde auch sie von einem anonymen Autor verfaßt.

Als ich an einem Herbsttag mit einer Gruppe von jungen Schülern Jón Böðvarsson zu den Schauplätzen der Njáls Saga begleite, stellen wir fest, daß sich der Autor in der Gegend, in der die Saga spielt, sehr gut ausgekannt haben muß. Wir besuchen die beiden Höfe Bergþórshvoll und Hlíðarendi, wo die großen Freunde und Helden, Njál und Gunnar, ihre Wohnsitze hatten. Auf **Hlíðarendi** (Haldenende), wo heute eine Kirche steht, erzählt uns Jón Böðvarsson vom Ritt des beliebten, aber glücklosen Helden Gunnar in Richtung Meer, als man ihn dazu verurteilt hatte, das Land zu verlassen – die schwerste Strafe, die man zur Zeit des Freistaates verhängen konnte. Während wir uns die Erzählung von diesem dramatischen Ritt anhören, sieht man ihn vor sich, den großen, blonden, gutaussehenden Helden, wie er mit seinem Bruder Kolskeggur über die flache Ebene unterhalb der **Fljótshlíð** (Flußhalde) zum Meer reitet: „Sie ritten auf das Markarfljót zu. Da strauchelte Gunnars Pferd, und er sprang aus dem Sattel. Dabei fiel sein Blick auf den Berghang und auf sein Gehöft Hlíðarendi, und er sagte: 'Schön ist der Hang! Er ist mir noch nie so schön erschienen: die gelben Kornfelder und die gemähten Wiesen. Ich reite nach Hause zurück und verlasse das Land nicht!' – 'Mach deinen Feinden nicht die Freude, deinen Vertrag zu brechen', entgegnete Kolskeggur, 'denn von dir würde das keiner erwarten. Und du kannst sicher sein, daß alles so verlaufen wird, wie Njáll gesagt hat.' 'Ich werde auf keinen Fall wegfahren', erwiderte daraufhin Gunnar, 'und es wäre mein Wunsch, daß du genauso handelst.'"

Es ist ein sonderbares Gefühl, an dieser Stelle zu stehen und die berühmte Szene aus der Saga in Erinnerung zu rufen. Nicht zuletzt, wenn man bedenkt, daß diese Worte für die Isländer von besonderer Bedeutung sind. Gunnars Bemerkung, „fögur er hlíðin" („schön ist der Hang"), gehört inzwischen zum alltäglichen Sprachgebrauch. Sie ist zum Inbegriff der engen Beziehung der Isländer zu ihrer Insel geworden. Sie erklärt, warum die meisten Isländer, die sich für längere Zeit im Ausland aufhalten, wieder in ihre Heimat zurückkehren. Ihnen geht es im Prinzip ähnlich wie dem Sagahelden, der es nicht verkraften konnte, für immer von seiner Heimatinsel verbannt zu werden.

Auch weitere Passagen aus der Njáls Saga sind im Bewußtsein der Bevölkerung lebendig. Jón Böðvarsson erzählt eine Geschichte aus der Saga, die vielen Isländern wohlvertraut ist: die Geschichte von der Ermordung des beliebten Helden Gunnar. „Hier, in der Nähe der Stelle, wo heute die kleine Kirche steht, hat vor tausend Jahren Gunnars Hof gestanden. Eines Nachts, als Gunnar mit seiner Frau und seiner Mutter allein zu Hause war, zog eine Gruppe von Feinden zu seinem Hof, in der Absicht, den vogelfreien Helden zu töten. Um diese dramatische Szene zu begreifen, muß man erwähnen, daß Gunnar seiner Frau Hallgerður einmal vor allen Leuten am Hof wegen eines von ihr angestifteten Diebstahls eine Ohrfeige gegeben hatte. Nachdem er sich jetzt heldenhaft gegen die attackierende Gruppe gewehrt, zwei seiner Gegner getötet und acht verletzt hat, reißt ihm die Bogen-

sehne. Gunnar bat daraufhin in höchster Not seine Frau um zwei Haarsträhnen, die sie zu einer Bogensehne verarbeiten sollte. 'Hängt für dich etwas davon ab?', fragte sie. 'Mein Leben hängt davon ab', erwiderte Gunnar, 'denn sie werden mich nicht überwältigen, solange ich meinen Bogen gebrauchen kann.' Dann will ich dir jetzt jene Ohrfeige vergelten', antwortete sie, 'und es ist mir völlig gleichgültig, ob du noch längere Zeit standhältst oder nicht.' 'Jeder verschafft sich Ruhm auf seine Weise', sagte Gunnar, 'du wirst die Bitte nicht noch einmal hören.' – 'Es ist schändlich, wie du dich verhältst", sagte Rannveig, die Mutter Gunnars zu Hallgerður, 'und diese deine Schande wird lange im Gedächtnis der Leute bleiben.'

Diese berühmte Stelle weist einige wesentliche Merkmale der Sagas auf. Gnadenlos rächt sich Hallgerður für die Ohrfeige, die sie viele Jahre zuvor öffentlich von ihrem Mann erhalten hatte. Dafür, daß er ihren Stolz und ihre Ehre verletzt hat, muß er nun mit dem Leben bezahlen. In diesen Zeilen kommt außerdem die Furchtlosigkeit des Helden vor dem Tod zum Ausdruck. Obwohl er um sein bevorstehende Schicksal weiß, hat Gunnar noch Sinn für eine spöttische Bemerkung. Und nicht zuletzt zeugen diese Zeilen von der Bedeutung, die man dem Gedenken nach dem Tod beimißt. Ein guter Ruf spielt auf Island heute noch eine große Rolle. Es ist sogar behauptet worden, der Ruf sei den Isländern so wichtig, daß sie lieber einen schlechten als gar keinen Ruf hinterlassen möchten! Es sei ihnen am wichtigsten, nicht vergessen zu werden. So erinnert man sich nach tausend Jahren noch an die böse Rache von Gunnars Frau.

Als wir später mit Jón Böðvarsson weiter unten am Meer am **Bergþórshvoll**, dem früheren Wohnsitz des weisen Njál stehen, wird deutlich, daß man auf Island großen Wert auf den historischen Wahrheitsgehalt der Sagas legt. Als Jón zum Beispiel auf den in der Saga geschilderten großen Brand zu sprechen kommt, in dem Njáll und seine Frau umkamen, erwähnt er, daß man bei Ausgrabungen an dieser Stelle keine Hofruine gefunden habe. „Allerdings stieß man auf die Brandruine eines Stalles, die etwa aufs Jahr 1000 zurückzudatieren ist. Es ist damit zu rechnen," so der Saga-Kenner weiter, „daß über der Ruine des verbrannten Hofes vom weisen Njál ein neuer

Hof entstand. Deswegen ist es verständlich, daß man dort keine Asche gefunden hat." Eine durchaus plausible Erklärung.

„In früheren Zeiten", fährt der ehemalige Lehrer fort, „glaubten die Isländer, die Sagas enthielten die reine Wahrheit. Inzwischen geht man davon aus, daß diese rund zweihundert Jahre nach den geschilderten Ereignissen niedergeschriebenen Geschichten zum großen Teil Dichtungen sind, auch wenn die meisten großen Sagahelden wirklich gelebt haben."

Es ist aber nicht nur der Inhalt der Geschichte, der die Szenerie der Njáls Saga faszinierend macht. Wer an einem schönen Tag in der Gegend unterhalb der Flußhalde steht, den zieht auch die Landschaft in ihren Bann. Oberhalb der Fljótshlíð erhebt sich im Osten die strahlende Kappe des über anderthalb Kilometer hohen **Eyjafjallajökull** (Inselberg-Gletscher). Weiter nach Norden hin hat man oberhalb eines langen Tales einen guten Blick auf den viertgrößten Gletscher Islands, den **Mýrdalsjökull** (Sumpftal-Gletscher). Am Ende des unter dem Gletscher gelegenen Tales befindet sich **Þórsmörk**, eine mit Birkenwäldern bewachsene Oase, die zu den größten Naturschätzen des Landes gehört. Draußen im Meer zeichnen sich die Westmänner-Inseln gegen den Himmel ab. Fährt man ein Stückchen weiter, kommt man an die Wasserfälle **Seljalandsfoss** und **Skógafoss**. Der letztgenannte gehört mit seinen 60 Metern Fallhöhe zu den prächtigsten Wasserfällen der Insel. In unmittelbarer Nähe des Wasserfalles befindet sich das interessante Heimatmuseum von **Skógar**, dessen Gründer und Leiter Þórður Tómasson die Gäste in vielen Sprachen auf eine charmante Weise in das Alltagsleben seiner Landsleute in der Vergangenheit führt. So sind die Schauplätze der Njáls Saga an der Südküste auch für diejenigen, die mit alter Literatur nichts im Sinn haben, eine Reise wert.

Das gleiche gilt für die Schauplätze anderer berühmter Sagas. In der Gegend von **Borgarfjörður** im Westen spielt die schon erwähnte Saga vom großen Skalden und Wikinger, **Egill Skallagrímson**. In der kleinen Ortschaft **Borgarnes** unterhalb des Sagahofes von **Borg**, wo der Skalde wohnte, liegt ein kleiner Park, in dem der Grabhügel von Egils Vater **Skallagrimur** zu sehen ist. Die Geschichte vom Skalden Egill nimmt vor allem deswegen in der Saga-Literatur einen besonderen Platz ein, weil in ihr der Lebenswandel einer Person von der Geburt bis zum Tod geschildert wird.

Es ist die Geschichte eines nicht gerade schönen oder gesitteten, sondern eher groben und

Mystische Stimmung an dem Lochfelsen Gatklettur (Kupferstich, 1813).

Die Isländer sind sehr heimatverbunden. Selbst jene, die lange im Ausland gelebt haben, kehren gern wieder zurück.

rücksichtslosen Helden, der trotzdem – oder deshalb ... – bei den Isländern schon immer gut angekommen ist. Als Kirchenräuber und großer Wikinger war er eben einerseits ein Mann der Tat, während er andererseits zu den größten Dichtern seiner Zeit gehörte – zwei Eigenschaften, die von den Isländern hoch geschätzt werden. Die **Egils Saga** erlaubt einen ungewöhnlich tiefen Blick in die seelische Verfassung des Helden, auch wenn sich die Verfasser der Sagas in der Regel mehr auf äußere Handlungen konzentrieren. Nachdem der furchtlose Wikinger seinen Sohn an die Armee des Meeresgottes verloren hat, bekommt der Leser Einblick in die tiefe Trauer eines großen Gefühlsmenschen: Drei Tage lang schließt sich der Wikinger in seiner Kammer ein und lehnt es ab, irgendetwas zu sich zu nehmen. Zum Schluß gelingt es der Tochter Þorgerður mit großer List, zu ihrem Vater ins Zimmer zu kommen. „Egill öffnete den Riegel und Þorgerður ging in den Alkoven und legte den Riegel wieder vor die Tür. Sie legte sich auf das zweite Lager, das dort war. Da sagte Egill: 'Gut hast du daran getan, Tochter, daß du deinen Vater begleiten willst; große Liebe hast du mir gezeigt. Wie kann man annehmen, daß ich mit einem solchen Schmerz noch leben will?' Dann schwiegen sie eine Weile. Da sagte Egill: 'Was ist mit dir, Tochter, kaust du jetzt etwas?' 'Ich kaue Seetang', sagt sie, 'denn ich glaube, daß es mir davon schlechter geht als vorher; sonst, glaube ich, würde ich zu lange leben.' 'Ist das schlecht für den Menschen?', sagte Egill. 'Ja sehr schlecht', antwortete sie, 'willst du davon essen?' 'Was macht das schon aus', sagte er. Auf ihre Bitte hin brachte man der Tochter etwas Wasser. Da sagte Egill: 'So geht es einem, wenn man Seetang ißt; es dürstet einen immer mehr.' – 'Willst du trinken, Vater?' fragte sie. Er nahm an und tat einen kräftigen Zug. Da das Getränk in einem Tierhorn war, merkte der Vater erst jetzt, daß es sich um Milch und nicht um Wasser handelte. Da biß Egill ein Stück aus dem Horn und warf es dann weg." Am Ende gelang es dem Wikinger, die Trauer zu überwinden, indem er das Gedicht „Sonartorrek" („Der Söhne Verlust") verfaßte. Dieses Gedicht, um 960 entstanden, gehört zu den schönsten lyrischen Dichtungen der altnordischen Literatur.

„Schwer ist's mir,
die Zunge zu rühren
oder emporzuheben
Liedes Waagarm;
nicht kann man hoffen
auf Vidurs Diebsgut,
noch es hervorziehn
aus der Sinne Versteck ..."

Neben der Njáls Saga und der Egils Saga lohnt es sich, auch die Schauplätze anderer großer Sagas, wie der vom starken Grettir oder von den Leuten aus dem Lachswassertal, zu besuchen. Von dem Fischerort **Sauðárkrókur** im **Skagafjord** im Norden des Landes erreicht man mit einem Boot die Felseninsel **Drangey**, wo der Geächtete Grettir, Held der **Grettis Saga**, lange Jahre verbrachte und schließlich getötet wurde. Auch die landschaftlich schöne Gegend der sogenannten **Dalir** (Täler) im Westen des Landes (in der Gegend um Búðardalur), wo die be-

Statue von Leifur Eiríksson, dem Entdecker Amerikas, vor der Hallgrímskirkja.

rühmte „Frauensaga", „Die Geschichte der Leute aus dem Lachswassertal", spielt, ist einen Besuch wert. In der dramatischen Saga geht es vor allem um die Liebe zwischen Mann und Frau – als „vulkanische" Saga hat man sie bezeichnet, wegen der heftigen Leidenschaften nämlich, die unter der stillen Oberfläche brodeln.

Über viele Jahrhunderte hinweg sind die Isländersagas, die ursprünglich auf Kalbshäute geschrieben wurden, von einer Generation zur anderen weitergereicht worden. Es gab aber Zeiten, in denen das Leben im Land so hart wurde, daß man die wertvollen Manuskripte eingeweicht haben soll, um sie als Futter zu benutzen.

Jedenfalls hat der Gelehrte **Árni Magnússon**, der Anfang des 18. Jahrhunderts durch Island zog, um die alten Manuskripte zu sammeln, die großen Meisterwerke der altnordischen Literatur an den unglaublichsten Stellen auf den Höfen gefunden. Von seiner Reise durch das Land wird in dem monumentalen historischen Roman des Nobelpreisträgers Halldór Laxness, „Íslandsklukkan" („Die Islandglocke"), erzählt. Über

Auf dem Weg nach Þórsmörk muß man viele Gletscherflüsse durchqueren.

50 Kisten wertvoller Manuskripte soll der Gelehrte damals aus Island nach Kopenhagen mitgenommen haben, wo sie für die nächsten zweieinhalb Jahrhunderte aufbewahrt wurden.

Nachdem die Isländer am 17. Juni 1944 auf Þingvellir ihre Unabhängigkeit erklärt hatten, waren sie darum bemüht, ihre alten literarischen Schätze wiederzubekommen. Nach einem langjährigen Streit und vielen Gerichtsverhandlungen willigte die dänische Regierung schließlich in die Rückgabe der Dokumente ein. Es war ein großer Tag in der Geschichte der Inselrepublik, als am 21. April 1971 die ersten Manuskripte, der **Codex Regius** und das **Flateyjarbók**, mit einer dänischen Marinefre-

gatte auf Island ankamen. Die Bevölkerung war am Hafen von Reykjavík versammelt, um den Wiedergewinn eines Stückes ihrer Vergangenheit zu feiern. Heute werden die inzwischen von den Dänen zurückgegebenen Manuskripte im speziell zu diesem Zweck gebauten Árni-Magnússon-Institut neben der Universität in Reykjavík aufbewahrt.

Mit den alten Sagas im Gepäck läßt sich Island schön bereisen. Neben den vielen faszinierenden Schauplätzen dieser Geschichten bringt ihr Inhalt dem Reisenden den Charakter der Isländer näher. Somit können die Isländersagas dem Besucher dazu dienen, Land und Leute besser kennenzulernen.

Die Sagas sind nicht nur faszinierende Literatur: Sie bringen auch dem Island-Besucher Land und Leute näher.

Hyllt marg dyra kr ametþal occ̄r. eldr v̄ eot̄aꝛ vt̄an gott̄
er er f. iþı fꝛa dauða sigdꝛ. eꝛ eırr drop̄ mian i·adar
quiþo e dauþa figðar. ꝛ vilr e h̄ ꞇva til ꞅem þꝛ drep
h v̄rı. eꝛ ꞅum legꞁ ꞅua at þꝛ dꝛpı h m̄i ıꞇekkıo ꞅiꞁ ꞅoꝛ
endı. Eꞁ hꝛþv̄ꞇeꝛ m̄ ꞅegıa ꞅua at þꝛ drepı h v̄i iꞅoꝛg
ꝛ ꞅ leg ı꞉ýdrm̄ eȷþo m̄ı ꝛ̄oeno at ꞅıg. ꝛ gıvꞇa ꞅꞅ. heiðı ꞇıl
þıngꞅ rıþıꞁ þa ⁊ h var drepꞁꞇ eꝛ þ ꞅegıa all’ eıꞅıg at þꝛ
ꞅvıco þ teꝛgð ꝛ vogꞁ at h̄o heꝛꞁda. ꝛ oboꞁm̄. Hvdꝛ ꞅat
vꝛ̄ ꞅıg. dauþo. h̄o greꞇ eġ ꞅ̄e aðꝛaꝛ konoꝛ ē h̄o v̄ buꞁ tıl
at ꞅpꝛꞁg aꝛ̄ı harmı. Tıl gēgo boþı konoꝛ ꝛ karlaꝛ at hug
h̄a. eꝛ þ var aꝛ̄ að̈uele.   Þ er ꞅagꞁ m̄a at guðꞁ. heiðı
enb aꝛ ꝛaꝛ̄nı ⁘ hıaꞇa. ꝛ h̄o ꞇalpı þ ꝛvgıꞇ radd. Áꞇa ē eꝛ ꝗ
r var þꝛ gudꝛun gœðı gudꝛvnar gꝛ̄. þꝛ v̄ gudꝛvn
at deyꝛa. ē h̄o ꞅat ꞅoꝛg pull yꝛ ꞇıgꝛı ġ꞉ꞇ h̄o hıvı
ne hondō ꞅla ne qveına þ ꞅem konoꝛ aðꝛaꝛ. H engꝛ
iarlaꝛ alꞅnoꞇ̄ꝛ ꞉ım þꝛ eꝛ hꝛꞅda hvgaꝛ ka lanꞇo. þeygı
gudꝛ. gꝛ̄ maꞇtı ꞅ̄a v̄ h̄o moꝛug m̄aꞁ h̄o ꞅpınga. Sao rꝛ̄
iarla brøþ gvllı bvꞁaꝛ f. gudꝛvno. hv̄ ꞅagðı þa ꞅıꞁ oꝛ ꞇ
egꞁa þaꞇ er bıꞇꝛaꞇꞇā v̄ beþꝛ hāðı. Þa ꝗꝺ gıaꝼlaug gıvca
ꞅyꞀt mıꞀc veꞇ ec amoldo munꝛaꝛ lauꞅaꞇtı. heꞁ ec·v. vera
ꝛꝛ̄lꞅpell beþꝛe ıı. dœꞇ ıı. ꞅyꞅt vııı. dryþ þo ec eıꞁ lıꝛı.
eꝛꞁgı ġ. gꝛ̄a maꞇtı ⁘ ꞅ̄a v̄ h̄o ıneþvg aꞇ maꝛg dꝛþ̄ā ꝛ harþꝛı
gøþ v̄ hꞁeꝛ kꝛꞇaꞇ. Þa ꝗ. b ꝛᵬeꞅborg hvna lꝛ̄ dönıg heꝛı e
harþaꝛa harm at ꞅegıa mıꞁ vıı. ꞅyꞁ ꞅvnaꞁ ꞇꝛꝴeꞁ ı꞉
vııı. ıval ꞅ̄ello. ꞉aꝛꞷ ꝛ moꝛ̄ ıııı. brøþ þva a vaꝛı vınðe oꝛ·
leo. baꝛþꝛ baꝛa vıþ boꝛþ þıtı ꞅıāꝼꝛ ꞅeylda ec gaꞁꝛga ꞅıaꝛ
ꞅeylda er gꝺ̄ëva ꞇıalꝛı. ꞅeylda ec hönꝺla h þ̄ꝛ̄ þꝛ̄a. þ
ec aꞇe v̄ beꞅþ eıꞁ mıꞅe. ꞅ̄a at m̄ ꝺꝛ engı munꝛaꝛ lerꞇaꝛꝛ̄
ā dꝛ̄pꞇ hapꞇa ꝛ lᵬ̄ mꝛ̄na ꞅamꞇ mıꞅꞅeꞇꝛꞅ ꞅıꞅ v̄þa ꞅeylda
ec ꞇereyꞇa ꝛ ꞅvа bında hꝛ̄lıꞅ qvam hv̄ıꝛꝛ̄ rꝛꝴeꝛꞁ. h̄o eꝗꞁd
tv aꝛ apꞇbꝛꝴþı ꝛ hæꝛþ m̄ıc hꝛꞷð beꝛꝛbꞇı. þatı ec hꝛꞅ
pꝛꞁıa ⁘ hv̄ga ıı bꝛꞷ eꝛ hvꞅꞇreꞁo hvgı veꞇa. Þeꝛꝛꝛ̄ꝺ
ꝗ m̄· ꞅ·v·h· rꞃ· aꞇ·m· dauþā· ꝛ harþꝛvgꝺ· v̄·h·ꝛ· Þa ꝗ.
þ gvll raꞁð gꝛv.ꝺ. ꝛ̄a ꝛ̄amëv ꝛ̄oꞇtꝛ̄a þot þv þ̄ꝛ ꞅeꝛ

ISLANDS HELDEN

Die Geschichten der Isländer-Sagas erlauben einen Einblick in die Seele und die Befindlichkeiten der Isländer. Auf den Spuren der Sagas läßt sich die Insel intensiv erleben.

Der Bezirk Rangárvallasýsla, der Hauptschauplatz der berühmten Njáls Saga, liegt zwischen den beiden Gletscherflüssen Þjórsá und Jökulsá auf den Sólheimasandern. Oberhalb des Bezirks erhebt sich der berüchtigte Vulkan Hekla, von dem man im Mittelalter annahm, sein Krater sei der Eingang zur Hölle. Weiter östlich zieht sich die Eiskappe des Gletschers Eyjafjallajökull über die gleichnamige Eyjafjöll. Zu den vielen Sehenswürdigkeiten des Bezirks gehören der Naturpark Þórsmörk, eine mit Birkenwäldern bewachsene Oase zwischen zwei Gletscherzungen, und weiter im Inland das Gebiet von Landmannalaugar, mit außerordentlich farbenprächtigen Liparitbergen und geothermalen Quellen.

LITERATUR

Die isländischen Sagas aus dem Mittelalter sowie die ältere und jüngere Edda wurden in der ersten Hälfte dieses Jahrhunderts ins Deutsche übertragen. Die sogenannte „Thule"-Ausgabe ist inzwischen nur noch in Bibliotheken zu finden.
In den letzten Jahren sind einige der Sagas in neuen deutschen Übersetzungen erschienen, darunter „Egils Saga", die „Geschichte der Leute aus dem Lachswassertal" und „Grettis Saga".
Die Isländer sind heute noch literarisch sehr aktiv. Nirgendwo auf der Welt gibt es jährlich so viele produzierte Buchtitel pro Kopf wie in Island. Für den Büchermarkt ist es kennzeichnend, daß die meisten Titel in den letzten Wochen vor Weihnachten herauskommen. Heute noch gehören nämlich Bücher zu den beliebtesten Weihnachsgeschenken auf der Insel.
Die meisten Romane des großen Meisters der modernen isländischen Literatur, Halldór Laxness, wurden schon ins Deutsche übersetzt. Besonders zu empfehlen

sind die Übersetzungen von Hubert Seelow, die beim Steidl-Verlag erschienen sind. Einzelne Werke anderer moderner Autoren wurden inzwischen auch ins Deutschen übersetzt. Beim Verlag Kleinheinrich erschienen die Romane „Das Herz lebt noch in seiner Höhle" von Guðbergur Bergsson und „Das Graumoos glüht" von Thór Vilhjálmsson. Früher war der Roman von Sigurður A. Magnússon „Unter frostigem Stern" erschienen. Einar Már Guðmundssons Novelle „Die Ritter der runden Treppe" kam beim Butt-Verlag heraus, und in „Der anderen Bibliothek" ist bei Eichborn erschienen. Einar Kárasons Romane „Die Teufelsinsel" und „Die Goldinsel". Gedichtebände der modernen Lyriker Steinn Steinarr („Die Zeit und das Wasser") und Stefán Hörður Grímsson („Geahnter Flügelschlag") sind wiederum beim Verlag Kleinheinrich herausgekommen.
In der Vierteljahreszeitschrift „die horen" wurde 1986 und 1991 umfangreiche Anthologien moderner isländischer Literatur veröffentlicht, und in der „edition die horen" erschien 1992 isländisch/deutsch der Band „Ich hörte die Farbe Blau" mit Gedichten von sechs isländischen Lyrikern und Lyrikerinnen.

SEHENSWÜRDIGKEITEN

SKÓGAR MUSEUM
Neben dem gleichnamigen Schulzentrum. Ringstraße 1.
In unmittelbarer Nähe des prächtigen Wasserfalls Skógafoss.
Dieses außerordentliche Heimatmuseum ist im Land sehr bekannt. Hier hat der Privatgelehrte Þórður Tómasson mit unglaublicher Energie seit Jahrzehnten alte Gegenstände zusammengetragen, um die Spuren der Lebensweise seiner Vorfahren zu bewahren. Ein Teil des interessanten Museums ist ein altes Torfgehöft, das bis zur Mitte dieses Jahrhunderts bewohnt wurde.

SKÓGAFOSS
Mit 60 m Höhe zählt dieser Wasserfall zwar nicht zu den höchsten, jedoch ohne Zweifel zu den prächtigsten Wasserfällen der Insel. Direkt an der Ringstraße Nr. 1 beim Schulzentrum Skógar gelegen, ist er auch sehr leicht zugänglich.

Insider News

LITERARISCHES ERBE
Es ist interessant, das neben der Universität gelegene Árni-Magnússon-Institut zu besuchen. In wechselnden Ausstellungen werden Teile des alten literarischen Erbes der Isländer, das im Hause aufbewahrt wird, dem interessierten Publikum vorgeführt. Neben der Erforschung der alten Manuskripte hat das Institut auch die Aufgabe, volkskundliches Material wie Märchen, Volkslieder und Melodien zu sammeln und zu katalogisieren.

DER ISLÄNDER AN SICH
Seit 1993 findet im Sommer (Mitte Juni – Mitte August) jeden Sonntagabend eine Veranstaltung im 40 km von Reykjavík entfernten Gewächshausdorf Hveragerði im „Hótel Örk" unter dem Titel „Alles, was sie schon immer über die Isländer wissen wollten, sich aber nie zu fragen trauten" statt. Es handelt sich hierbei um ein „literarisch-ironisches" Programm, wo die „Volksseele" der Isländer von heute mit Hilfe von alter und neuer Literatur sowie moderner isländischer Kunst und Musik „seziert" wird.
Beginn So 20.30 Uhr, Dauer ca. eine Stunde.
Weitere Information:
Hótel Örk
810 Hveragerði
Tel. 483 47 00
Fax 483 47 75.

◀ *Die erste Seite des Gudrun-Liedes aus der älteren Edda.*

Ungeheuer, Elfen und Gespenster

Abseits der touristischen
Routen bietet Islands
Ostküste allerlei Mystisches
und viel Natur.

Familienausflug inklusive Entenfüttern am Reyðarfjörður, dem längsten der Ostfjorde.

Von einem etwas geheimnisvollen Licht umhüllt, spaziert der Polarfuchs auf und ab in der Scheune. Er wirkt sehr zutraulich, als würde ihn die Nähe der Menschen überhaupt nicht stören – eine Szene aus dem Anfang der neunziger Jahre auf Island entstandenen, preisgekrönten Dokumentarfilm „Húsey".

„Die jungen Filmemacher haben sich sehr viel Mühe gegeben", sagt **Örn Þorleifsson**, der Bauer vom Hof **Húsey** und zugleich der „Star" des Dokumentarfilms, als wir bei einer Tasse Kaffee in seiner bescheidenen Küche auf dem Hof sitzen. „Zwei Jahre lang sind die Jungs immer wieder hergekommen, um den zeitlichen Rhythmus der Natur einzufangen." Bevor der Film „Húsey" im isländischen Fernsehen lief, wußten die wenigsten Isländer von der Existenz dieses Hofes im Osten, zumal die wenigsten je von dem Bauern Örn gehört hatten. „Über Nacht" wurden aber der Hof als Naturparadies und der Bauer als ein „Naturkind" auf der Insel bekannt.

Seitdem ich den Film über Húsey im Fernsehen gesehen hatte, reizte es mich, den Ort aufzusuchen. Freunde hatten mir schließlich erzählt, der Bauer von Húsey allein sei schon eine Reise wert.

Am Flughafen von **Egilsstaðir** traf ich eine Bekannte, die sich bereit erklärt hatte, mich zum Hof Húsey zu fahren. Es war ein etwas trüber Tag im Frühherbst. Wolken lagen über den Bergen,

und es sah nach Regen aus. Doch es blieb glücklicherweise trocken. Nach einer etwas monotonen Fahrt vorbei an zahlreichen, von Eiszeitgletschern glattgeschliffenen Felsbrocken, die die Isländer bildhaft „Walrücken" nennen, bogen wir von der Ringstraße in nördlicher Richtung ab und fuhren auf eine flache Landzunge hinaus.

An der Spitze der Landzunge steht der einsame Hof. Beim ersten Anblick käme wohl niemand auf den Gedanken, er könnte den Stoff zu einem 50 Minuten langen, äußerst interessanten Dokumentarfilm abgeben. „Die Jungs haben mir erzählt, daß sie damals über 18 Stunden Filmmaterial gedreht hätten", staunt Örn Þorleifsson immer noch, als wir in der Küche sitzen und miteinander plaudern.

Am Tisch sitzt auch Ulla, eine Hannoveranerin, die Örn vor über 20 Jahren in Deutschland kennenlernte. Zwei Jahrzehnte lang hatten sie sich nicht gesehen, bis sie ihn im Jahr zuvor besuchte. Ulla hat es hier, am Ende der bewohnbaren Welt, so gut gefallen, daß sie beschloß, ihren alten Freund dieses Jahr wieder zu besuchen. Der Bauer von Húsey, Mitte fünfzig, schlank und kräftig, strahlt eine unglaubliche Ruhe aus. Es ist die Seelenruhe eines Menschen, dem es allem Anschein nach gelungen ist, mit sich selbst und seiner Umgebung in Harmonie zu leben. Wer ihn näher kennenlernt, stellt fest, daß der Mann ein richtiges Naturkind ist. „Einmal", so erzählt er „habe ich

Húsey, ein abgelegener Hof im Osten, schrieb isländische Filmgeschichte.

Abseits der großen Touristenströme: die Ostfjorde.

mich sehr beeilt, um jemanden vom Flughafen in Egilsstaðir abzuholen. Als wir zum Hof zurückfuhren, mußte ich halten und mich für eine Weile an den Straßenrand setzen. Mein Begleiter hat sich gewundert, was ich tue. Ich habe ihm eine alte Indianerweisheit erzählt: Wenn sich der Körper zu sehr beeilt, kommt die Seele manchmal nicht mehr mit. Und deswegen mußte ich warten, bis die Seele den Körper wieder eingeholt hatte."

In früheren Zeiten gehörte der Hof Húsey zu den begünstigten Höfen Islands. Hier wurden jedes Frühjahr 300 Robben gefangen. Doch die Zeiten haben sich geändert. Bekam der Bauer von Húsey früher für das Fell einer Robbe den gleichen Preis wie für das Fleisch von zweiein-

halb Lämmern, so führten Ende der siebziger Jahre die breiten Protestaktionen europäischer Naturschützer dazu, daß die Preise für Felle drastisch sanken.

Auf Island wurde **Robbenfang** seit Jahrhunderten betrieben. Er war ein fester Bestandteil des Lebens auf dem Land. Gegen die mächtigen, ausländischen Naturschutzorganisationen hatten die Isländer aber keine Chance. Heute fängt Örn Þorleifsson im Frühjahr einige Robben, die aber nur am Hof verzehrt werden. Gebratenes Robbenfleisch ist eine Delikatesse, was das Abendessen nachhaltig beweist. Kein Wunder, daß die Isländer früher auf dieses Fleisch scharf waren. Örn sieht die Seehunde und die Robben, die je-

Abseits und doch berühmt: der Hof Húsey.

des Frühjahr in Scharen auf seinem Hofgelände am Flußufer geboren werden, jedoch nicht nur als Beute an. Er hat ein ganz besonderes Verhältnis zu diesen etwas rundlichen und schwerfälligen Meeresbewohnern. Wenn er von den Tieren spricht, merkt man bald, daß er großen Respekt vor ihnen hat. So hat er sich manchmal um kleine hilflose Robben gekümmert, die – aus welchen Gründen auch immer – nicht zu ihrer Mutter fanden. Solche Tiere nimmt er gern zu sich auf den Hof und füttert sie in einem kleinen Teich in der Nähe des Wohnhauses.

„Es ist nur etwas schwierig", erklärt er lächelnd, „den Kleinen das Schwimmen beizubringen. Sie beißen sich nämlich normalerweise am Nacken der Mutter fest, wenn sie den ersten Schwimmunterricht bekommen. Diese Methode kann ich aber schlecht anwenden. Außerdem", erzählt er weiter, „kann man den kleinen Robben keine Milch aus der Flasche geben, da sie nicht saugen können. Deswegen muß man ihnen die Nahrung durch einen Schlauch einführen, was wirklich nicht so einfach ist."

Seit 1970 wohnt Örn Þorleifsson in Húsey. Er ist allerdings kein „Aussteiger". Er hat an der auf

V on der Robbenjagd zur Robbenaufzucht: Örn zieht Robbenwaisen groß – nur das Schwimmen kann er ihnen nicht beibringen ...!

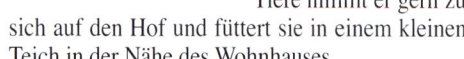

Örn schlachtet Robben nur für den Eigenbedarf.

Hof Húsey ist ein reines Naturparadies. Es gibt zwar keine sensationellen Vulkane, Geysire oder Gletscher in der Nähe, aber unauffällig gedeiht hier eine so reichhaltige Tier- und Pflanzenwelt, daß man auf der Insel seinesgleichen kaum wiederfindet.

Abgesehen von den Seehunden, die sich im Sommer an den Flußufern der beiden großen Flüsse sonnen, brüten etwa 30 Vogelarten im Flußdelta, das zum Hofgelände gehört: der prachtvolle Sterntaucher, der Rotschenkel, Sand- und Goldregenpfeifer, der Meeresstrandläufer, die Bekassine, der Singschwan und die Uferschnepfe, um nur einige zu nennen. Pflanzenliebhaber kommen hier ebenfalls auf ihre Kosten: Auf dem Gelände um den Hof von Húsey sind über 170 Pflanzenarten zu Hause. Es ist ein Ort, wo es richtig Spaß macht, einfach durch die Gegend zu streifen und die allgegenwärtige Nähe der wilden, unberührten Natur zu genießen. Auch wenn man sich gelegentlich mit der kleinen, frechen Seeschwalbe herumschlagen muß, sind solche Wanderungen ein wahrer Genuß. Alternativ können die Gäste einen Ausflug hoch zu Roß machen. Es entspricht der „Philosophie" des Bauern von Húsey, daß er vom eiligen Zurücklegen langer Distanzen nichts hält. „Ein Pferd", sagt er, „soll man vor allem behandeln wie einen Freund. Wenn man ein

Island bekannten Landwirtschaftsschule von **Hvanneyri** studiert und war mehrere Jahre lang als Landwirtschaftsberater tätig.

In den siebziger Jahren lebte er als Pferdehändler für zwei Jahre in Deutschland. Bis zum Ende der achtziger Jahre hat er in Húsey traditionelle Landwirtschaft betrieben. „Es hat sich aber nach der Einführung des Quotensystems nicht mehr rentiert" – ein Hauch von Bedauern huscht über sein Gesicht. Damals hatte er bereits angefangen, den Hof für eine besondere Art des Tourismus umzufunktionieren. Über Reisebüros bot er Leuten, die an Einsamkeit und wilder Natur Interesse haben, einen Aufenthalt in Húsey an. Den alten Hof baute er zu einer kleinen Herberge um, in der die Gäste übernachten können. „Es ist kein großer Betrieb", gibt er zu, „aber die Gäste, die schon hier waren, kommen immer wieder." Kein Wunder – der

Einer von zahlreichen Heulern, die Örn auf Húsey bereits durchgefüttert hat.

gutes Verhältnis zu einem Islandpferd entwickelt, wird man wahre Freundschaft erfahren. Einmal", so der Bauer weiter, „war hier eine Zeit lang eine Frau zu Gast. Sie hat am ersten Tag ein Pferd bekommen, das sie dann für die Dauer ihres Aufenthalts 'behalten' durfte. Sie ist nie auf das Tier gestiegen, sondern hat es immer nur am Zaum durch die Landschaft geführt. Manche Leute mögen dieses Verhalten vielleicht verrückt finden. Ich habe aber gesehen, wie sich hier zwischen Mensch und Tier ein enges und schönes Freundschaftsverhältnis entwickelt hat. Als sich die Frau zum Schluß von ihrem Pferd verabschieden mußte, hatten beide Tränen in den Augen."

Überall wird Stockfisch zum Trocknen aufgehängt.

Bei seinem langjährigen Umgang mit Tieren hat Örn Þorleifsson manche Überraschungen erlebt. So erzählt er von dem einsamen Ganter, der sich eine Zeitlang in der Nähe des Hofes aufhielt. Der Vogel machte einen etwas traurigen Eindruck, so „als hätte er seine Liebste verloren". Eines Tages, als der Bauer aus dem Haus kam, sah er den Ganter auf dem Rücken eines Schafes sitzen. Fortan waren die beiden, Schaf und Ganter, unzertrennlich. Im Herbst mußte das Schaf aber zum Schlachthof. Die ersten Tage danach verfiel der Ganter offensichtlich in eine tiefe Traurigkeit. Wenige Tage später hatte er jedoch auf dem Rücken einer jungen Kuh Platz gefunden, die allem Anschein nach

mit diesem „beflügelten" Freund äußerst glücklich war! „Nicht nur Menschen, auch Tiere können sonderbar sein", leitet Örn mit doppeldeutigem Lächeln zur nächsten Geschichte über: „Im Schafstall von Húsey hatte sich eine Taube einquartiert. Dem Vogel, der am Hof immer 'Gorbi' genannt wurde, machte es großen Spaß, einen Falken, der in der Nähe sein Nest hatte, zu ärgern. So flog 'Gorbi' immer wieder aus dem Stall heraus, lockte den Falken hervor und ließ sich von ihm verfolgen. Man könnte glauben, die Taube wäre für den Islandfalken eine leichte Beute. Aber sie hatte entdeckt, daß ein Falke nicht gerade, sondern nur in Kreisen aufsteigen kann. Dies wußte die kluge 'Gorbi' auszunutzen. Sobald der Falke näher kam, entwischte ihm die Taube, indem sie einfach blitzschnell nach oben flog."

Es gibt in Húsey aber nicht nur anlehnungsbedürftige Ganter und trickreiche Tauben, sondern auch einen aus alten Zeiten stammenden bösen Hausgeist, den „Móri". Die Geschichte dieses Geistes geht auf die üblen Machenschaften eines Landarztes zurück. Dieser hatte sich in eine Frau verliebt, die ihn aber zurückwies. Aus Wut hat der Arzt bei seinem Freund, einem Apotheker, zehn seltene Medikamente bestellt. Als der Apotheker die Bestellung sah, kam ihm gleich der Verdacht, der Arzt

In den Ostfjorden hat man die ältesten Gesteinsschichten Islands gefunden.

wolle aus diesem Stoff ein Gespenst herstellen. Aus Angst vor den Folgen gab er dem Arzt nur neun der zehn Medikamente. Aus diesen erschuf der Arzt den Geist Móri, den er zunächst auf die Frau losließ, die ihn zurückgewiesen hatte. Die Frau verlor daraufhin den Verstand. Dies geschah Anfang des 19. Jahrhunderts. Seitdem geistert Móri in der Gegend herum und versucht, die Menschen zu ärgern. Meistens taucht er in der Gestalt eines Mannes oder eines Hundes auf. Örn behauptet, Móri sei zwar böswillig, aber nicht gefährlich.

„Manchmal versucht er die Leute am frühen Morgen zu ärgern, indem er etwa Sachen, die man am Abend vorher an einer bestimmten Stelle hingelegt hat, verschwinden läßt." Dem Bauern von Húsey kann Móri aber nicht den Tag verderben. „Ich gehe einfach ruhig weg und trinke einen Kaffee. Wenn ich zurückkomme, hat er die Sachen meistens wieder zurückgegeben."

Als ich, nach einem ausgedehnten Spaziergang und einem nächtlichen Gespräch mit dem Bauern von Húsey oben im Haus schlafen gehe, höre ich den Wind draußen heulen. Beim Einschlafen meine ich mittlerweile auch, aus der Ferne ein höhnisches Gelächter wahrzunehmen.

Am nächsten Morgen fährt mich Örn nach **Egilsstaðir** zurück. Der Bauer will anschließend zu einer im nächsten Landkreis gelegenen Schule, wo er im Winter seinen Lebensunterhalt mit Unterricht verdient. Obwohl der Hauptort des Ostens auf Island für gutes Wetter bekannt ist, bekomme ich an diesem Herbsttag wenig davon zu spüren. Bei leichtem Schneefall weht eine kühle Brise. Manchen Sommer lang konnten die privilegierten Einwohner von Egilsstaðir wochenlang ohne Unterbrechung den Sonnenschein genießen – was bei Islands wechselhaftem Wetter alles andere als selbstverständlich ist. In solchen Sommern versuchen sie, ihre Landsleute in den Osten an-

zulocken, indem sie in den Medien mit dem Slogan warben: „Vergeßt Spanien, kommt lieber ins isländische Mallorca!" Tatsächlich können hier Urlauber ihre Ferien bei 25° Celsius verbringen, was an der obersten Grenze der im Sommer gemessenen Temperaturen auf Island liegt.

Auch im Winter kann das Wetter hier im Osten angenehm sein. Ich erinnere mich daran, daß ich im Winter einmal nach Egilsstaðir kam. Für eine Aufzeichnung des isländischen Fernsehens zog eine Gruppe von Jazzsängern in den nahegelegenen größten Wald der Insel, nach **Hallormstaðaskógur**. Er breitet sich am Ostufer des Gletscherstroms (Lagarfljót) aus. Es war herrlich, dort unter den Bäumen mit der zwischen des

Der Kontrast zwischen Meer und kargen Bergen macht die Ostfforde so attraktiv.

Liebesbedürftige Ganter, clevere Tauben und ein Hausgeist aus der Werkstatt eines Alchemisten – im Osten muß man auf alles gefaßt sein.

Ästen flimmernden Sonne den Sängern zuzuhören.

Es ist überhaupt ein großes Erlebnis, dieses Waldgebiet zu besuchen, in dem seit Anfang des Jahrhunderts über fünfzig Baumarten aus aller Welt mit großem Erfolg angepflanzt worden sind – die höchsten von ihnen inzwischen über 20 Meter hoch. Man muß bedenken, daß große Bäume auf Island alles andere als selbstverständlich sind. Auch wenn die Insel – alten Quellen zufolge – zur Landnahmezeit großflächig mit Birkenwäldern bewachsen war, wurde sie in den ersten Jahrhunderten von den Siedlern völlig abgeholzt. Erst zu Beginn des 20. Jahrhunderts, als es möglich wurde, den Baumwuchs vor den Schafen mit Hilfe des Stacheldrahtes zu schützen, begann man das Land wieder aufzuforsten.

In Egilsstaðir suche ich den Leiter der Ortsbibliothek auf. Ich möchte „authentische" Materialien über das berüchtigte Ungeheuer im **Lagarfljót** finden. Aus alten Zeiten wird nämlich berichtet, es gebe im Lagarfljót, direkt vor der Haustür der Einwohner von Egilsstaðir, ein Ungeheuer, das schon früher viele Boote zum Kentern gebracht habe. Dort, wo der Fluß durch den Ort fließt, bildet er einen der größten Binnenseen der Insel, den über 50 Quadratkilometer großen und über hundert Meter tiefen **Lögurinn**. Schon in der ersten Island-Beschreibung, 1590 von Bischof **Oddur Einarsson** verfaßt, wird behauptet, es gebe in diesem Gewässer ein gewaltiges Ungeheuer, das die Menschen oft in Angst und Schrecken versetzte.

Während ich aus dem Fenster auf den See schaue, informiert mich der Bibliothekar Sigurður Óskar Pálsson über die wahre Natur des Ungeheuers von Lagarfljót, dieses Nessie auf Isländisch: Vor langer, langer Zeit schenkte eine Frau in der Gegend ihrer Tochter ein Schmuckstück aus Gold. Als die Tochter fragte, wie sie das gute Stück am

Der Lagarfljót ist 112 Meter tief und reicht damit weit unter das Meeresniveau.

Nessie läßt grüßen! Das Ungeheuer von Lagarfljót ist ebenso mysteriös wie sein schottischer Verwandter: Viele wollen es gesehen haben, Beweise gibt es keine.

besten verwerten könnte, riet ihr die Mutter, es unter einen Wurm zu legen. Der Legende nach wird nämlich ein Wurm, der auf Gold liegt, dick, und entsprechend vermehrt sich auch das Gold. Am nächsten Tag entdeckte die Tochter im Gras eine Schnecke und legte ihren Goldschmuck darunter. Am Abend trug sie dann beides, Schnecke und Gold, nach Hause und versteckte sie an einem sicheren Platz. Nach einigen Tagen, als sie wieder danach schaute, war die Schnecke so groß geworden, daß das junge Mädchen erschrocken zurückfuhr. Dann nahm sie die Schnecke und das Gold, rannte damit zum Fluß und warf beides ins Wasser. Die Schnecke wuchs aber immer weiter und wurde mit der Zeit zu einem gefährlichen

Ungeheuer, eben dem bekanntesten Wassermonster Islands.

„Viele ehrwürdige Menschen haben in vergangenen Zeiten mit eigenen Augen gesehen, wie das riesige Ungeheuer aus dem Fluß auftauchte und Gift nach allen Seiten spie", beteuert Sigurður, „ich selbst aber habe die Monster-Schnecke nie gesehen."

Herr Pálsson stammt aus dem **Borgarfjörður eystri**, einem der schönsten Fjorde des Ostens. Um dort hinzukommen, fährt man eine gute Stunde von Egilsstaðir Richtung Norden. Man überquert daher den steilen Paß **Vatnsskarð** und fährt um die früher gefürchteten **Njarðvíkurskriður**, wo es steil zum Meer hinuntergeht.

Dort steht schon seit dem 14. Jahrhundert ein Kreuz, vor dem Reisende ein Gebet sprechen sollen, damit sie heil durchkommen. Von dem kleinen Ort **Bakkagerði** aus hat man einen schönen Blick auf die hohen **Dyrfjöll**, die sich im Hintergrund oberhalb des kleinen Fischerortes erheben. In den Bergen oberhalb von Bakkagerði, die zum Teil aus Liparit bestehen, kann man eine Menge bunter Steine und Bergkristalle finden. Mitten im Ort steht der Felsen **Álfaborg**, die „Elfenburg". Seit langem glauben viele auf Island, hier habe die Königin der Elfen ihren Hochsitz.

Der Glaube an die **Elfen** war bis in die jüngste Zeit sehr lebendig. Man war sich sicher, daß sie in der heiligen Nacht aus ihren Burgen kommen, um auf vereisten Flüssen zu tanzen. Und beim Ausklang der Weihnachtsfeiern, am 6. Januar, widmet man ihnen an vielen Orten der Insel immer noch ein großes Fest. Bei viel Gesang und einem riesigen Feuer reitet dann der festlich gekleidete Elfenkönig mit seiner Königin vor.

Auch während der Mittsommernacht sind angeblich die Elfen unterwegs. In dieser Nacht, so sagt man, sollen die Leute nackt im Tau baden, damit ihre Wünsche in Erfüllung gehen. Bis in die jüngste Zeit wurden die Kinder von Bakkagerði davor gewarnt, in der Nähe der „Elfenburg" Lärm zu machen. Denn wer die Elfen stört, dem widerfährt angeblich ein schreckliches Unglück.

Im Borgarfjörður eystri wurde auch **Kjarval**, der große Meister der isländischen Malerei, geboren. Hier hat der inzwischen verstorbene Künstler viele seiner schönsten Bilder gemalt. Darunter ein Bild von einem der markantesten Berge am Fjord, das inzwischen – als Gruß aus Island – im dänischen Parlament in Kopenhagen hängt. Auf dem Hof, wo der Künstler aufwuchs, hat man ihm ein Denkmal errichtet: drei große Basaltsäulen.

Leise steige ich zur Elfenburg hinauf, wo es eine Aussichtsplattform mit einer Sonnenuhr gibt. Der Fjord liegt still vor mir, ein kleines Fischerboot tuckert gemächlich aus dem Hafen. Die landschaftliche Kulisse hat zweifelsohne etwas Traumhaftes an sich. Bevor ich bei Sonnenuntergang nach Egilsstaðir zurückfahre, mache ich auch noch an dem Denkmal des Künstlers halt. „Kein Wunder", denke ich für mich, als ich bewegt die bunten Berge hinter der kleinen Ortschaft betrachte, „daß Kjarval so ein begnadeter Maler wurde."

Im Frühjahr stürzen zahllose Wasserfälle von den Hochflächen ins Meer.

ISLANDS ANDERES ENDE

Egilsstaðir ist das verwaltungsmäßige Zentrum in Islands Osten. Von dort führen Ausflüge ins Inland sowie an die zerfranste Küste.

Das Ostlandgebiet umfaßt die beiden Verwaltungsbezirke Suður- und Norður-Múlasýsla, insgesamt 16.410 km². Die Landschaftsformen sind abwechslungsreich: hohe, steile zum Teil pyramidenförmige Berge, tief eingeschnittene Fjorde, Gletscherlandschaften, Wüsten und Oasen.

ANREISE

Von Reykjavík nach Egilsstaðir gibt es im Sommer täglich mehrere Flüge, sowohl mit Icelandair wie auch mit der Fluggesellschaft Íslandsflug. Außerdem fliegt die lokale Fluggesellschaft Flugfélag Austurlands, zwischen Reykjavík und Egilsstaðir (via Höfn), sowie auch zu einzelnen Ortschaften. Information, Tel. 471 11 22. Busverbindungen gibt es – im Anschluß an die Flüge – zu den einzelnen Ostfjorden. Nähere Auskünfte unter der Tel. 471 12 10.

SEHENSWÜRDIGKEITEN

MIT DEM FLUGZEUG
Die lokale Fluggesellschaft veranstaltet nach Bedarf Sightseeing-Flüge (Egilsstaðir-Snæfell, Kverkfjöll, Askja, Herðubreið-Egilsstaðir), die bei schönem Wetter sehr zu empfehlen sind. Informationen unter:
Flugfélag Austurlands
Egilsstaðaflugvelli
700 Egilsstaðir
Tel. 471 11 22.
Preisbeispiel: 1 Stunde Flug kostet 150 Mark pro Person.
Mindestzahl 4 Personen.

MIT DEM BOOT
Sightseeing-Touren mit dem Boot (Anfahrt mit Bus) nach Mjóifjörður. Außerdem ist es möglich, eine Bootsfahrt auf dem Fluß Lagarfljót zu machen.
Nähere Informationen auf dem Campingplatz in Egilsstaðir,
Tel. 471 23 20.

MIT DEM BUS
Sightseeing-Touren mit dem Bus nach Hallormsstaður, Snæfell, Neskaupstaður und Dalatangi. Informationen auf dem Campingplatz von Egilsstaðir (siehe unten).

MIT DEM JEEP
Von der Ostseite werden auch Jeeptouren auf den Gletscher Vatnajökull und die umliegenden Berge nach Bedarf veranstaltet. Informationen bei:
Jeppaferðir
Stefán Sigurðsson
Bjarkarhlíð 1
700 Egilsstaðir
Tel. 471 21 89 und 471 23 20.

BOOTSFAHRT VON NESKAUPSSTAÐUR
Besonders zu empfehlen ist ein Abstecher nach Neskaupsstaður, dem Ort am Ufer des Fjordes Norðfjörður. Von hier aus wird im Sommer 1 – 2 mal am Tag eine Bootstour in die nahe gelegenen Fjorde Viðfjörður und Hellisfjörður angeboten, die beide vollkommen unbewohnt sind. In Hellisfjörður kann man kurz an Land gehen. Dauer der Fahrt: 2 Stunden. Preis pro Person 35 Mark, Kinder (6 – 12 Jahre) die Hälfte. Anmeldung und Information:
Fjarðarferðir
Egilsbraut 1
740 Neskaupsstaður
Tel. 477 13 21.

ELFENSTEINE
In Borgarfjörður eystri ist eine kleine, aber feine Steinesammlung und Werkstatt, in der Schmuckstücke aus isländischen Steinen gemacht werden, einen Besuch wert. Ein guter Tip für Souvenirjäger!

Álfasteinn („Elfenstein")
Iðngörðum
720 Borgarfjörður eystri
Tel. 472 99 77.

SEEFAHRTSMUSEUM ESKIFJÖRÐUR
In der kleinen Ortschaft Eskifjörður, am gleichnamigen Fjord, befin-

Glockenblumenpracht am Lagarfljót.

Typisch isländische Unterkunft: Campingplatz am Wasser.

det sich das Seefahrtmuseum des Osten Islands. Das Museum ist untergebracht in dem alten Handelshaus „Gamla Búðin" aus dem 19. Jahrhundert. Die permanente Ausstellung vermittelt einen Einblick in die Geschichte des Fischfangs und der Fischverarbeitung in den Ostfjorden. Besonders interessant sind die zahlreichen Gegenstände, die früher mit dem Walfang zu tun hatten. Viele Walfangstationen befanden sich in den Ostfjorden.
Tel. 476 11 79.
Geöffnet: 15. 6. – 1. 9. 14 – 17 Uhr.
Eintritt: 5.50 DM.

UNTERKUNFT

*** HÓTEL VALASKJÁLF
Egilsstöðum, Tel. 471 15 00.
Ein gemütliches Landhotel, ganzjährig geöffnet. Im Sommer durch die Hinzunahme der Internate des lokalen Gymnasiums vergrößert.

** HÓTEL EDDA
Eiðum
Tel. 471 38 03.
Schlichtes Hotel 12 km nördlich · von Egilsstaðir. Vogelreiches Feuchtgebiet hinter dem Haus.

** HÓTEL EDDA
Hallormsstað
Tel. 471 17 05.

Ein besonders schön gelegenes Sommerhotel, mitten im großen Waldgebiet von Hallormsstaðaskógur.

** HÚSSTJÓRNARSKÓLINN
(Hauswirtschaftsschule)
Hallormsstað
Tel. 471 17 61.
Ein zweites, ebenfalls sehr schön gelegenes Sommerhotel im Wald.

CAMPING

ATLAVÍK
Hallormsstaðaskógur.
Ein traumhaft schöner Campingplatz im Wald, unten am Ufer des großen Binnensees Lögurinn gelegen.

BORGARFJÖRÐUR EYSTRI
Hier gibt es zwei Campingplätze, einen am Rand der kleinen Ortschaft Bakkagerdi und einen direkt an der im Text genannten „Álfaborg" (Elfenburg).

REITEN

HÚSEY
Örn Þorleifsson
Húsey
Hróarstunga
701 Egilsstaðir
Tel. 471 30 10
Fax 471 30 09.
Örn bietet Gästen einen ruhigen

Aufenthalt auf seinem Bauernhof, mit Reiten und Vogelbeobachtung. Unterkunft in einer häuslichen Jugendherberge am Hof.

An einigen Bauernhöfen gibt es einen Pferdeverleih. Informationen beim Tourist-Büro, Egilsstaðir, Tel. 471 23 20.

INFORMATION

Upplýsingamiðstöð fyrir ferðamenn
Tjaldstæðinu (am Campingplatz)
Kaupvangi
700 Egilsstaðir
Tel. 471 23 20.
Das Touristeninformationsbüro ist nur während der Sommermonate geöffnet.

Insider News

SWINGING ISLAND
Das Jazzfestival (Jasshátíð) von Egilsstaðar findet seit 1988 jährlich am ersten Wochenende nach Mittsommernacht (im Juni) statt. Das Festival dauert vier Tage. Bei diesem ältesten regelmäßigen Jazzfestival im Land treten sowohl isländische Musiker als auch Gäste aus dem Ausland auf.
Karten sind erhältlich bei:
Jassklúbbur Egilsstaða
Hléskógar 6
700 Egilsstaðir
Tel. 471 14 78.

PETRAS STEINSAMMLUNG
Über Jahre hinweg hat Petra Sveinsdóttir liebevoll in den Bergen Natursteine zusammengetragen. Inzwischen hat sie ihr Privathaus mit bunten Steinen gefüllt und Tausende davon liegen auch im Garten herum. Ein Muß für jeden Ostland-Besucher!
Steinsafn Petru
Petra Sveinsdóttir
Sunnuhlíð
755 Stöðvarfjörður
Tel. 475 38 34.
Geöffnet nach Bedarf, Eintritt 2.50 Mark.

10 Jökulsárgljúfur

Islands Grand Canyon

Mývatn, Dettifoss und Jökulsárgljúfur –
der Nordosten bietet Naturphänomene,
die niemand verpassen sollte.

Ein Nationalpark mit Zungenbrecher-Namen lockt im Nordosten. Der **Jökulsárgljúfur** gilt als eines der schönsten Wandergebiete auf Island. In den siebziger Jahren hat man hier, oberhalb des Fjordes Öxarfjörður, eine Fläche von etwa 150 Quadratkilometern zum dritten isländischen Nationalpark (nach Þingvellir und Skaftafell) erklärt. Der Park trägt den Namen eines tiefen Cañons, den sich der **Jökulsá á Fjöllum** gegraben hat. Dieser gewaltige Gletscherfluß hat seinen Ursprung am Nordrand des Vatnajökulls. Dort im Hochland, 800 Meter über dem Meer, entspringen unter dem Eis zahlreiche Bäche, die sich bald vereinen und sich dann einen fast zweihundert Kilometer langen Weg in Richtung der Nordküste bahnen. Die ersten hundert Kilometer fließt der Fluß durch eine ziemlich flache Wüstenlandschaft. Auf diesem Abschnitt beträgt das Gefälle nur 50 Zentimeter pro Kilometer. Wenn er sich aber der Küste nähert, ändert sich das Bild. Hier wird das Gefälle plötzlich zwanzig Mal so groß. In mehreren Wasserfällen stürzt der Fluß durch den 25 Kilometer langen und stellenweise über 100 Meter tiefen Cañon Jökulsárgljúfur, die Antwort Islands auf den Grand Canyon.

Wenn man den Nationalpark durchwandert, kann man den Verantwortlichen nur danken, daß sie diese Ansammlung von Naturwundern – der Cañon des Jökulsá á Fjöllum ist längst

nicht die einzige Attraktion – unter besonderen Schutz gestellt haben. So dachte ich auch, als ich zum ersten Mal die Wunderwelt landeinwärts des Öxarfjörður zu Fuß erkundete. Mit zwei Freunden war ich mit einem Pkw von Akureyri gekommen. Wir fuhren zunächst zu dem malerischen Fischerort **Húsavík** an der Nordküste, knapp hundert Kilometer von Akureyri entfernt. In dieser kleinen Bucht, wo heute 2500 Leute wohnen, soll der Norweger Garðar Svavarsson kurz vor der endgültigen Besiedlung der Insel das erste Haus auf Island gebaut haben. Daher der Name „Häuserbucht".

Wir hatten uns natürlich einen schönen Tag ausgesucht. Die Sonne schien, und die Sicht war klar. Als wir uns im Norden von Húsavík der Spitze der Halbinsel **Tjörnes** näherten, zeichnete sich am Horizont deutlich eine Insel ab: **Grímsey**, der nördlichste „Vorposten" Islands, wo wenig mehr als hundert Menschen am Polarkreis von der Fischerei leben. Näher zur Küste hin liegen die Inseln **Mánáreyjar**, bei denen 1867 ein vulkanisches Feuer ausbrach. Von der Halbinsel Tjörnes aus bietet sich dann wenige Kilometer später ein traumhafter Blick auf den langgestreckten **Öxarfjörður**. Es lohnt sich, an der Aussichtsplattform **Melrakkasletta** anzuhalten, um den Blick über den Fjord und zur Halbinsel am östlichen Horizont zu genießen.

Der Name Öxarfjörður (Axtfjord) geht nicht, wie man glau-

V
om Hausberg Húsavíkurfjall hat man einen guten Blick auf Húsavík, die Inseln und die Berge.

Húsavík ist ein bedeutender Exporthafen.

Die Stadt Húsavík ist eine frühe Wikingergründung.

ben könnte, auf seine Form zurück. Laut alten Büchern hat einer der ersten Siedler dieser Gegend eine Axt auf einem Berg oberhalb des Fjordes aufgestellt, als Symbol seines Besitzanspruches auf den Fjord. Von dieser symbolischen Handlung bekam er seinen Namen.

Als wir am Hof **Víkingavatn** unten am Fjord vorbeifahren, erzählt einer meiner beiden Begleiter eine Geschichte, die er als Kind über diesen Hof gehört hat: „In der Nähe des Hofes soll es eine kleine mit Wasser gefüllte Spalte geben, die 'Eldhúsgluggar' (Küchenfenster) heißt. Einmal, im Frühjahr, soll ein Angestellter des Hofes in der Spalte eine Katze ertränkt haben. Im nächsten Herbst, zur Schlachtzeit, hörte die Hausfrau von Reykjahlíð am Mývatn auf der anderen Seite der Berge einen merkwürdigen Lärm unter dem Küchenboden. Plötzlich tauchte ein großes Tier aus dem Boden auf. Die Frau setzte ihm eine Schüssel Fleisch vor, die es gierig verschlang. Dem Bauern gelang es dann, den unwillkommenen Gast zu töten. Als man das Tier bei Tageslicht genauer ansah, stellte man fest, daß es die Katze war, die im Frühjahr in der Spalte am Víkinga-

vatn ertränkt werden sollte. Sie hatte im Sommer auf ihrer Reise durch die unterirdische Spalte so viele Forellen gefressen, daß sie so groß wie ein Hund geworden war." Auch wenn diese Geschichte wohl eine Legende ist, hat sie doch, wie so manch andere Geschichte auch, einen Kern Wahrheit. Es führen nämlich tatsächlich unterirdische Gänge vom Landkreis oberhalb des Öxarfjörður in die Gegend am **Mývatn**. Das bekamen die Einwohner am Fjord während der großen Vulkanausbrüche, die Mitte der siebziger Jahre oberhalb des „Mückensees" begannen, deutlich zu spüren. Damals entstanden in der Region von Öxarfjörður zahlreiche, zum Teil auch sehr tiefe Erdrisse.

In der Nähe des Hofes **Keldunes** fahren wir an einem Denkmal vorbei. Es zeigt einen Adler, der auf einer Basaltsäule sitzt. Hier wurde 1711 der Landvogt Skúli Magnússon geboren, ein Mann, dessen größter Verdienst es war, einheimische Industrie auf Island angesiedelt zu haben. Während seiner Geburt, so die Legende, soll sich ein Seeadler, Islands größter und prächtigster Vogel, auf das Dach des Hofes gesetzt haben.

An dem kleinen Laden mit einer Imbißbude, der nahe der Brücke über den Jökulsá á Fjöllum liegt, machen wir halt. Es ist immer interessant, diese an den Landstraßen gelegenen Co-Op-Läden zu durchstöbern. Man findet hier alles Mög-

Wasser, Berge und Schafzucht dominieren in der Umgebung von Húsavík.

liche – von Fußbällen bis zu tiefgefrorenem Lamm. Nach altisländischer Sitte besorgen wir uns einige Tüten mit leckerem Stockfisch, bevor wir den Weg ins Landesinnere einschlagen.

Ásbyrgi – Fruchtbarkeit dank Feuchtigkeit.

Zunächst führt die Straße in die große Schlucht, die sich bald hinter dem Laden öffnet. Diese gewaltige Erdspalte **Ásbyrgi**, die bereits zum Nationalpark gehört, ist eines der imponierendsten Naturphänomene der Insel. Vor Jahrtausenden wird der weiter östlich fließende Gletscherfluß diese bis zu hundert Meter tiefe Schlucht gegraben haben. In ihrer Mitte erhebt sich der über vierzig Meter hohe Felsvorsprung **Eyjan** (Insel). Von oben sieht Ásbyrgi wie eine Hufspur aus. Deswegen entstand in alten Zeiten die Legende, Óðinn (Wotan) wäre einmal mit seinem achtbeinigen Pferd Sleipnir über Island geritten, wobei das Pferd an dieser Stelle einen Fuß auf den Boden gesetzt habe.

Nachdem wir den Wagen auf dem Parkplatz abgestellt haben, laufen wir das letzte Stück durch den duftenden Birkenwald. Unter der 100 Meter hohen, senkrechten Felswand im Innersten der Schlucht befindet sich der Teich **Byrg-istjörn**. Der Boden ist hier äußerst fruchtbar, neben Birken wachsen Ebereschen, Weiden und Wollweiden. Am Felsen herrscht ein reges Vogelleben. Anfang der siebziger Jahre ließ sich hier der „Fýll", der Eissturmvogel, nieder. Trotz der großen Entfernung vom Meer scheint es diesem Meeresvogel in der Schlucht gut zu gefallen. Schließlich muß er sich hier sehr wichtig vorkommen: Durch das Echo wird jedes Kreischen von einer großen Felswand zur anderen geschleudert.

Als wir an dem Teich stehen und auf die hundert Meter hohe Wand vor uns blicken, erzählt einer meiner Begleiter, einmal sei ein Betrunkener bei einem Open-air-Festival mit Krawatte und Straßenschuhen diese Felswand hochgeklettert. Unten hätten die Festgäste gestanden und den Atem angehalten. Die Polizei wäre mit einem Jeep an der oberen Kante der Schlucht entlanggefahren, um den wahnwitzigen Kletterer zu empfangen. Als er oben fast angekommen war, bemerkte er die Polizisten und beschloß, ihnen zu entkommen, indem er wieder nach unten kletterte. „Der Schnaps hat aus vielen Leuten schon Helden gemacht", schließt mein Freund daraus. Aber auch die Kultur hatte schon ihren Auftritt in der Erdspalte: Ein alter Mann berichtete, daß er als junger Musiker einmal mit einem großen Orchester in Ásbyrgi gespielt habe. Gegen eine solche Konzerthalle kommt die Metropolitan Opera nicht an!

Früher bildete die Schlucht Ásbyrgi das Bett für die Fluten des Jökulsá.

Weiter landeinwärts, dem Wegweiser „Vesturdalur" (Westtal) folgend, geht es einige Kilometer über die Heide **Ásheiði**. Bei den rötlichen Hügeln handelt es sich um die „Rauðhólar" (Rothügel), Aschenkrater, die vor Jahrtausenden entstanden sind. Bald erreichen wir einen steilen Hang und schauen tief in das **Vesturdalur** hinunter. Es erinnert mich mit seinen einzeln aufragenden Felsen an die etwas karge Landschaft, die so oft in Wild-West-Filmen zu sehen ist. Unten stehen zwei einsame Zelte und die Hütte des Naturschutzvereins, in dem der Parkwächter wohnt. Das Tal ist mit saftigem Gras und Birken bewachsen.

Wir folgen einem Pfad, der vom Campingplatz auf eine kleine Erhebung am Ende des Tales führt. Schon bald tauchen die ersten **Hljóðaklettar** (Echofelsen) auf. Es ist eine Gruppe von eigentümlichen, burgähnlichen Felsformationen, die am Westufer des Gletscherflusses aufragen. „Hier unten an den Felsen", sagt einer meiner beiden Begleiter, „hat man in den sechziger Jahren für einen Film ein Königsschloß gebaut. So weit ich mich erinnern kann, war es ein dänischer Wikingerporno – der Film soll damals übrigens ein ziemlicher

Die Echofelsen stehen in Form eines Halbrunds am Ende des Tales.

Flop gewesen sein." An der Umgebung des Königsschlosses ist jedoch nichts auszusetzen. Wo heute die „Echofelsen" stehen, hat der Gletscherfluß vor Jahrtausenden einen Vulkankrater zum Teil abgetragen, die bis zu 40 Meter hohen Felsen sind seine letzten Überreste. Mit vielen seltsamen Steinformationen, Basaltsäulen, Rissen und Höhlen bilden sie ein wahres Labyrinth. Einer der eigentümlichsten Felsen sieht aus wie ein riesiger Kopf, daher hat man ihm auch den treffenden Namen „Ljónshöf-uð" (Löwenkopf) gegeben.

Wenn man auf der Flußseite an den Felsen entlangläuft, wird der Name „Echofelsen" verständlich: Die Felswände verstärken das Rau-

schen zum Getöse. In einem der Felsen ist eine riesige Höhle ausgewaschen. In dieser sonderbaren Welt kann man lange verweilen. Bei jedem Schritt entdeckt man Neues: ein Gesicht im Stein, seltsam gewölbte Basaltsäulen oder eine versteckt liegende Höhle.

Um den oberen Teil der Schlucht zu erkunden, organisieren wir einen „Abholservice": Einer meiner Begleiter erklärt sich bereit, mit dem Wagen weiterzufahren, um uns weiter oben aufzulesen; er habe ohnehin eine leichte Verletzung am Bein und traue sich eine längere Wanderung nicht zu. Die eine Stunde in den Felsen hätte seinem wunden Bein schon gereicht. Bei etwa 20 Grad marschieren wir los, die Bewegung läßt

Sleipnir, Wotans Pferd, hinterließ seinen Hufabdruck: Der Felsen, Eyjan teilt seitdem die Schlucht Ásbyrgi in zwei Arme.

113

uns bald ins Schwitzen kommen, und wir ziehen die Hemden aus. Nach einem kurzen Spaziergang stehen wir am Ufer. Tief unten in der Schlucht wälzt sich das trübe Gletscherwasser. Der Pfad verläuft teilweise direkt am Ufer, teilweise führt er hoch über dem Fluß entlang. Gewaltige Kräfte müssen diese Schlucht geschaffen haben. Bodenuntersuchungen haben gezeigt, daß vor ungefähr 4000 Jahren eine riesige Wasserflut durch diese Gegend raste.

Danach soll es, bis vor etwa 2000 Jahren, zwei weitere solche Flutwellen gegeben haben. Bevor diese Katastrophen eintraten, war der tiefe Cañon bloß ein harmloses Flußtal. Bei der letzten großen Flut, kurz nach Christi Geburt, suchte sich ein Teil der Wassermassen ein anderes Bett weiter westlich und grub dort die Schlucht Ásbyrgi aus. Dabei soll sich die Menge des grauen Schmelzwassers vertausendfacht haben. Solche Naturkatastrophen überschreiten einfach den menschlichen Verstand.

Auch nach der Besiedlung des Landes hat sich der Fluß noch etliche Male ähnlich wild gebärdet. So heißt es beispielsweise in alten Annalen, 1655 seien bei einer Überschwemmung dreihundert Schafe ertrunken, und „alle Adler, Falken und Raben in ihren Nestern" in den Wänden der Schlucht waren getötet worden. Alle diese Überschwemmungen gehen auf vulkanische Ausbrüche unter der Eiskappe des Vatnajökull zurück. Nicht nur im Süden hat der Gletscher eben seine Spuren hinterlassen.

Ein Hinweisschild „karl og kerling" (Mann und Weib) verweist auf einen lohnenswerten Abstecher. Auf der anderen Flußseite stehen zwei seltsame und gewaltige Brocken, die tatsächlich an Riesen erinnern. Anstatt zum Wanderweg zurückzu-

kIn trauter Zweisamkeit und doch getrennt: die beiden Felsen „karl og kerling".

Parade der Wasserfälle: Réttarfoss, Dettifoss, Hafragilsfoss und Selfess. Der Dettifoss gilt als der größte Wasserfall Europas.

laufen, nehmen wir eine Abkürzung um einen Felsen.

Auf einem schmalen Steig klettern wir hoch über der Spalte durch die Felsen. Nicht ganz ungefährlich, aber spannend. Bald sind wir wieder auf dem Wanderweg. Etwas weiter oben am Fluß ragen zwei einander gegenüberliegende, steile Felsen in die Schlucht hinein: die sogenannten **Kallbjörg** (Ruffelsen).

Früher, als es hier in der Gegend noch Bauernhöfe gab, wurde an dieser Stelle ein Seil über den Fluß gespannt, das von beiden Seiten mit einem Gewinde bedient werden konnte. So betrieben die Bauern ihren Gütertausch. Noch weiter oben am Fluß sehen wir, unter einem

Der Dettifoss ist der aufregendste Wasserfall im Canyon Jökulsá á Fjöllum. ▶

Nach dem Sturz über den Dettifoss beruhigen sich die Fluten in der Schlucht allmählich wieder.

großen Felsen, ein dunkles Loch. Es ist die Öffnung der Höhle **Gloppa**. Sie ist tief und geräumig. Der Boden dort unten ist mit grünem, weichem „Tófugras" (Blasenfarn) bedeckt.

Tófugras bedeutet im Isländischen „Fuchsgras". Wir sehen auf unserer Wanderung zwar keine Füchse, doch soll der Polarfuchs hier im Cañon hausen. Auch der Nerz ist im Nationalpark heimisch. Dieses kleine Tierchen, das früher aus Zuchtgründen importiert wurde, hat sich inzwischen über die ganze Insel verbreitet und vor allem in Vogelkolonien große Schäden angerichtet.

Dichtes Grün unter den Felsen von Ásbyrgi.

N achdem wir uns in der kühlen Höhle, die den Bauern früher als Schafstall diente, ein wenig ausgeruht haben, setzen wir die Wanderung fort. Wo der Pfad abwärts in die Spalte führt, stehen wir bald an einem schönen Frischwasserfluß, über den allerdings keine Brücke führt. Wir haben also keine Wahl: Wir ziehen unsere Schuhe und Strümpfe aus, und waten hindurch. Das kühle Wasser erfrischt an diesem heißen Tag ganz besonders.

Nachdem wir unten in der Spalte noch ein Stückchen gewandert sind, öffnet sich ein Blick, der mit Worten kaum zu beschreiben ist. Wir nähern uns nämlich einem grünbewachsenen Hang, von dem zahlreiche weißschäumende Wasserfälle hinunterstürzen. Stürzen ist eigentlich nicht das richtige Wort. Denn mit einer Art von Fröhlichkeit hüpfen sie eher wie leichtfüssige Tänzerinnen den Hang hinunter – wir sind in **Hólmatungur** (Flußinselzungen) angekommen. Dieser Anblick ist eine reiche Belohnung für die etwa zweieinhalbstündige, anstrengende Wanderung.

Sprachlos folgen wir dem Wanderweg an den „tanzenden" Wasserfällen empor. Das Rauschen und Spritzen des klaren Wassers klingt wie die schönste Musik. Rund um uns herum blühen die verschiedensten Pflanzen. In dem Nationalpark des Jökulsár-Canyon, sind insgesamt 215 Pflanzenarten nachgewiesen worden. Nachdem wir das Wasserspiel und die üppige Flora eine Weile bewundert haben, klettern wir die Schlucht hinauf, wo

Von Hólmatungur kann man über Hafragilsfoss zum Dettifoss wandern.

116

unser Freund wie abgemacht auf einem Parkplatz mit dem Wagen wartet.

Nach einer kurzen Fahrt auf einer etwas holprigen Straße gelangen wir an den Wegweiser zum **Dettifoss**. Es geht links zum Fluß hinunter. Mitten in einer grauen Steinwüste steigen wir aus und folgen den kleinen gelben Markierungen, die den Weg zum Fluß hinunter weisen. Nach einer fünfzehnminütigen Wanderung hören wir plötzlich dumpfes Dröhnen.

Dann stehen wir wieder am oberen Rand des Cañons. Jetzt hat sich der Blick in die Tiefe völlig geändert. Vor unseren Augen stürzt der 100 Meter breite Wasserfall Dettifoss 45 Meter in die Tiefe. Es ist der mächtigste Wasserfall Europas. Hier tosen unaufhörlich Tausende von Tonnen Wasser in die Tiefe und lassen den Boden rundherum regelrecht beben. Von Westen aus hat man den besten Blick auf die Gegend über dem Wasserfall.

Es ist zwar mühsamer, von dieser Seite an den Fall heranzukommen – die Straße ist nicht die beste, aber die Mühe lohnt sich. In der Nähe des Wasserfalles muß man sehr vorsichtig sein. Durch die Gischt sind die Steine am Ufer feucht und glitschig. Zudem können sie locker sein. So ist am 10. Juli 1937 ein junger dänischer Zahnarzt von der Ostkante unterhalb des Wasserfalles in die Schlucht gestürzt.

Der Däne ging zum Fotografieren einen Schritt zu weit nach vorn, ein Stein löste sich unter seinen Füßen und stürzte mit ihm in die Tiefe. Wie durch ein Wunder landete er nach einem Fall von 30 Metern auf einem steilen Hang direkt am Ufer des Flusses. Trotz äußerst schwieriger Bedingungen konnte der Mann später beinahe unverletzt geborgen werden.

Am Ende des vergangenen Jahrhunderts kam ebenfalls ein junger Mann von einem nahe gelegenen Hof mit seinem Pferd zum Dettifoss. Der schäumende Wasserfall beeindruckte den Besucher tief. Wenig später schrieb er ein Gedicht, das sowohl ihn als auch den Wasserfall im ganzen Land berühmt machte. Bevor eine Tageszeitung in der Hauptstadt das Gedicht „Dettifoss" des jungen Dichters **Kristján Jónsson** veröffentlicht hatte, war der abgelegene Wasserfall in der Wüste im Norden auf der Insel noch wenig bekannt. „Auf Island hatte eben ein gutes Gedicht schon immer eine enorme Wirkung", bemerkt einer meiner beiden Begleiter, als wir zum Wagen zurückkehren.

Am Dettifoss wird der Mensch zum Statisten degradiert.

Wo aus der Schlucht ein Tal wird: Im Vesturdalur weiter sich der Cañon und läßt die Enge des Jökulsárgljúfur hinter sich.

ISLANDS NORDOSTEN

Nordöstlich der landschaftlichen Highlights im Bereich von Jökulsárgljúfur kommt der einsamkeitsliebende Island-Besucher voll auf seine Kosten.

WANDERN

Wandern macht auf Island einen großen Spaß. Mehr als Hälfte der Insel liegt höher als 400 Meter über dem Meeresspiegel. Auch wenn es in den Bergen nicht viele markierte Wanderwege gibt, finden sich überall Pfade, die von den Vorfahren der Isländer in vergangenen Jahrhunderten verwendet wurden. Für viele Landesteile sind inzwischen Spezialkarten erhältlich, auf denen solche Pfade verzeichnet sind.

Es ist ein großes Erlebnis durch die unbewohnten Gegenden der Insel zu wandern. Vor einer privaten Wanderung sollte man jedoch bei den Einheimischen im betroffenen Landkreis genaue Auskünfte über die geplante Wanderroute einholen. Aus Sicherheitsgründen ist es auch wichtig, die Einheimischen über die geplante Wanderung genau zu informieren. Diejenigen, die mit den Isländern selber wandern möchten, sollten sich an einen der beiden Wandervereine wenden, die sowohl im Sommer als auch im Winter kleinere und größere Wandertouren veranstalten.
Ferðafélag Íslands
(The Touring Club of Iceland),
Mörkin 6
108 Reykjavík,
Tel. 568 25 35;
oder
Útivist, Hallveigarstígur 1,
101 Reykjavík
Tel. 561 43 30, Fax 531 46 06.

Einige Reisebüros organisieren auch im Sommer längere Wandertouren, darunter die Reisebüros:
Iceland Safari,
Borgartún 22
105 Reykjavík
Tel. 562 42 22, Fax 562 42 04.

Natur- und Wanderreisen
Hörður Erlingsson
Auslurstræti 1/
101 Reykjavík
Tel. 551 97 00, Fax 551 97 03.

SEHENSWÜRDIGKEITEN

NATIONALPARK JÖKULSÁRGLJÚFUR

Die 25 km lange Schlucht „Jökulsárgljúfur" ist Nationalpark und gehört zu den größten Naturphänomenen des Landes. Im Lauf der Jahrtausende wurde die Schlucht von dem mächtigen Gletscherfluß Jökulsá á Fjöllum ausgegraben. Dieser Fluß erhält sein Wasser zum größten Teil aus dem gewaltigsten Gletscher des Landes, dem Vatnajökull. Im Nationalpark befinden sich viele großartige Schauplätze der Natur, so wie die 100 m tiefe Felsenschlucht Ásbyrgi –, nach der alten Sage der Hufabdruck von Sleipnir, dem Pferd des Gottes Óðinn – der gewaltigste Wasserfall Islands Dettifoss und die außergewöhnlichen Felsen Hljóðaklettar. Man hat im Nationalpark „Jökulsárgljúfur" die Wahl zwischen einigen Wanderwegen. Am schönsten ist der im Kapitel beschriebene Wanderweg von „Hljóðaklettar" (Echofelsen) nach „Hólmatungur". Im gemächlichen Tempo dauert die Wanderung etwa 3 – 4 Stunden hin und zurück. Man kann auch noch weiter bis nach Dettifoss gehen, wobei das letzte Stück zum Wasserfall mit Komplikationen (Abseilen) verbunden und daher nur für gut trainierte Leute zu empfehlen ist.
Bevor man loswandert, sollte man sich mit den Wächtern in der klei-

nen markierten Hütte an dem Campingplatz in Verbindung setzen. Hier kann man nur in einem mitgebrachten Zelt übernachten, eine andere Unterkunft gibt es nicht. Es ist auch ratsam, bevor man in den Nationalpark hineinfährt, in dem kleinen Laden an der Hauptstraße Proviant zu besorgen, da es im Nationalpark selber keinen einzigen Kiosk oder Laden gibt.

MÝVATN

Der See Mývatn (Mückensee) und seine Umgebung gehören zu den weitaus populärsten Touristengebieten des Landes. Tausende von ausländischen Gästen sind im Sommer in dieser Gegend unterwegs.
Die größten Sehenswürdigkeiten am See sind die bröselnden Solfatare von Námaskarð, die aus den Ausbrüchen der 70er und 80er Jahre stammenden Lavafelder von „Leirhnjúkur", nahe dem Berg Krafla, der über 400 Meter hohe Ringwallkrater Hverfjall, sowie die zahlreichen „Pseudokrater" von Skútustaðir und die seltsamen Lavatürme von „Dimmuborgir". Hier kommen Wanderer, Naturbeobachter und nicht zuletzt Vogelliebhaber voll auf ihre Kosten. Tausende von Enten und anderen Vögeln brüten am See, darunter einige sonst im Land – und in ganz Europa – äußerst seltene Entenarten.

Ásbyrgi – ein herrliches Wandergebiet.

Von Mývatn aus werden zahlreiche Touren veranstaltet, darunter mehrstündige Ausflüge in die nähere Umgebung vom See, sowie auch Tagestouren zum Dettifoss und Nationalpark „Jökulsárgljúfur". Außerdem führt eine 12 – 14stündige Tour zum gewaltigen Askja-Vulkan, einer riesigen, zuletzt 1961 aktiven Kaldera. Sie geht an dem schönen Tafelberg Herðubreið, der „Königin der Berge" und der einsamen Oase Herðubreiðarlindir vorbei. Vor der Öffnung des Askja-Vulkans (Öskjuop) wird eine etwa halbstündige leichte Wanderung gemacht, um an den über 200 m tiefen Öskju-See (Öskjuvatn) und den gewaltigen, 1870 entstandenen Explosionskrater Víti (Hölle) zu gelangen. Feste Schuhe sind für diese Wanderungen zu empfehlen. Alle weiteren Informationen beim Veranstalter:
Jón Árni Sigfússon
Mývatn Tours
660 Reykjahlíð
Tel. 464 41 96
Fax 464 43 80.

WILDWASSERFAHRTEN RAFTING

Auf einigen Flüssen der Insel werden Wildwasserfahrten veranstaltet. Auf dem Fluß Vestari-Jökulsá in Nord-Island können solche Fahrten durch „Activity tours" arrangiert werden.
Tel. 453 50 66;
Fax 453 60 04.
Im Süden der Insel werden auf dem Fluß Hvítá, unterhalb des Wasserfalles Gullfoss, Wildwasserfahrten angeboten.
Veranstalter:
„The Boat People"
Tel. 588 29 00.

FLORA

Nur ein Viertel der Oberfläche Islands ist mit Pflanzen bewachsen. Die geringe Vegetation ist vor allem auf ungünstiges Klima, rege vulkanische Aktivitäten, Bewegungen der Talgletscher und Überweidung zurückzuführen. Laut dem ältesten Geschichtsbuch der Isländer, „Íslendingabók" von Ari dem Weisen (um 1100 entstanden), war die Insel zu Beginn der Siedlung

großflächig mit Birkenwäldern bedeckt. Infolge großer Abholzung und unkontrollierten Weidegangs sind heute nur geringe Teile des isländischen „Ur-Waldes" übriggeblieben. Aufgrund dieser Umstände ist die Bodenerosion ein großes Problem im Land. Seit Anfang des Jahrhunderts ist man darum bemüht, durch Aufforstung, Wiederbegrünung und Zäune die Erosion zu begrenzen. Sowohl vom Staat organisiert als auch durch Freiwillige wurden in den letzten Jahren jährlich vier Millionen Koniferen-Setzlinge auf Island gesetzt. Auffällig ist die in vielen Gegenden angesiedelte Alaska-Lupine, die sich im Kampf gegen die Erosion als besonders effektiv erwiesen hat. Die Pflanzenwelt Islands trägt im allgemeinen subarktischen Charakter. Sie ist vor allem reich an Gräsern, Riedgräsern und verwandten Arten. Neben ausgedehnten Wiesen, Sümpfen und Marschland gibt es viel Moor- und Heideland. Mit nur etwa 470 höheren, einheimischen Pflanzenarten ist die Insel relativ arm an Vegetation. Dafür gibt es eine große Vielfalt von Moosarten, die – nicht zuletzt auf erstarrten Lavaströmen – ein interessantes Phänomen darstellen.

UNTERKUNFT

Im Nordosten findet man zahlreiche Hotels und Gästehäuser. Neben den hier genannten Hotels kann man auf vielen Bauernhöfen relativ preiswert übernachten.

*** HÓTEL HÚSAVÍK
Ketilbraut 22
640 Húsavík
Tel. 464 12 20
Fax 464 21 61.
Ein freundliches Hotel mit Restaurant im gleichnamigen Fischerort. Die Zimmer sind alle mit WC, Dusche, Radio und Telefon ausgestattet.

** HÓTEL TANGI VOPNAFIRÐI
Hafnarbyggð 17
690 Vopnafjörður
Tel. 473 12 24
Fax 473 11 46.
Für denjenigen, der einen Abstecher zu dem – immer noch – sehr einsamen Nordostzipfel des Lan-

des machen möchte, ein angenehmer Platz zum Übernachten. Ein einfaches, „häusliches" Landhotel ohne großen Komfort. Duschen und WCs auf dem Flur.

*** HÓTEL REYNIHLÍÐ MÝVATNI
660 Reykjahlíð
Tel. 464 41 70
Fax 464 43 71.
Ein komfortables Hotel in einer außerordentlich schönen Umgebung, am berühmten Mývatn. Auto und Fahrradvermietung.

Insider News

WOHNEN IM STALL
In dem Tal Reykjadalur, zwischen Akureyri und Mývatn, liegt der Hof Narfastaðir. Von dem ehemaligen Vorsitzenden des Isländischen Bauernverbands Ingi Tryggvason – der auch früher im Parlament der Isländer saß – wurde der große Stall des Hofes in ein ziemlich modernes Gästehaus verwandelt. Es ist ein schönes Erlebnis, in diesem früheren Schafstall zu übernachten, zumal die Familie des ehemaligen „Bauernhäuptlings" sich auf eine nette Art um ihre Gäste kümmert. Von hier aus fährt man nur etwa 20 Minuten nach Mývatn.

STEINERNE ZEUGEN DER ERDGESCHICHTE
Nahe der Nordspitze der Halbinsel Tjörnes liegt der Hof Hallbjarnarstaðir. An der Küste unterhalb des Hofes befinden sich die berühmtesten Fundstellen von Fossilien auf Island, die schon lange unter Naturschutz stehen. Auf ihrem Hofgelände hat die Bauernfamilie ein kleines, aber sehr feines Fossilienmuseum eingerichtet. Hier kann man sowohl die Geschichte der Fossilien studieren als auch kleine „versteinerte Souvenirs" für wenig Geld erwerben. Keine geregelten Öffnungszeiten. Man fährt einfach zum Hof hinunter, und die Leute machen einem das Museum auf.

11 Akureyri

Im Garten der Frauen

Kultur und das Grün der Parks prägen Akureyri. Am beeindruckendsten aber ist die Lebenseinstellung der Menschen.

Dank seines Hafens bildet Akureyri den wichtigsten Wirtschaftsstandort in Islands Norden.

Als der dänische König 1786 das seit beinahe zweihundert Jahren bestehende Handelsmonopol für Island aufhob, wohnten an einem kleinen Handelsplatz im Inneren des **Eyjafjörður** (Inselfjord) im Norden des Landes insgesamt 12 Personen. Knapp drei Jahrzehnte später, 1814, reiste der Schotte Ebenezer Henderson durch den Fjord. Über den kleinen Handelsplatz am Ufer des Fjordes schrieb Henderson damals:

„**Akureyri** nennen die Dänen Öefjord ..., und dort gibt es drei Kaufmannshäuser, ein paar Lagergebäude und einige Gehöfte, insgesamt achtzehn oder zwanzig. Der Handel verläuft ähnlich wie an anderen Handelsplätzen, hauptsächlich tauscht man Wolle, Wollsachen, gesalzenes Fleisch usw. gegen Roggen und andere ausländische Güter ein. Früher gab es hier einen berühmten Heringsplatz. Der Hering kam in derartigen Schwärmen in den Fjord hinein, daß es manchmal 180 bis 200 Tonnen bei einem Wurf gab, aber in den letzten Jahren ist er völlig verschwunden ... An einigen Häusern gibt es kleine Gärten, aber die Hauptgärten befinden sich hinter dem Dorf, oben auf dem Hang, wo sie zum Süden hin liegen. Hauptsächlich werden dort Möhren und Kartoffeln angebaut. Als ich ankam (am 4. August), hatte man gerade begonnen, die Kartoffeln zu ernten, was für Island sehr früh ist."

Falls der Schotte Henderson Gelegenheit hätte, diesen kleinen Handelsplatz jetzt, Ende des 20. Jahrhunderts, wieder zu besuchen, würde er seinen eigenen Augen wohl nicht mehr trauen. Der kleine Handelsplatz mit Lagerhäusern und ein paar Gehöften hat sich nämlich inzwischen zu einer schönen, modernen Kleinstadt entwickelt. Mit rund 14.000 Einwohnern ist Akureyri bevölkerungsmäßig der viertgrößte, dabei aber ohne Zweifel der zweitwichtigste Ort des Landes – und dies nicht nur in wirtschaftlicher, sondern auch in kultureller Hinsicht. Mit zahlreichen Schulen, Museen, einer großen Bibliothek und eigenem Stadttheater avancierte der alte Handelsplatz inzwischen zum Kulturstädtchen. Die Aufforstungen in der Umgebung leisten dazu ihren Beitrag. Denn mit seinen vielen Bäumen ist Akureyri eine der grünsten Siedlungen der Insel.

Aus all diesen Gründen ist es verständlich, daß die Einwohner auf ihre Stadt stolz sind. Hier trifft man denn auch immer wieder große Lokalpatrioten. Ich kenne Leute aus Akureyri, die jah-

Im Sommer spürt man auf den Straßen den Charme der Stadt im Norden.

Die „Metropole des Nordlands" verströmt einen Hauch von südländischem Flair. Sie wird als die schönste Stadt Islands bezeichnet.

◀ *Die Kirche von Akureyri wurde vom „Star- und Staatsarchitekten" Samúelsson entworfen.*

relang in den schönsten Städten Europas gelebt haben und trotzdem ständig von Heimweh nach der kleinen Stadt im Eyjafjörður geplagt wurden. Ich habe mit Studenten aus Akureyri an warmen, sonnigen Sommerabenden in den schönsten Gasthäusern auf den Höhen des Schwarzwaldes einen edlen Tropfen getrunken, und doch haben sie vom Sonnenuntergang in ihrem fernen Akureyri geschwärmt. Nach zahlreichen Besuchen in Akureyri kann ich mittlerweile dieses Heimweh voll nachempfinden. Wenn man an einem Sommerabend etwas hinter dem Stadtrand von Akureyri steht und zum Fjord hinaussieht, wo die Mitternachtssonne gerade über dem Meeresspiegel schwebt, wenn der ganze Himmel und die Berge, wie von Feuer eingefangen, glühend rot leuchten, dann wirkt die Abendsonne im Schwarzwald etwas blaß. Wer ein solches Schauspiel an der Nordküste Islands erlebt hat, gerät halt leicht ins Schwärmen.

Kein Wunder also, daß am Wochenende in der Innenstadt von Akureyri ein ausgesprochen reges Treiben und geradezu südländischer Trubel herrscht. Dann redet man mit einem ironischen Schmunzeln dem einen oder anderen Ausländer ein, beim genauen Hinsehen könne er am nördlichen Horizont den Polarkreis als einen weißen Strich im Meer erkennen.

Mit den Autos ihrer Eltern drehen die Jugendlichen dann beim „Rúnturinn" ihre zahllosen Runden durch das Zentrum. Sinn und Zweck die-

Akureyri ist bekannt für seine lockere Stimmung.

ser Aktion sind eigentlich niemandem klar. Man macht es halt, weil es die anderen auch machen. Diese eigentümliche Sitte gehört in Island, ähnlich wie Pickel im Gesicht, einfach zur Pubertät. Die Älteren treiben sich währenddessen in den vielen Lokalen herum.

Einen legendären Ruf hat das Tanzlokal **Sjallinn**. Obwohl diese im ganzen Land bekannte Vergnügungsstätte in den letzten Jahren ein wenig von ihrer früheren Popularität eingebüßt zu haben scheint, ist sie nach wie vor am Wochenende ein interessanter Sammelplatz der unterschiedlichsten Menschen. Hier tanzen mit wilden Schwüngen Seite an Seite Stadträte und Seeleute, Abgeordnete und Arbeiter. Sobald die heiße Nacht einbricht, fallen alle sozialen Schranken. In wenigen Lokalen auf Island kann man so viel Spaß haben wie

Hell wie der lichte Tag: Mitternachtsatmosphäre im Golf von Akureyri.

hier. Natürlich ist das Publikum wechselhaft. Man kann, auch am Wochenende, Pech haben und einen etwas schlappen Abend erwischen. Aber meistens ist die Stimmung hervorragend. Inzwischen gehen auch viele Einheimische am Wochenende in die Kneipe „Við Pollinn" („An der Pfütze"), die direkt am Meer liegt („Pollurinn" ist die Bezeichnung für den innersten Teil des Fjordes). Diese populäre Kneipe wurde von dem Sportler Alfreð Gíslason gegründet, der sich in früheren Jahren als professioneller Handballspieler in Deutschland einen Namen gemacht hat.

In Akureyri hat man es auch verstanden, aus den hellen Sommernächten Kapital zu schlagen: Jeden Sommer findet auf dem Golfplatz des Ortes das sogenannte „Arctic Open"-Golf-Turnier statt. In der strahlenden Mitternachtssonne schlagen hier zunehmend mehr Golfspieler aus aller Welt die kleinen weißen Bälle durch die Luft. Immerhin können die Veranstalter mit Recht behaupten, kein Golfplatz der Welt liege näher am Polarkreis. Wenn der Golfplatz schon eine ungewöhnliche Lage hat, so gibt es in Akureyri eine weitere Grünanlage, die vielleicht noch einmaliger ist: der **Botanische Garten** der Stadt. Nirgendwo auf der Insel gibt es eine vergleichbare Pflanzensammlung. In dem Garten neben dem alten Gymnasium sind so gut wie alle auf Island heimischen sowie Hunderte von ausländischen Pflanzenarten vertreten.

Begonnen wurde dieses grüne Abenteuer im Jahr 1912. Einige Frauen, die den Wunsch hatten, einen öffentlichen Vergnügungspark anzulegen, sorgten dafür, daß das Gelände neben dem Schulgebäude eingezäunt wurde. Mit der Zeit wurde daraus ein wahres Blumenparadies. Kein Besucher von Akureyri sollte es versäumen, diesen mit hohen Bäumen bewachsenen, grünen Garten zu besuchen, auch wenn er an Dotterblumen, Gemeinen Grasnelken, Sumpf-Blutaugen

oder Arktischen Weidenröschen ansonsten wenig Interesse hat. Der Vogelgesang, die vielen Düfte und die rauschenden Springbrunnen sind an sich schon einen Besuch wert.

Ein isländischer Dichter, der zwei Jahre in Deutschland verbrachte, hat einmal gesagt: „Wenn ich nach Akureyri komme, habe ich das Gefühl, ich bin im Ausland." Angespielt hat er dabei auf das viele Grün und das freundliche Klima. Wegen der geschützten Lage im Inneren des Fjordes herrscht in Akureyri häufig Windstille – was in der Hauptstadt der Insel selten vorkommt. Am offenen

Im Botanischen Garten pflegt man isländische und grönländische Flora.

Im „Lystigarður" – dem Lustgarten (wie der Botanische Garten auch bezeichnet wird) – lustwandelt man zwischen einer unglaublichen Farbenpracht.

Meer wohnend, müssen sich die Einwohner von Reykjavík in der Regel mit Wind, zumindest aber mit einer Brise abfinden.

Die erwähnten Studenten aus Akureyri waren übrigens nicht die ersten und einzigen, die in Deutschland von ihrem Heimatort geschwärmt haben: Keiner hat je das Leben im Eyjafjörður so gepriesen wie der Jesuitenpfarrer und Kinderbuchautor **Jón Sveinsson**, der unter dem Schriftstellernamen **Nonni** bekannt wurde. Der 1857 auf dem Hof Möðruvellir geborene Autor wuchs bei seinen Eltern in einem kleinen Haus in Akureyri auf. Das Haus seiner Kindheit ist heute ein Museum, das – neben den vielen Ausgaben seiner Kinderbücher in 40 Sprachen – einen guten Einblick in die Lebensverhältnisse einer isländischen Familie um die Mitte des 19. Jahrhunderts gewährt.

Nonnis Leben glich einem Märchen: Nachdem er als Elfjähriger seinen Vater verloren hatte, erklärte sich ein französischer Graf bereit, das Studium des Jungen an einer Jesuitenschule in Frankreich zu finanzieren. Nach seinem Abschied von Island studierte Nonni in verschiedenen Ländern Europas Philosophie und Theologie und war danach als Lehrer und Missionar tätig. 1913 schrieb er in Holland sein Buch „Nonni". Im Lauf der Zeit entstanden weitere elf Bücher, und aus dem kleinen Jungen aus Akureyri wurde ein weltberühmter Autor. Als alter Mann ging er auf Weltreise und wurde überall mit großen Ehren empfangen. Er starb 1944 im Alter von 86 Jahren in Köln, wo er auch begraben liegt. Als vor vielen Jahren der damalige Vorsitzende des Stadtrates von Akureyri bei einem Deutschlandbesuch zum ersten Mal an dem Grab des Schriftstellers in Köln stand, traten diesem stattlichen Mann aus dem Eyjafjörður Tränen in die Augen.

In den vergangenen Jahren fand in Akureyri eine Art „Kulturrevolution" statt: Mit unglaublichem Enthusiasmus ist es einer Gruppe junger Künstler gelungen, alte, halbverfallene Industriegebäude in ein florierendes Kunst- und Kulturzentrum zu verwandeln. „Es hat eigentlich alles 1990 mit einem unschuldigen Satz im Koalitionsvertrag zweier Parteien im Stadtrat begonnen", erzählt mir Þröstur Ásmundsson, ehemaliger Vorsitzender des Kulturkomitees der Stadt und einer der Anführer der hiesigen „Kulturrevolution", als wir an einem Wochenende im Spätsommer durch die Innenstadt von Akureyri bummeln. Þröstur, der in Freiburg im Breisgau studiert hat und heute in seinem Heimatort Geschichte unterrichtet, berichtet vom Widerstand, auf den die Idee anfänglich gestoßen ist. Viele

Den Anspruch als Kunstmetropole betont Akureyri auch auf der Straße.

Kulturrevolution am Polarkreis: In Akureyris früherer Molkerei haben Galerien, Künstler-Workshops, ein Museum und ein Theater Einzug gehalten.

meinten, es sei reine Geldverschwendung, die alten, halbverkommenen Häuser des lokalen Co-Op-Vereins (KEA) zu restaurieren. Trotzdem sei es gelungen, Geld für die Sanierung der Gebäude lockerzumachen.

Nach dem Kauf der Häuser an der steilen Straße namens **Kaupvangsstræti**, die vom Zentrum auf die Höhe führt, wurde eine Gruppe junger Künstler mit den Renovierungsarbeiten beauftragt. Innerhalb von zwei Jahren verwandelten sie eine stillgelegte Molkerei und eine alte Butterfabrik in Galerien, Künstler-Workshops, ein Kunstmuseum und ein kleines Theater.

Als wir um die Ecke beim „Hótel KEA" biegen, kommen wir in die Kaupvangsstræti, die mittlerweile in Akureyri unter dem Namen **Listagil** („Schlucht der Künste") bekannt ist. Wir gehen die Straße hoch und in das Kunstmuseum, das auf der rechten – oder, wie es hier heißt, nördlichen – Straßenseite steht. In der oberen Etage der ehemaligen Molkerei sind große und helle Ausstellungsräume eingerichtet. Im Museum treffen wir „Haddú", den frischgebackenen Direktor dieses einzigen, außerhalb der Hauptstadt existierenden öffentlichen Kunstmuseums. Haddú, der aus Akureyri stammt und in Holland Kunst studiert hat, erzählt von der engen Zusammenarbeit mit der Nationalgalerie in Reykjavík. „Schließlich ist das Museum in Akureyri nicht nur ein ‚Lokalmuseum' – im Gegenteil: Das Programm ist sehr breit und vielfältig." Als Beispiel für die Vielfalt verweist er auf die Ausstellung, die zur Zeit in den Räumen des Museums zu sehen sei: Kunstfotografien des Hamburger Fotografen Klaus Dieter Francke: „Island-Luftbilder". „Diese Ausstellung zeigt", so Haddú weiter, „daß wir uns nicht nur auf die Werke einheimischer Künstler und auch nicht auf Gemälde oder Skulpturen allein beschränken wollen."

Zurück auf der Straße sehen wir auf der anderen Seite eine Menge Kinder mit ihren Eltern in das gegenüberliegende Haus strömen. „Da läuft gerade im kleinen Theater ‚Deiglan' ein Kinderprogramm," erklärt Þröstur. Auf der Straße treffen wir den Grafiker Guðmundur Oddur und gehen mit ihm in sein nebenanliegendes Atelier. Es ist ein großer heller Arbeitsraum mit einem Balkon. „Hier richte ich mir gerade meine Wohnung ein", erklärt Guðmundur Oddur mit einem Blick nach oben. „Als Künstler kann man sich einfach keine besseren Arbeitsbedingungen vorstellen. Ganz abgesehen davon, daß ich an der Kunstschule im Haus gegenüber meinen Unterricht gebe. So schlimm kann das Wetter im Winter nie werden, daß ich es nicht bis zur Schule schaffe", fügt er lächelnd hinzu. „Die Leute", erzählt er weiter, „waren ein bißchen skeptisch, als wir anfingen, die Häuser zu renovieren. Manche sagten laut, sie fänden es besser, das Geld auf eine andere Weise anzulegen. Heute hat sich das aber geändert. Das ‚Listagil' ist ein Teil des Stadtlebens geworden. Hier ist immer etwas los, Ausstellungen, Lesungen oder Happenings, und jetzt sind die meisten, glaube ich, sehr froh über diese Einrichtung. Akureyri ist dadurch einfach spannender geworden." Auf Zeichnungen, die in dem Atelier herumliegen, ist zu sehen, daß die Künstler sich „Listagil" als autofreie Zone vorstellen –

In der Hafnarstræti befinden sich viele Läden und die Touristeninformation.

mit Straßencafés und Geschäften. „Wer weiß",
sagt Guðmundur Oddur, „vielleicht wird diese
Idee eines Tages verwirklicht".

Transport ist kein Problem.

Am Abend findet ein Happening im
Workshop des für ein Jahr zum Stadtkünstler berufenen Jón Laxdal statt.
Sein Workshop befindet sich in dem
Keller des Kunstmuseums. Gegen
neun Uhr versammelt sich eine Gruppe junger Leute. Auf einem Tisch steht
ein Bierfaß, daneben einige Plastikbe-
cher. Im übrigen bringen die Leute selbst ihren
Schnaps und Wein mit, was auf Island wegen der
hohen Preise für Alkohol üblich ist. Jón Laxdal,
ein hagerer Mittvierziger mit einer runden Brille,
ist ein interessanter Charakter. Eigentlich ist er
ein „All-round-Künstler". Er dichtet, malt und
musiziert. Nachdem die Gäste in dem niedrigen
Kellerraum eine Weile miteinander geplaudert haben, steht der Gastgeber auf. Mit seiner tiefen
Stimme trägt er, in etwas monotoner Art, Gedichte vor. Die modernen Gedichte in freier Form mit
witzigen und zum Teil geistreichen Wortverbin-
dungen begeistern das Publikum.

Nach der Lesung stehen zwei Künstlerkolle-
gen von Jón Laxdal auf. Es sind Stjáni Pétur und
Brandur. Der erstgenannte ist ein Mann von
wuchtigem Körperwuchs, mit dunklem Vollbart
und Brille. Brandur ist wesentlich schmächtiger
gebaut. Alle drei stellen sich in die Ecke. Brand-

ur und Stjáni Pétur halten Gitarren in der Hand.
Diese drei bilden eine der orginellsten Bands der
Insel. Sie nennen sich einfach „Norðanpiltar"
(Nordlandburschen). Der Stadtkünstler Jón Laxdal ist der „Sänger" der Band. Er singt eigentlich
nicht im engeren Sinn des Wortes, sondern rezi-
tiert seine Texte in verschiedenen Tonhöhen.
Nach dem Konzert wird weitergeplaudert und
weitergetrunken. Zu später Stunde gehen die Gäste alle gemeinsam über die Straße ins gemütliche „Café Karolína". Dort wird weitergeplaudert
und weitergetrunken, und zu noch späterer Stunde geht man gemeinsam zum Meer hinunter, ins
„Við Pollinn".

Hier stoßen wir auf einen Bankangestellten,
der behauptet, er habe bei sich zu Hause die
schönste Gemäldesammlung von Akureyri. Dagegen seien die wenigen eigenen Werke des
Kunstmuseums eine
Kleinigkeit. Keiner
will dem Bankange-
stellten so recht glau-
ben. „Also gut", sagt
er, „ich werde euch
meine Sammlung zei-
gen. Gehen wir zu mir
nach Hause." Mit einer
inzwischen kleiner ge-
wordenen Gruppe fah-
ren wir mit dem Taxi
zu seinem schönen,
großen Einfamilien-
haus am oberen Rand
der Stadt. Tatsächlich
hat der Mann eine un-
gewöhnlich reichhalti-
ge Sammlung moder-
ner isländischer Kunst
bei sich an den Wän-

Fahrrad-Fachgespräch unter Experten.

den hängen. Das Haus ist eigentlich voll davon. Wie er daran gekommen ist, erfahren wir nicht. In der Nacht ist Island voller Geheimnisse ...!

Natürlich steht gleich ein guter Schluck auf dem Tisch, dann geht es in die Innenstadt zurück. Die Kneipen haben schon geschlossen. Hunderte von Menschen treiben sich auf dem **Rathausplatz** im Stadtzentrum herum. An den in der Nacht geöffneten Hotdog-Buden drängen sich die Menschen. Wir schieben uns durch und bekommen „eina með öllu", „eine (Wurst) mit allem". Auf einer Bank streiten sich zwei junge Männer darüber, wer nun ein größerer Dichter gewesen sei, Matthías Jochumsson oder Davíð Stefánsson. Das waren in diesem Jahrhundert die bekanntesten Stadtdichter von Akureyri. Inzwischen hat man die Wohnhäuser der beiden in Museen verwandelt. Der erstgenannte war ein Pfarrer und hat u.a. den Text der Nationalhymne der Isländer „Ó, guð vors lands" („Oh, Gott unseres Landes") gedichtet. Der andere, Davíð Stefánsson, hat viele Gedichte geschrieben, die vertont worden sind und vom Volk gern bei geselligen Anlässen gesungen werden. Der junge Mann auf der Bank behauptet, ein Dichter, dem es gelingt, das Herz seines Volkes zu erobern, sei ein großer Dichter. Das sei dem Pfarrer und Dichter Jochumsson nie gelungen. Der andere Gesprächspartner ist der Meinung, die Größe eines Dichters müsse man daran messen, wie tiefsinnig seine Gedichte seien. Der Pfarrer sei viel „tiefsinniger" gewesen als sein „Konkurrent". Als die beiden auf die Nationalhymne zu sprechen kommen, gehen die Meinungen schon wieder auseinander. Dem einen ist der Text zu religiös und sentimental, zumal die Musik zum Text so schwierig sei, daß kein normaler Sterblicher

die Hymne singen könne. Der andere wiederum hält die Hymne für ein Meisterwerk (was ja nicht unbedingt ein Widerspruch wäre!).

Um seinen Worten Nachdruck zu verleihen, fängt er an, die isländische Nationalhymne zu singen. Kaum hat er die Hymne angestimmt, fallen die Leute rund herum ein. So entsteht, mitten in der Nacht, auf dem Rathausplatz im Zentrum der Hauptstadt des Nordens spontan ein Chor, der – sogar vielstimmig – die Nationalhymne der Isländer intoniert. Der Streit der beiden auf der Bank ist im Nu vergessen. Sie lehnen sich freundlich aneinander und singen aus vollem Hals mit. Das ist eben Akureyri am Wochenende, in der Nacht.

Wenn die Sonne scheint, liegt ein südländisches Flair über Akureyri.

Die Bewohner von Akureyri sind Lokalpatrioten – schon nach einem kurzen Aufenthalt in Reykjavík sehnen sie sich nach ihrer Stadt.

KULTUR AM POLARKREIS

Aus dem 18. Jahrhundert steht in Akureyri nur noch das Laxdalshús. Die meisten Gebäude stammen aus dem 19. Jahrhundert und bilden ein relativ einheitliches Stadtbild. Heute zeichnet sich die Stadt durch eine lebendige Kulturszene aus.

ANREISE

Icelandair fliegt im Sommer bis zu fünf Mal täglich zwischen Akureyri und Reykjavík.
Auskunft, Tel. 461 22 00.
Nordlandair (Flugfélag Norður-lands) unterhält Flugverbindungen zu 11 Städten und Ortschaften, und bietet Aussichtsflüge zur Insel Grímsey am Polarkreis an.
Tel. 461 21 00.
Ein Linienbus verkehrt im Sommer täglich zwischen Akureyri und Reykjavík. Abfahrt 8.30.
Von Mitte Juni – Mitte August gibt es zusätzliche Abendfahrten um 17 Uhr.
Tägliche Busverbindungen existie-ren auch zwischen Akureyri und Egilsstaðir (siehe Sightseeing).
Informationen bei der Buszentrale Hafnarstræti 82
Tel. 462 44 42.

UNTERKUNFT

*** HÓTEL KEA

Hafnarstræti 89
600 Akureyri
Tel. 462 22 00.
Ein feines, rund ums Jahr geöffnetes Hotel, mit Dusche/WC, Satelliten-Fernsehen, Telefon und Minibar auf jedem Zimmer.
Gutes Restaurant und Bar.

** HÓTEL NORÐURLAND

Geislagata 7
600 Akureyri
Tel. 462 26 00
Fax 462 79 62.
Ein sehr gemütliches, preiswertes Hotel im Herzen der Stadt, gegenüber dem Lokal „Sjallinn". Dusche/WC, Telefon, Minibar und Satelliten-Fernsehen auf jedem Zimmer. Bar und Restaurant im Hause. Rund ums Jahr geöffnet.

Neben den Hotels gibt es in Akureyri zahlreiche Privat-unterkünfte.

RESTAURANTS

HÓTEL KEA

Hafnarstræti 89
Tel. 462 22 00.
Ein feines Restaurant mit einem betont isländischen Speisenange-bot. Direkt an den Treppen zur großen Kirche gelegen.

FIÐLARINN

Skipagata 14
Tel. 462 71 00.
Relativ „edles" Lokal in einem Gebäude am Hafen. Schönes Pa-norama. Vorbestellung ist ratsam.

BAUTINN

Hafnarstræti 92
Tel. 462 18 18.
Ein verhältnismäßig preiswertes Lokal, wo man neben gutem Fisch-Hamburger und internationales Fastfood bekommen kann. Ein schöner „Glasbau", aus dem man im Sommer das Straßenleben beobachten kann.

SJALLINN

Geislagata 14
Tel. 46 22 27 70.
Dieses seit Jahrzehnten populärste Tanzlokal und Restaurant der Stadt

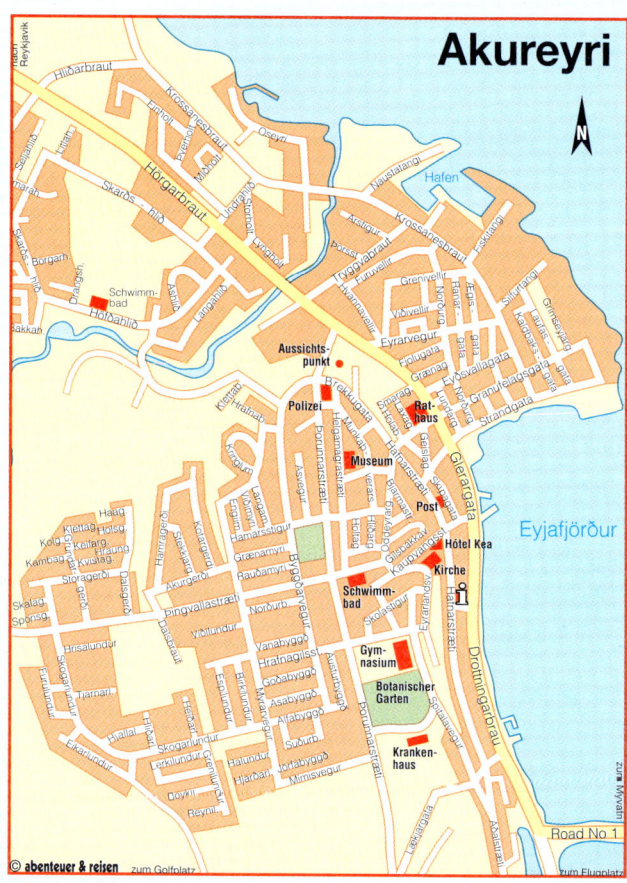

liegt hinter dem Rathausplatz direkt gegenüber dem Hotel Norðurland. Es ist in der Regel nur am Wochenende geöffnet.

SEHENSWÜRDIGKEITEN

HEIMATMUSEUM
Aðalstræti 58
Tel. 462 41 62.
Ein interessantes Museum, in dem man Einblick in das Alltagsleben sowie in die Sitten und Bräuche der Isländer im 19. und 20. Jahrhundert bekommt. Die kleine Kirche stammt von einem Hof am Fjord und wurde 1846 gebaut.
Geöffnet: 1.6. – 15.9. täglich 11 – 17 Uhr.

NATURKUNDEMUSEUM
Hafnarstræti 81
Tel. 462 29 83.
Ein kleines, aber sehenswertes Museum. Besonders interessant ist die ornithologische Abteilung, wo alle in Island brütenden Vögel zur Schau gestellt sind.
Geöffnet: 1.7. – 15. 8. täglich außer Sa 10 – 17 Uhr. Juni und 16.8. – 10.9. täglich außer Sa 13 – 16 Uhr.

NONNAHÚS
Aðalstræti 54
neben dem Heimatmuseum.
Gedenkstätte von Pater Jón Sveinsson.
Geöffnet: im Sommer täglich 10 – 17 Uhr.

DAVÍDSHÚS
Bjarkarstígur 6.
Gedenkstätte des beliebten, 1964 gestorbenen Stadtdichters David Stefánsson. Im Keller befindet sich eine von der Stadt verwaltete Künstlerwohnung.
Geöffnet: im Sommer täglich 15 – 17 Uhr.

LAXDALSHÚS
Hafnarstræti 11.
Das älteste Haus der Stadt, 1795 gebaut. Hier kann man Bilder und Videofilme vom „alten Akureyri" sehen.
Geöffnet: 26.6. – 28.8.
So 13 – 17 Uhr.
Sonntags gibt es zu dieser Zeit einen geführten Spaziergang durch den alten Stadtteil von Akureyri. Beginn 13.30 Uhr.

KULTURZENTRUM LISTAGIL
Listagil ist eine Straße im Stadtzentrum von Akureyri. Hier hat sich ein Zentrum für Kunst, Kunstgewerbe und Design entwickelt. Neben der lokalen Kunstschule und einem öffentlichen Kunstmuseum stößt man hier auf Galerien, Workshops und Architekturbüros sowie Ateliers von Künstlern und Designern. Hier kann man die Werke der Künstler vor Ort besichtigen und nach Wunsch erwerben.

BOTANISCHER GARTEN
In dem berühmten Botanischen Garten (Lystigarðurinn) findet man alle einheimische sowie zahlreiche ausländische Pflanzenarten. Neben dem alten Gymnasium von Akureyri oberhalb der Kirche.
Geöffnet: täglich 9 – 22 Uhr.
Eintritt frei.

KONZERTE

In der schönen Kirche von Akureyri (Akureyrarkirkja) oberhalb der Stadtmitte finden im Juli bis Mitte August sonntags um 17 Uhr Orgelkonzerte statt. Eintritt frei.

GOLF

Das „Arctic Open"-Golfturnier findet jeden Sommer zur Zeit der Mitternachtssonne statt.
Informationen bei:
Iceland Tourist Bureau,
Skógarhlíð 18
101 Reykjavík
Tel. 562 33 00
Fax 562 58 95.

INFORMATION

Tourist Information
Hafnarstræti 82
Tel. 462 77 33.

AUSFLÜGE

MÝVATN
Von Akureyri finden im Sommer täglich Ausflüge zum Mývatn statt. Die Busse starten von der neben dem Stadtzentrum gelegenen Buszentrale. Abfahrt jeden Morgen um 8.15. Dauer ca. 10 Stunden.
Preis: 95 Mark.
Ein „Muß" für jeden Nordland-Besucher. Ein reizvolles Vulkangebiet,

in dem fast alle auf Island bekannten „Vulkantypen" vertreten sind, außerdem gilt der See als Vogelparadies. Im Hochsommer ist das Gebiet um den „Mückensee" ziemlich überlaufen.
Zum Dettifoss, Ásbyrgi und Hljóðaklettar (Echofelsen) Täglich von Mo – Fr gibt es eine Busfahrt in die Gegend, die im Kapitel 10 ausführlich beschrieben wird. Abfahrt von der Buszentrale um 8.15 Uhr. Der Ausflug dauert etwa 13 Stunden.

AKUREYRI – KJÖLUR – REYKJAVÍK
Zweimal die Woche, Mi und Sa (Juli und August), kann man mit dem Bus durch das Hochland fahren. Abfahrt um 8.30 Uhr von Akureyris Buszentrale. Diese Route wird im Kapitel 5 beschrieben.

BOOTSFAHRTEN
Regelmäßige Fährverbindungen gibt es zu den Inseln Hrísey und der Insel Grímsey am Polarkreis. Ein Ausflug zur Insel Grímsey ist Ende Juni, zur Zeit der Mitternachtssonne, besonders zu empfehlen.
Weitere Informationen bei:
Nonni Travel
Brekkugata 3
(am Rathausplatz)
Tel. 461 18 41
Fax 462 66 49.

12 Westfjorde

Am Rand Europas

In Vestfirðir hört Island wirklich auf. Die Bewohner des dünnbesiedelten Felsenkopfes im Nordwesten gelten als außergewöhnlich eigenwillig.

Abgeschiedenheit und Einsamkeit prägen Hornstrandir. D

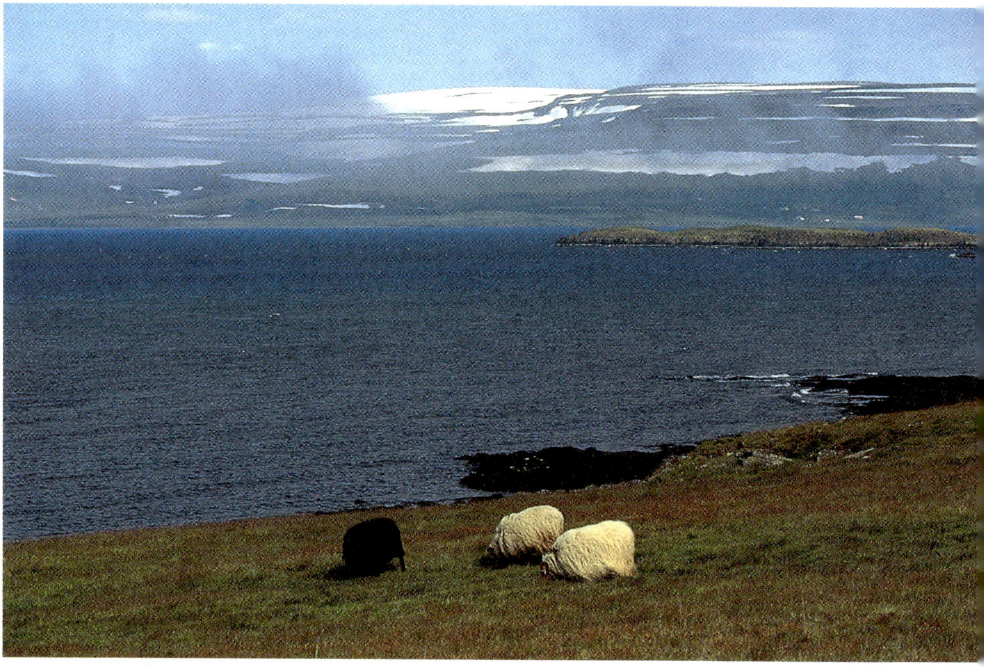

Blick über den Ísafjarðarjup auf den 925 Meter hohen Drangajökull.

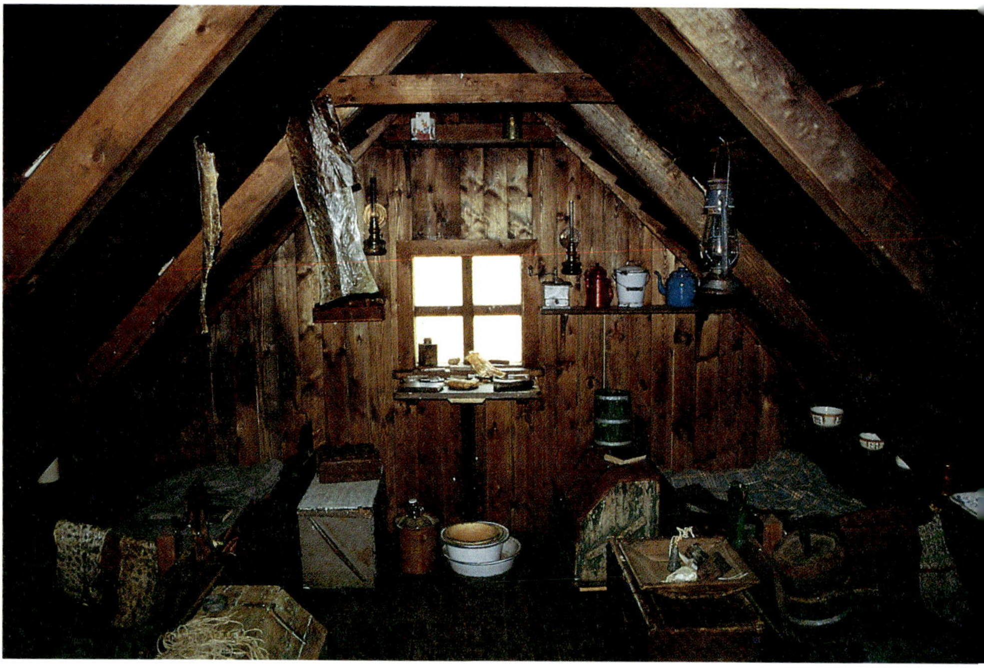

In Bolungarvík wurde die alte Fangstation Osvör originalgetreu nachgebaut.

bwanderung der wenigen Bauern hat die Stimmung verstärkt.

Auch die Kirchen in den Westfjorden liegen einsam und verlassen zu Füßen der Berge.

Vom Hafen von Bolungarvík liefen Anfang des Jahrhunderts die ersten Motorboote zum Fischfang aus.

Am äußersten Nordwestzipfel Islands erstreckt sich ein Gebiet namens **Hornstrandir** (Hornstrände), das schon immer den meisten Bewohnern der Insel im doppelten Sinne fern lag. Denn um dort hinzukommen, mußte man bis in die jüngste Zeit entweder stundenlang mit dem Boot über die unberechenbare See fahren oder mit dem Pferd über ein unwegsames Gebirge reiten. Die Faszination einer solchen Reise hat der isländische Nobelpreisträger für Literatur, **Halldór Laxness**, in seinem Roman „Heimsljós" (Weltlicht) eindrucksvoll beschrieben. Es geht darin um den Transport des kranken Waisen und Dichters Ólafur Kárason, des „Lichtwikingers", den man in die Bucht **Sviðinsvík** bringen will.

Fischerdenkmal am Fjord.

„Sie waren schon weit ins Hochland gekommen. Die letzten Gehöfte lagen längst unter ihnen, die Täler waren versunken, die Fjorde in die Berge gekrochen; die Berge hatten sich miteinander vermengt, nur ihre höchsten Grate lagen nebeneinander wie niedrige Hügelketten im Tiefland; am äußersten Horizont sah man das Meer. Die Luft hier oben war wie die Zweitausend-Kronen-Apotheke, nach der Ólafur sich sein ganzes Leben hindurch gesehnt hatte, aber zu arm war, sie zu kaufen. Sie war kühlend und herzerfrischend zugleich und drang in berauschenden Wogen durch seinen Körper; er war nicht mehr bange ... Er war nicht mehr das jämmerlichste Geschöpf auf Erden, nein, jetzt war er ein lebendiger Kumpan an der Tafel der himmlischen Freude des Hochlands. Er fürchtete sich nicht mehr, nicht einmal vor der Unsterblichkeit der Seele."

Neben der Abgeschiedenheit waren die Hornstrandir vielen Isländern auch deswegen suspekt, weil sie glaubten, dort lebe ein ganz besonderer Menschenschlag, der sich von den übrigen Isländern sehr unterscheide.

Vor allem in früheren Zeiten war man der festen Überzeugung, die Einwohner von Hornstrandir – wie auch den „Westfjorden" im allgemeinen – wären in schwarzer Magie und anderen fragwürdigen Künsten bewandert. Was daran auch wahr gewesen sein mag, heute trifft dies aus einem einfachen Grunde nicht mehr zu: In Hornstrandir wohnt niemand mehr. Zumindest niemand, der rund ums Jahr dort seinen Wohnsitz hat. Wo früher in jeder Bucht und jedem Fjord zahlreiche Höfe standen, ist heute alles entvölkert. Viele Einwohner, vor allem die jüngeren, gingen bereits während des Zweiten Weltkrieges. Als Island im Frühjahr 1940 von den britischen Truppen besetzt wurde – die später von den Amerikanern abgelöst wurden –, kam das große Geld ins Land. Für Tausende von Soldaten mußten Behausungen und andere Einrichtungen gebaut werden. Viele Bauernsöhne, besonders aus den einsameren Teilen der Insel, wo es wenig Abwechslung gab, zogen in den Süden. Das galt auch für viele junge Leute aus Hornstrandir. Langsam verödete ein Fjord nach dem anderen, bis in den sechziger Jahren die früheren Landwirtschaftsgebiete von allen Menschen verlassen waren. Geblieben sind Geisterhöfe und ein paar Ferienhäuser für den Sommer.

In den vergangenen Jahren hat das Gebiet von Hornstrandir jedoch immer mehr Wanderer angezogen. Es sind vor allem die Einheimischen, die im Sommer mit Zelt und Rucksack durch die einsamen Fjorde wandern. Die Isländer haben erst in den letzten zwei bis drei Jahrzehnten überhaupt angefangen, die Reize ihres Landes zu entdecken. Es ist noch gar nicht lange her, da hatten die meisten nur herzlich wenig von ihrer Heimat gesehen, obwohl sie schon die Badestrände auf Mallorca wie ihre Westentasche kannten.

3500 Einwohner zählte Ísafjörður zuletzt.

Natürlich ist es verständlich, daß es die Isländer in den Süden zieht, wo sie nach ihren langen, dunklen Wintern ihr Bedürfnis nach Sonne und Wärme befriedigen können und wo sie – verglichen mit den Alkoholpreisen auf Island – für einen guten Tropfen kaum etwas bezahlen müssen. Es ist aber erfreulich, daß sie in zunehmendem Maße angefangen haben, ihre eigene Insel zu bereisen. Das gilt auch und nicht zuletzt für abgelegene Gegenden wie Hornstrandir.

Fest entschlossen, diesen legendären Teil der Insel zu erkunden, steige ich in Reykjavík ins Flugzeug. Nach einer guten Stunde ruhigen Fluges landet die Maschine in **Ísafjörður**, dem größten Ort der Westfjorde. Er liegt in einem tiefen Fjord, umgeben von gewaltigen Bergen. Ort und Umgebung können auf einen Fremden zunächst zweierlei Wirkung haben: Entweder fühlt er sich von der Enge des Fjordes und der Nähe der Berge unangenehm bedroht, oder er fühlt sich durch den Schutz der breitschultrigen Riesen geborgen. Es ist auf jeden Fall eindrucksvoll, aus dem Flugzeug zu steigen und auf diese in unmittelbarer Nähe stehenden Berge zu schauen. Schon beim Anflug auf den Flughafen hat man das Gefühl, man könne die Hand nach den steinernen Hängen ausstrecken. Selbst wenn man die Berge als schützend empfindet, einen Nachteil hat die Lage von Ísafjörður: Im Winter müssen die 3500 Einwohner zwei Monate lang auf jeglichen Sonnenschein verzichten. Aber wenn die Sonne Ende Januar wieder über den Bergen auftaucht, findet in Ísafjörður das sogenannte „Sólarkaffi" (Sonnenkaffee) statt. Dieses Fest wird allerdings nicht nur vor Ort gefeiert, sondern auch von den „Ísfirðingar", den „Isfjordlern", die inzwischen nach Reykjavík gezogen sind.

In Ísafjörður wohnt seit vielen Jahren Jón Sigurpálsson, ein „Zugereister". Jón ist u.a. Leiter des bemerkenswerten **Seefahrtmuseums** von Ísafjörður, das Anfang der vierziger Jahre gegründet wurde. Es ist eigentlich nicht nur ein Museum, sondern ein kleines Stadtviertel, das an einer Stelle am Meer liegt, an der schon die deutschen Hansekaufleute in der zweiten Hälfte des 16. Jahrhunderts ihre Handelsposten hatten. Die alten Häuser, die heute hier stehen, sind alle während der Zeit des dänischen Handelsmonopols in der zweiten Hälfte des 18. Jahrhunderts entstanden.

Somit gehören diese fünf Häuser zu den ältesten der Insel.

Im sogenannten **Turnhús** (Turmgebäude), 1785 als Lagerhaus und Fischfabrik erbaut, befindet sich heute das Seefahrtmuseum und eine äußerst interessante Sammlung von Werkzeugen und anderen Utensilien, die in der Vergangenheit von den Helden des Meeres verwendet wurden. Neben seiner Tätigkeit als Museumsleiter von **Neðstikaupstaður** (Unterer Handelsplatz), wie die Häusergruppe am Meer genannt wird, ist Jón Sigurpálsson auch Leiter der Kunstgalerie „Slunkaríki". Als er vor Jahren mit seiner Familie – seine Frau ist Klavierlehrerin im Ort – nach Ísafjörður kam, hatte er bereits ein abgeschlossenes Kunststudium in Holland hinter sich. Mit einigen Freunden gründete er in dem abgelegenen Ort zwischen den gewaltigen Bergen eine Kunst-

Babyboom in Ísaförður – die Stadt wächst noch!

Eigenbrötlertum und Schweigsamkeit wird den „Vestfirðingar", den „Westfjordlern", nachgesagt! Kein Wunder bei der Abgeschiedenheit!

galerie, in der vor allem Werke moderner Künstler ausgestellt werden. Zu den Künstlern, die schon in der Galerie „Slunkaríki" Ausstellungen hatten, gehören nicht nur viele bekannte einheimische Künstler, sondern auch Weltgrößen moderner Kunst wie etwa der Amerikaner Donald Judd.

Hinter dem Namen der Galerie verbirgt sich eine Geschichte: In der ersten Hälfte des Jahrhunderts wohnte in Ísafjörður ein Sonderling namens Sólon. Dieser war in den Westfjorden für seine rätselhaften Verse bekannt, die die einen für reinen Unsinn, die anderen für eine tiefsinnige Dichtung hielten. Ohne den Zauber des Originals ins Deutsche übertragen zu können, sei hier wenigstens ein kleiner „Vierzeiler" von Sólon angeführt, den er dem damaligen Stadtingenieur von Ísafjörður widmete: „Ein Wunder ist ein solcher Mensch, der Eisen sägt und Rohre flickt. Bestimmt haben Zwerge große Weisheit in seine Nasenstuben gepustet."

Sólon baute sich ein Haus, das er Slunkaríki taufte – ein ungewöhnliches Haus: An der einen Wand hing ein „Sturmspalter" aus Holz, der Stürme vom Haus fernhalten sollte. Jede Ecke des Daches zierte eine „Windfliege", die beim Wind trillernde Töne von sich gab. Zu guter Letzt beschloß Sólon, eine Hütte für sich selbst zu bauen, an der das Wellblech innen, aber die Wandtapete außen war. Diese Ungewöhnlichkeit pflegte er lächelnd mit den Worten zu erklären: „Tapeten sind Dekoration, mein Liebster, und deswegen sollen sie dort sein, wo sie den meisten Menschen Freude machen." „Als ich die Galerie eröffnete", sagt Jón Sigurpálsson, „war es für mich selbstverständlich, sie im Andenken an den großen Lebenskünstler 'Slunkaríki' zu nennen."

Beim Kaffee im „Faktorshaus", einem der alten restaurierten Häuser am Meer, in dem Jón selber mit seiner Familie wohnt, erzählt er von seinem Vorhaben, in dem gegenüberliegenden Haus eine Gaststätte einzurichten, in der die Gäste einheimische Spezialitäten kosten können. Dort möchte er, je nach Jahreszeit, frische Vogeleier, Krabben oder fermentierten Hai anbieten – „als Alternative zu den etwas einfallslosen Hamburger- und Hot-dog-Buden, die man an allen Landstraßen findet."

Später fahren wir ein Stück in Richtung **Bolungarvík**, dem Nachbarort im Norden, zu einer alten, restaurierten Anlegestelle für Fischerboote, die als Museum eingerichtet ist. Hier stand schon zur Zeit der Landnahme eine Fischereistation. Unterwegs erheben sich neben der Straße zahlreiche, auf Pfeilern stehende Wellblechhütten. Jón erzählt, daß darin der eingegrabene Hai zum Trocknen aufgehängt wird. Schon seit langem pflegt man die alte Sitte des „Hákarl"-Essens in den Westfjorden. Diese ziemlich intensiv nach Ammoniak riechende und schmeckende Speise ist allerdings nicht jedermanns Sache. „Am besten spült man den Hai mit einem Schluck 'Schwarzer Tod', herunter", empfiehlt der Museumsdirektor und Galeriebesitzer. Es ist deutlich, daß er dem stark gegorenen Haifisch nicht abgeneigt ist. „Schwarzen Tod" nennen die Isländer ihren einheimischen Kümmelschnaps.

Nach einem hervorragenden Fischgericht im Restaurant des modernen „Hótel Ísafjörður" geht es kurz nach Mittag wieder zum Flughafen. Ein junger Pilot der kleinen lokalen Fluggesellschaft „Ernir" will mich an den Fjord **Reykjarfjörður** in Hornstrandir fliegen. Zusammen mit einem fülligen, dunkelbärtigen Mann besteige ich die viersitzige Maschine. Unterwegs stellt sich heraus, daß mein Mitreisender namens Hallgrímur im Reykjarfjörður geboren ist und für einige Tage zu Besuch dorthin will.

Unter wolkenlosem Himmel fliegen wir über das Eismassiv des Gletschers **Drangajökull**. Eigenartig, sich vorzustellen, daß in vergangenen Jahrhunderten viele Menschen über diese strahlend weiße Eiskappe gezogen sind. Aus der Vogelperspektive sehen die Westfjorde gigantisch aus. Endlose Fjorde, eingeklemmt zwischen hohe Berge – ein Naturspektakel, so weit das Auge blicken kann. Kein Wunder, daß hier so viele Sonderlinge lebten, Menschen, die in der Einsamkeit zu außergewöhnlichen Persönlichkeiten wurden. Und an solchen hat es in den Westfjorden wahrhaft keinen Mangel gegeben.

Sobald wir über den Gletscher kommen, liegt vor uns Reykjarfjörður, ein Hof am gleichnamigen Fjord, der in den sechziger Jahren verödete. Mitglieder der letzten Familie, die hier ihr Zuhause hatte, kommen aber im Sommer noch immer hierher.

Einer von ihnen, Ragnar Jakobsson, bleibt auch bis zum späten Herbst. Als ich mich telefonisch bei ihm anmeldete, zeigte er sich erfreut. Doch er warnte mich, daß es über ihn eigentlich nicht viel zu erzählen gäbe. Eine solche Bescheidenheit ist auf Island schon verdächtig. Als die Maschine auf einer Sandbank unten am Fjord aufsetzt, empfängt uns Ragnar. Er ist ein freundlicher, zurückhaltender, schlanker Mann, Anfang der Sechzig.

Wir laufen das kurze Stück zum Hof. Vor dem Gebäude steigt schwarzer Dampf auf. „Das ist das Schwimmbad", erklärt Ragnar, „hier wurde 1938 ein 20 Meter langes Freibad am Hof gebaut. Alle glaubten damals, die Familie wäre nicht bei Sinnen. Viele Jahre später fanden es aber alle ganz toll." Das muß wirklich seltsam gewirkt haben – ein großes Freibad an einem so abgelegenen Hof, der damals nur über die Berge oder den mühsamen Seeweg zu erreichen war. Heute jedoch könnte die Anbindung kaum besser sein, abgesehen von der Möglichkeit, mit einem kleinen Flieger am Ufer zu landen.

Nach der obligatorischen Tasse „Molakaffi" (Kaffee mit Würfelzucker, den man in den Kaffee taucht und anschließend saugt) gehe ich mit Ragnar zum Strand. Es wird bald klar, daß sich unter der kühlen, bescheidenen Oberfläche eine interessante Persönlichkeit verbirgt.

Am Strand finden wir jede Menge Treibholz. „Hier liegen vor allem 'Lärche', 'Tanne' und 'Rote Weide' – Meeresströme liefern sie aus Sibirien frei Haus", erzählt Ragnar. Während wir am Ufer mit Blick auf die schäumenden Wellen der Brandung entlanggehen, erfahre ich, wie es war, an dem einsamen Fjord am Rand der Welt aufzuwachsen. Ragnar erzählt vom Spiel der Kinder, die immer wieder zum Strand liefen, um nachzusehen, ob die Brandung etwas Spannendes aus der Ferne mitgebracht hatte. „Eines Tages fand ein kleines Mädchen einen Knochen, der aus dem Sand ragte. Um ihrer Großmutter eine Freude zu machen, rannte sie mit dem Knochen nach Haus, und wollte ihn der Oma schenken, damit sie ihn zum Umrühren in den Töpfen verwenden konnte. Als die Großmutter den Knochen sah, wurde sie aber ernst. Schließlich handelte es sich um einen Menschenknochen, den sie unter einem Gebet wieder am Strand vergruben. Nach dieser Erfahrung waren die Kinder manchmal etwas ängstlich, wenn sie den Strand absuchten."

Unten am Meer liegt ein altes, umgekipptes Boot. „Das hat mein Großvater Benedikt 1903 gebaut. Er hatte ziemlich gute Hände", erzählt Ragnar. Sein Großvater war so vorausschauend, daß er sogar rechtzeitig seinen eigenen Sarg zim-

merte – aus Treibholz. „Hier wurde schon immer alles aus Treibholz gemacht", bemerkt Ragnar weiter, als wir an einer eigentümlichen Seilwinde stehen, die auf einen Felsen am Meer montiert ist. „Hier hat man früher immer das Treibholz aufs Schiff verladen. Manchmal war viel los hier." Es ist dem Bauern anzumerken, daß ihm diese alten Zeiten viel bedeuten. Er hat sich auch nie völlig von dem Zuhause seiner Kindheit am Fjord lösen können. Stolz zeigt er mir eine Werkstatt mit einer großen Holzsäge, die er unten am Meer eingerichtet hat. „Anfang der vierziger Jahre begann man hier zu sägen. Die alte handbetriebene Säge steht noch hier draußen. Wenn es auch wesentlich weniger wird, es gibt immer noch was zu tun. Neulich hat jemand aus dem Süden bei mir einige Tische und Bänke bestellt, die man in einem Naturpark aufstellen will."

Es verwundert kaum, daß jemand beim Bauern von Reykjarfjörður eine solche Bestellung aufgibt. Zum einen ist das Holz, das hier an der

Hákarl-Essen ist nicht jedermanns Geschmack. Aber notfalls läßt sich der „eingegrabene Hai" ja mit einem „Schwarzen Tod" hinunterspülen.

Der Leuchtturm von Bonungarvík.

Küste angeschwemmt wird, von höchster Qualität. Die lange Zeit im Wasser hat daraus einen edlen Baustoff gemacht. Zum anderen besteht kein Zweifel, daß Ragnar sein Handwerk beherrscht. Davon zeugen Holzmöbel, die in einer kleinen Mulde oberhalb des Strandes zu sehen sind. „Das ist ein kleiner Campingplatz. Ab und zu kommen hier Wanderer vorbei, die zelten möchten." Die Leute, die viele Tage durch Hornstrandir gewandert sind, legen im Fjord gern eine Rast ein. Als ich ein wenig später im Freibad sitze, das beruhigende Rauschen der Brandung im Ohr und den klaren, hellblauen Himmel über mir, empfinde ich es als sehr schade, daß die Menschen diesen wunderbaren Platz auf Erden verlassen haben. Ragnar klärt mich aber später darüber auf, daß der schöne Reykjafjörður auch unangenehm werden kann. „Ja, ja, manchmal lag schon das Treibeis ganz dicht vor der Küste. Ordentliche Eisberge, das kann man wohl sagen."

In der Nähe des Hofes hat Ragnar eine schöne Hütte aus Treibholz gebaut. „Das ist das Liebesnest", meint er schmunzelnd. „Als mal eine Gruppe von Pfadfindern nach einer großen Wanderung durch Hornstrandir zurückerwartet wurde, kam die Verlobte eines der Pfadfinder vorher mit dem Flugzeug hier an und wartete in der Hütte, um ihren Verlobten zu überraschen. Seitdem nennen wir die Hütte das Liebesnest."

Als wir am Abend im Hofgebäude zusammensitzen, erzählt Ragnar von seinen sage und schreibe 13 Geschwistern. Eine seiner Schwestern war sehr musikalisch. Nachdem sie einige Orgelstunden im nächsten Landkreis genommen hatte, beschloß ihr Vater, ihr eine Orgel zu kaufen – eine deutsche Orgel, die so teuer war, daß der Vater

zum Schluß seinen Sonntagsanzug und fünf Lämmer opfern mußte, um die Rechnung zu begleichen. Im Winter 1930 wurde die Orgel von einem kleinen Boot gebracht, und vier Männer trugen sie vom Meer zum Haus. Als sie in der Stube stand, setzte sich die Tochter des Hauses hin und spielte. Alle sangen mit. Es war ein feierlicher Augenblick, als die ersten Orgeltöne in diesem einsamen Fjord am Rand der Welt erklangen.

Am nächsten Morgen steige ich bei Sonnenaufgang mit Ragnars Neffen, meinem Reisegenossen Hallgrímur, auf den Berg oberhalb des Hofes. Er will sich ein bißchen umschauen. Unter uns auf einem kleinen Felsen liegt eine große Gruppe von Seehunden. „Jetzt werden gerade die Robben geboren", erklärt Hallgrímur. Tatsächlich ist neben einem massigen Leib ein weißes unförmiges Etwas zu erkennen, das vermutlich soeben auf die Welt gekommen ist.

Beim Blick vom Gipfel springt ein steiler Berg ins Auge, der am Horizont ins Meer ragt: der **Hornbjarg**. Das also ist der Schreckensfelsen „Cap Horn", an dem so viele Schiffe auf Grund laufen! Sogar aus der Ferne wirkt er unheimlich. Und während wir hier an der Bergspitze stehen und zum „Horn" hinüberblicken, erzählt mir Hallgrímur, als junger Mann habe sein Onkel Ragnar diesen Felsen erklommen, an der Stelle, wo er am steilsten ist. In einer hellen Sommernacht vor ungefähr vierzig Jahren ist dieser kleine schmächtige Mann den senkrechten, 400 Meter hohen Felsen hochgestiegen, mit bloßen Händen, Gummischuhen und einem Stückchen Bindfaden in der Tasche.

Wegen dieser Tat wurde er im ganzen Land sehr berühmt. Dennoch blieb Ragnar bescheiden – die Menschen aus dieser Gegend neigen nicht dazu, große Sprüche zu machen. Sie sind sehr erdverbunden.

Als Ragnars Großvater einmal von einem Reisenden gefragt wurde, ob es in Reykjarfjörður spuken würde, antwortete dieser, Gespenster und Wiedergänger gäbe es keine mehr, auch nicht Zauberer und Ungeheuer. Als er dann weiter gefragt wurde, warum es dies alles nicht mehr gebe, erwiderte er: „Jetzt haben die Menschen ja Zeitungen, Zeitschriften und Bücher." „Der Alte war schon ein echter 'Vestfirðingur' (Westfjordler)", sagt Hallgrímur mit Nachdruck, als wir schließlich wieder zum Hof hinuntersteigen.

Grüße aus Sibirien: Treibholz am Strand.

HAIE, HERINGE & HOLZ

Nur eine 10 km enge Landbrücke verbindet den „Felsenkopf" des Bezirks von Vestfirðir mit dem Rest von Island. Geologisch stellt das abfallende Plateau mit seinen Fjorden den ältesten Teil der Insel dar. Hier wohnen nur 4% aller Isländer.

Die Westfjorde sind der rauheste Teil der Insel. In ein nacktes Hochlandplateau schneiden sich enge und tiefe Fjorde. Auf den 14 km langen und über 400 m hohen Felsen von Látrabjarg findet sich die größte Seevogelkolonie im Nordatlantik. Hier, auf diesem westlichsten Zipfel Europas leben auf einer Fläche von 3,5 km² ungefähr 2 Millionen Vögel. Hornstrandir, der Vorposten der Westfjorde im Norden, ist ein geheimnisvolles, verödetes Gebiet, daß inzwischen ein Paradies für Wanderer und Naturfreunde geworden ist. Hornstrandir erreicht man am besten von Ísafjörður aus mit einem Boot.

ANREISE

FLUG
Icelandair fliegt das ganze Jahr 2 – 3 mal täglich zwischen Reykjavík und Ísafjörður. Im Anschluß an die Flüge bringt ein Flughafenbus die Passagiere in den Ort und nach Bolungarvík. Die Fluggesellschaft Ernir unterhält regelmäßige Flüge zwischen den Ortschaften in den Westfjorden. Mit Ernir kommt man z.B. zum Reykjafjörður, in dem der Bauer Ragnar Jakobsson, von dem im Kapitel die Rede ist, im Sommer lebt.
Informationen unter:
Ernir
Flughafen Ísafjörður
Tel. 456 42 00.
Die Fluggesellschaft Islandsflug unterhält auch Flugverbindungen zu einigen Ortschaften in den Westfjorden.
Flugfélag Norðurlands fliegt im Sommer täglich (außer Sa) zwischen Akureyri und Ísafjörður.

FÄHRE
Mit der Fähre „Fagranes" kann man das ganze Jahr zwischen den Westfjorden fahren. Im Sommer

gibt es regelmäßige Fahrten zu den Hornstrandir, von denen im Kapitel die Rede ist.

UNTERKUNFT

** HÓTEL ÍSAFJÖRÐUR
Silfurtorg 2.
Tel. 456 41 11
Fax 456 47 67.
Ganzjährig geöffnet. Ein komfortables Hotel mit Dusche/WC, Telefon und TV auf den Zimmern. Sehr gute Küche. Besonders die Fischgerichte sind zu empfehlen.

Ansonsten findet man im Sommer in den Westfjorden fast in jeder kleinsten Ortschaft ein Gästehaus, wo man ein Zimmer mit Frühstück bekommen kann.
Außerdem hat jeder Ort in der Regel einen bewachten Campingplatz.

SEHENSWÜRDIGKEITEN

SCHIFFAHRTSMUSEUM
Das Museum und die alten Häuser in Ísafjörður, von denen im Kapitel die Rede ist.
Geöffnet: Im Sommer (1.6. – 15.9.) täglich 13 – 17 Uhr.
Nähere Auskünfte:
Tel. 456 44 18.

ÓSVÖR
Alte, restaurierte Fischerstätte bei Bolungarvík. Im Sommer werden hier alte Handwerkskünste, verbunden mit der Fischerei, vorgeführt.
Geöffnet: nach Vereinbarung.
Tel. 456 71 72.

VIGUR
Eine interessante, bewohnte Insel im Ísafjarðardjúp, wo Eiderenten gezüchtet werden. Auf der Insel steht auch die einzige Windmühle Islands. Die Firma Vesturferðir organisiert Bootsfahrten zur Insel.
Tel. 456 51 11.

INFORMATION

TOURISTENINFORMATION
Upplýsingamiðstöð Ferðamála
Hafnarstræti 8
400 Ísafjörður
Tel. 456 51 21
Fax 456 51 22.

VERANSTALTER DER BOOTSTOUREN
Djúpbáturinn Fagranesið
Aðalstræti 1, 400 Ísafjörður
Tel. 456 31 55.

Insider News

WANDERN IN DIE EINSAMKEIT
Die magische Welt der Hornstrandir, der verödeten Fjorde im hohen Norden der Westfjorde, hat in den vergangenen Jahren immer mehr Wanderer und Naturfreunde angezogen. Hier kann ein einsamer Wanderer sich selbst und die Welt völlig vergessen. Tagelang kann man durch die Gegend wandern, ohne einem Menschen zu begegnen. Man braucht gute Wanderausrüstung, zuverlässige Wanderkarten und Proviant. Am besten holt man sich Informationen und Karten bei der Touristenzentrale vor Ort oder auch bei dem Veranstalter der Bootsfahrten nach Hornstrandir.

SWIMMINGPOOL AM ENDE EUROPAS
Auch wenn Reykjafjörður nur zu Fuß, mit einem Boot oder dem Flieger zu erreichen ist, muß das kleine Bad am gleichnamigen Hof hervorgehoben werden. Wer es schafft, zu diesem Fjord zu gelangen, wird in dem einmalig gelegenen heißen Bad reichlich belohnt. Rund um die Uhr geöffnet. Eintritt frei.

13 Snæfellsnes

Seelsorge am Gletscher

Eine magische Faszination geht vom Snæfellsjökull aus.
Auch Jules Verne, Halldór Laxness und die
New-Age-Bewegung konnten ihr nicht widerstehen.

Wo die Welt von Snæfellsnes zu Ende ist: am Westkap der Halbinsel.

An schönen Tagen, wenn der Himmel blau und die Sicht klar ist, kann man von Reykjavík aus im Nordwesten die Eiskappe des Gletschers **Snæfellsjökull** sehen. Seit Jahrhunderten glaubt man, dieser Gletscher strahle eine außergewöhnliche Kraft aus. Indische Mystiker halten ihn für einen der geheimnisvollsten Berge der Welt. Jeden Sommer versammeln sich unter dem Gletscher Anhänger der New-Age-Bewegung aus vielen Ländern, um die „magnetischen" Kräfte des Gletschers auf die Seele einwirken zu lassen. Vor allem wurde der Gletscher aber durch einen Roman des berühmten französischen Schriftstellers Jules Verne bekannt. In der 1864 erschienenen „Reise zum Mittelpunkt der Erde" läßt der Dichter den jungen Hamburger Axel von einer Reise berichten, die er mit seinem Onkel, dem Professor Otto Lidenbrock durch den Krater des Gletschers zum Inneren der Erde macht. Begleitet werden die beiden von dem Isländer Hans Bjelke, der auf dem Hof „Stapi" in der Nähe des Gletschers wohnt. Auf ihrer unterirdischen Wanderung, die am Stromboli im Mittelmeer endet, erleben die drei einige seltsame Abenteuer. Vor vielen Jahren wurde nach dem Roman von Verne ein Hollywood-Film gedreht, in dem der Isländer Pétur Rögnvaldsson eine der Hauptrollen spielte.

Ende der sechziger Jahre ging der Glet-

scher an der Spitze der langen Halbinsel **Snæfellsnes** nochmals in die Weltliteratur ein, als der Roman des isländischen Nobelpreisträgers **Halldór Laxness** „Kristnihald undir jökli" (in deutsch unter dem Titel „Am Gletscher" veröffentlicht) erschien. In diesem Roman erzählt der große Schriftsteller die Geschichte eines jungen Theologiestudenten, der vom Bischof den Auftrag bekommt, die Seelsorgetätigkeit des unterhalb des Gletschers lebenden Pfarrers Jón Primus zu überprüfen. Gerüchten zufolge soll es in der Gemeinde des Pfarrers nämlich nicht mit rechten Dingen zugehen. In der Gestalt des Landpfarrers Jón Primus hat Halldór Laxness einen der eindrucksvollsten Romanhelden seiner literarischen Laufbahn geschaffen.

Bis zum Anfang des 19. Jahrhunderts hielten die Isländer den Snæfellsjökull für den höchsten Berg der ganzen Insel. Zum einen erschien er den Seefahrern, die um die Halbinsel segelten, bereits von weitem als gewaltiges „Vorzeichen" Islands, zum anderen waren die Augen lange die einzigen Meßinstrumente, die den Isländern zur Verfügung standen. Im Gegensatz zu vielen anderen Gletschern des Landes wurde der Snæfellsjökull erst sehr spät bestiegen, vermutlich zum ersten Mal im Sommer 1753 von den zwei isländischen Studenten Eggert Ólafsson und Bjarni Pálsson, die vom dänischen König den Auftrag erhielten, eine

Snæfellsjökull – der Ausgangspunkt für die Reise zum Mittelpunkt der Erde.

Spuren der Erdgeschichte: Basaltsäulen.

◀ *Der Snæfellsjökull schickt seine Wasser in alle Richtungen zu Tale.*

Gesamtbeschreibung seiner Kolonie im hohen Norden anzufertigen. Ihre Wanderung über den Gletscher dauerte elf Stunden. Obwohl man ihnen von dem Unternehmen abgeraten hatte, da der Gletscher wegen vieler tiefer Spalten nicht zu erklimmen sei, gelangten sie in einem mühevollen Aufstieg auf den Gipfel des Bergstocks. Die von ihnen vorgenommenen Messungen ergaben, daß der Gletscher über zweitausend Meter hoch ist. Erst im Jahr 1904 fand man heraus, daß sich die beiden geirrt hatten: Die höchste Spitze liegt nur 1446 Meter über dem Meeresspiegel.

Seitdem haben viele Ausländer und Einheimische den Snæfellsjökull bestiegen. Am leichtesten gelangt man im Frühjahr, solange die Schneedecke noch hart ist, auf den Gletscher. Im Sommer muß man wegen der vielen Spalten äußerst vorsichtig sein. Im Juli 1970 ist eine Französin, die mit ihrem Mann und ihrem Sohn auf den Gletscher steigen wollte, in eine tiefe Spalte gefallen, wo sie sieben Stunden im Eis ausharren mußte, bis sie von einem Isländer geborgen werden konnte. Obwohl sie, wie einer der Einheimischen meinte, nahezu „tiefgefroren" aus der Spalte geholt wurde, hat sie sich wieder erholt.

Die Gegend am Gletscher – „Undir Jökli", wie sie die Isländer nennen – ist aber nicht nur wegen der sonderbaren Ausstrahlung des Gletschers selbst einen Besuch wert. Die Umgebung des Snæfellsjökull gehört zu den abwechslungsreichsten und eindrucksvollsten Landschaften der Insel.

An einem Samstagmorgen im Frühjahr fahre ich mit dem Auto zum Hafen. Ich habe mir vorgenommen, das Wochenende auf der Halbinsel **Snæfellsnes** zu verbringen, um der Geschichte von den magischen Kräften des Gletschers nachzuspüren.

Zunächst geht es von Reykjavík bequem mit der Autofähre „Akraborg" zu dem Fischerort **Akranes** auf der anderen Seite der Faxa-Bucht und von dort aus auf der asphaltierten Ringstraße zum Küstenort **Borgarnes**. Sobald man aus Borgarnes herauskommt, muß man die Ringstraße verlassen und nach Westen abbiegen. Wo sich die Straßen trennen, sieht man bereits die kleine schöne Kirche von **Borg**. Hier lebte im 10. Jahrhundert der legendäre Skalde **Egill Skallagrimsson**, der Held der „Egils Saga", einer der berühmtesten mittelalterlichen Sagas der Isländer (siehe Kapitel 8).

Bald führt der Weg am **Fagraskógarfjall** vorbei. An dem Bergvorsprung **Grettisbæli** hat angeblich ein anderer Sagaheld, der starke Grett-

Mystik aus Eis und Schnee: der Snæfellsjökull von Südwesten.

Halbinsel der Kontraste: Während die Südküste als Weideland dient, schieben sich an der Nordküste die Berge bis an Meer heran – eine echte Fjordszenerie.

ir, sein Versteck gehabt. Es folgt auf der linken Seite, ein paar Kilometer von der Straße entfernt, der eigentümliche Krater **Eldborg** (Feuerburg). Dieser etwa hundert Meter hohe, burgähnliche Vulkankrater soll zur Zeit der Landnahme entstanden sein. Nach Auskunft des alten „Landnahmebuchs" hat sich die Erde unter einem Bauerngehöft geöffnet. „Da, wo früher der Hof war, steht heute die Burg", wird der Ausbruch undramatisch im alten Geschichtsbuch beschrieben.

Hinter Eldborg empfiehlt es sich, vom Kirchhof **Rauðamelur** aus einen kleinen Abstecher zu machen. Denn oberhalb des Hofes befindet sich die größte Mineralwasserquelle der Insel. Also fahre ich auf einer schmalen Straße auf die Hügel hinter dem Hof, bis ich an den Rand eines alten Lavafeldes komme. Dort mache ich halt. Nachdem man ein Stückchen durch die Lava geklettert ist, stößt man auf ein kleines Erdloch. Hier, zwischen einigen Basaltsteinen versteckt, sprudelt die im Land berühmte **Rauðamelsölkelda** leise vor sich hin. Das Wasser schmeckt wie Sodawasser. An dieser Quelle haben in früheren Zeiten viele Isländer Heilung von ihren Krankheiten gesucht. Insbesondere glaubte man, daß das sprudelnde Mineralwasser gegen Erkrankungen des Magens gut sei. Überraschenderweise ist die Umgebung dieser größten und berühmtesten Mineralquelle der Insel allerdings kaum erschlossen. Vielleicht hält man sie aber auch mit Absicht versteckt.

Als ich mit dem Wagen wieder auf der Hauptstraße bin, fahre ich zum Kirchhof **Staðarstaður** weiter. Dieser eigentümliche Name bedeutet im Isländischen „Ort der Orte". Nun gibt es auf Island einige Höfe, die „Staður" heißen, aber nur einen einzigen, der den Namen „Staðarstaður" trägt. Darüber

klärt mich der Pfarrer von Staðarstaður auf, der auf Island bekannte Gelehrte Rögnvaldur Finnbogason. „Früher war dieser Kirchhof wegen verschiedener Vergünstigungen einer der beliebtesten im Land. Viele Pfarrer wollten hierhin. Daher der Name."

Mit dem eindrucksvollen Gelehrten gehe ich in die kleine Kirche neben dem Hof. Auch wenn es von außen unauffällig wirkt, ist das kleine Gotteshaus eine Sehenswürdigkeit. Wie mir Rögnvaldur mit seiner tiefen, vollen Stimme erklärt, haben einige mit ihm befreundete Künstler dabei geholfen, das Innere der Kirche zu gestalten. Die Wände zieren ein schöner Wandteppich und eindrucksvolle Gemälde. Sogar die Sitzbänke sind von Künstlerhand geschaffen. „In den älteren Kirchen sind die Bänke immer sehr schmal", erklärt Rögnvaldur. „Sie wurden eben vor der Zeit der Wohlfahrtshintern gebaut", fügt er ironisch hinzu.

Der Kirchhof von Staðarstaður hat eine lange und interessante Geschichte. Hier soll im zwölften Jahrhundert der erste Historiker der Isländer, **Ari fróði** (Ari, der Vielkundige) als Pfarrer seiner Gemeinde gedient haben. Dem Verfasser des **Íslendingabók** (Isländerbuch), des ersten Geschichtsbuchs der Isländer, hat man in der Nähe der Kirche ein Denkmal aus Stein errichtet. Viele im Land berühmte Pfarrer standen hier schon am Altar. Einer davon war **Kjartan Kjartansson**, der hier in den zwanziger und dreißiger Jahren

Arnastapi war schon in früheren Zeiten als Fischerort bekannt.

predigte. Er wurde nicht nur als Gelehrter und Prediger, sondern auch als Mechaniker und Erfinder bekannt. Wenn es sein mußte, reparierte er für seine „Schäfchen" Uhren und Nähmaschinen. Es wird angenommen, daß er das Vorbild für den bereits zuvor genannten Landpfarrer Jón Primus in Halldór Laxness bekanntem Roman „Am Gletscher" abgab.

Nachdem ich mich vom Pfarrer Rögnvaldur verabschiedet habe, fahre ich auf der Südseite der Halbinsel weiter. Bei **Arnarstapi**, oder „Stapi" wie das Dorf auf Island genannt wird, biege ich zum Meer hinunter. Es lohnt sich, oberhalb des kleinen Hafens auszusteigen und einen Spaziergang die steile Felsküste entlang zu machen. Hier hat die Brandung eine Menge seltsamer „Skulpturen" geschaffen: bizarre Felsen vor der Küste, die aus schön geschnittenen Basaltsäulen bestehen. In einem der Felsen, dem **Gatklettur**, ist ein großes Loch zu sehen. Dort sind große Scharen von Meeresvögeln, vor allem Möwen, zu Hause.

Wer Zeit hat, kann ein paar Stunden an der Felsenküste nach **Hellnar**, dem nächsten Dorf, wandern. Auch dort stößt man an der Küste, unterhalb der wenigen Häuser, auf eine imponierende Meereshöhle, die **Baðstofan** (so nannten die Isländer früher das Wohnzimmer auf dem Bauernhof). Die Höhle ist ein echtes Highlight: Je nach Tageszeit ändert sich in ihr das Licht. Eine alte Frau, die ich in Hellnar treffe, erzählt, die Baðstofan sei am frühen Morgen am schönsten. Denn um diese Zeit scheine die Sonne direkt in die Höhle. Als ich die alte Dame frage, ob ihr der Lärm der kreischenden Meeresvögel nicht auf die Nerven geht, schaut sie mich an und antwortet mit etwas Mitleid im Gesicht: „Wie kann das Singen der Vögel jemandem auf die Ner-

ven gehen? Schließlich sind es doch die Vögel, die uns den Sommer bringen."

Einige Kilometer hinter Hellnar halte ich erneut und laufe zum Meer hinunter, um die eigentümlichen **Lóndrangar** zu besichtigen. Diese zwei gewaltigen, vor der Küste aufragenden Felsen sind die Überreste eines vor Jahrtausenden ausgebrochenen Vulkans. Mit der Zeit hat die schwere Brandung den größten Teil des Kraters abgetragen, ohne jedoch den verbliebenen „harten Kern" wegzuspülen. Der höhere Felsen ist 75 Meter hoch, der kleinere etwa 60. Lange glaubte man, kein sterblicher Mensch sei in der Lage, die steilen Lóndrangar zu erklimmen. Im Frühjahr 1735 soll aber ein Dieb von den Westmänner-Inseln auf den höheren Felsen gestiegen sein. Zweihundert Jahre später sind zwei junge Burschen auf den kleineren geklettert.

In unmittelbarer Nähe der beiden Felsen ragt der Felsvorsprung **Þúfubjarg** hervor. Im 17. Jahrhundert soll hier, vor dieser imposanten landschaftlichen Kulisse, ein dichterischer Wettkampf zwischen dem klugen Bauern Kolbeinn und dem Herrn der Unterwelt stattgefunden haben. Es ging darum, wer von den beiden in der auf Island beliebten Kunst, einen halbfertigen Vierzeiler zu ergänzen, besser sei. Als Belohnung sollte der Sieger den Verlierer künftig beherrschen dürfen. Der Bauer beschloß, dem Teufel hier am Felsvorsprung zu begegnen. Bis in die Nacht hinein saßen die beiden am Rand des Felsens und „rangen" miteinander. Gegen Morgen fiel dem Teufel aber nichts mehr ein. Mit einem äußerst schwierigen Vierzeiler hatte Kolbeinn den Sieg davon getragen. Als der Teufel be-

Ungleiches Paar aus Basalt und Tuff: Lóndrangar.

148

merkte, daß er verloren hatte, stürzte er sich in die schäumenden Wellen der Brandung. Von da an konnte der Bauer über den Teufel verfügen. Angeblich soll die Verbindung des Bauern mit dem Teufel dem Bischof von Skálholt, Brynjólfur Sveinsson, zu Ohren gekommen sei. Daraufhin beschloß der Bischof, Kolbeinn einen Besuch abzustatten. Als er den Bauern traf, war er aber von dessen Wissen und Klugheit so beeindruckt, daß er den eigentlichen Anlaß seines Besuches ganz vergaß.

Wenn man durch die Gegend **Undir Jökli** fährt, muß man alle paar Minuten anhalten. In kaum einem anderen Teil der Insel sind so viele Sehenswürdigkeiten auf so engem Raum versammelt. Nur wenige Kilometer hinter den Felsen **Lóndrangar** führt eine schmale, holprige Straße zum Meer hinunter. Diese Straße, 1968 vom isländischen Rettungsverein angelegt, soll als Zubringer dienen, falls – wie so oft in früheren Zeiten – ein Schiff vor der Küste strandet. Als es nicht mehr weitergeht, stelle ich den Wagen ab und laufe das letzte Stück zum Meer. Bald stehe ich an der strahlend blauen Bucht **Djúpalónssandur**. Oberhalb der Bucht

strandet ist und nach einiger Zeit von der Brandung zerschmettert wurde. Die Besatzung konnte glücklicherweise gerettet werden. Nach einer kurzen Wanderung am Meer entlang, gelange ich in die nächste Bucht, die im Land legendäre **Dritvík**. Wenn man heute an dieser öden Bucht steht, ist es kaum vorstellbar, daß es hier in früheren Zeiten einen der geschäftigsten Fischerorte des Landes gab. Vom 16. bis zum 19. Jahrhundert hatten manchmal 60 bis 70 Fischerboote am Tag festgemacht. Bis zu 300 Menschen fanden hier Arbeit. Dritvík war allerdings kein von der Natur bevorzugter Platz. Trinkwasser mußte man aus zwei kleinen Seen in der nächsten Bucht holen, und Baumaterial war

In der Bucht von Dritvik ist inzwischen wieder Ruhe eingekehrt.

erhebt sich ein eigentümlicher Felsen mit einem Loch in der Mitte. Einige Meter vom Felsen entfernt liegen drei hellgraue Basaltsteine. An diesen Steinen, „Fullsterkur" (Vollkräftig), „Hálfdrættingur" (Halbstark) und „Amlóði" (Taugenichts), wurde in vergangenen Zeiten die Tauglichkeit junger Männer geprobt, die zur See fahren wollten. Der schwerste wiegt 140, die beiden anderen 49 und 23 Kilo. Wer es nicht schaffte, den mittelschweren Hálfdrættingur zu heben, hatte auf einem Fischerboot nichts zu suchen. Vor dieser Kraftprobe hat wohl früher manch tapferer junger Mann gezittert.

Am Meer liegen angeschwemmte Teile eines Trawlers, der vor Jahren hier vor der Küste ge-

Ein „Vorstellungsgespräch" anderer Art: Nur wer den Hálfdrættingur hochheben konnte, durfte als Fischer auf einem Boot anheuern.

kaum vorhanden. Die Fischer wohnten in primitiven Behausungen, die sie aus Sand und Steinen bauten und mit Segeltuch überdeckten. Es ist viel Wasser ins Meer geflossen, seit man letztmals aus dieser Bucht mit Ruderbooten zum Fischen hinausfuhr. Von dem einst geschäftigen Treiben sind in Dritvík keine Spuren geblieben, abgesehen von einigen Stellen auf der Lava oberhalb der Bucht, wo man in vergangenen Zeiten Fisch zum Trocknen auslegte.

Der **Maríusandur**, der helle Strand, nach der heiligen Jungfrau benannt, wo lebenslustige junge Fischer früher zum Zeitvertreib miteinander rangen, ist für immer still und öde. Heute sieht man vor der Küste keine weißen Segel mehr, die „wie Zelte am Horizont stehen", wie es in einem Gedicht des isländischen Literaturforschers und Dichters Jón Helgason heißt.

Ich laufe zum Wagen zurück. Nach ein paar Minuten auf der Hauptstraße nähere ich mich den alten Kratern **Hólahólar**. Durch eine Öffnung kann man in einen der Krater, den **Berudalur**, hineinsteigen. Er erinnert an ein Amphitheater. Hier lasse ich mich zu einem Picknick nieder, die hohen Wände des Kraters halten den Wind ab. Nirgendwo schmecken belegte Brote mit „Hangikjöt" (geräuchertem Lamm) so herrlich wie in der wilden isländischen Natur, fern von jeglicher Zivilisation. Solche stillen Plätze im Freien sind inzwischen in vielen Ländern rar geworden. Als ich hier im Inneren des Kraters sitze und zum Gletscher

Steinformationen am Strand bei Búðir.

hinaufschaue, meine ich, so etwas wie „magische" Ruhe zu spüren. Es ist wirklich so, als ob der Gletscher die beruhigende Kraft ausstrahlt, von der ich schon so viel gehört habe.

Nach dieser meditativen Ruhepause im „Kraftfeld" des Gletschers fahre ich den kurzen Weg nach **Gufuskálar**. Hier, an der Spitze der Halbinsel, steht eine NATO-Radarstation. Als die 412 Meter hohe Antenne Ende der fünfziger Jahre errichtet wurde, war sie Europas höchstes Bauwerk. Gegenüber der Radarstation führt der Weg in ein weites Lavafeld. Nach wenigen Minuten stoße ich auf die ersten kleinen Steinhütten, in denen früher Fisch getrocknet wurde. Über hundert solche Hüttenruinen sind hier in der Lava noch zu finden. Man vermutet, daß die ältesten schon um 1200 errichtet wurden. Somit sind sie die ältesten Denkmäler der Fischerei im ganzen Norden.

Nach dem Spaziergang ist es langsam Zeit, daß ich mein Nachtquartier ansteuere. Hinter den kleinen Fischerdörfern **Hellissandur** und dem **Rif** durchfahre ich **Ólafsvík**. Hinter Ólafsvík, an dem auf Island bekannten Geisterhof Fróðá, wo es, laut der mittelalterlichen „Eyrbyggjasaga", ordentlich gespukt haben soll, überquere ich den etwa 360 Meter hohen Bergpaß **Fróðárheiði** zur Südseite der Halbinsel zurück. Als ich

Der Seeigelfang ist ein lukrativer Erwerbszweig in Stykkishólmur.

150

über den Paß komme, öffnet sich zum Süden hin ein faszinierender Blick über die gebirgige Halbinsel und zum Meer hinaus.

Nachdem ich im kleinen Landhotel von **Búðir** Quartier bezogen habe, mache ich in der Abendsonne einen Spaziergang. Das Hotel steht nahe am Meer am Rand der Lava **Búðahraun**. Mitten in der Lava ragt der knapp 90 Meter hohe Krater **Búðaklettur** empor, aus dem die Lava vor Jahrtausenden geflossen ist. Ein schmaler Pfad führt in die Lava hinein. An einer tiefen Lavaspalte bleibe ich stehen. Meinen eigenen Augen kann ich kaum glauben. In der steinernen Lavaspalte gibt es einen ganzen Blumengarten! Und bald entdecke ich, daß viele Spalten mit außergewöhnlich hochgewachsenen Farnen gefüllt sind. Búðahraun ist die fruchtbarste Lava der Insel. Auf ehemaligem Meeresboden liegend, wird die Lava nämlich unterirdisch ständig vom Meer „gewässert". Daher gedeihen in der Lava unzählige Pflanzenarten, die ansonsten auf Island nur sehr selten vorkommen, wie zum Beispiel die giftige „Ferlaufasmári" (Einbeere), die man auf Island früher „Lásagras" (Schloßgras) nannte. Mit dieser Pflanze, so der alte Glaube, sollte man angeblich jedes Schloß öffnen können.

Wenn man an einem Frühlingsabend durch diese „Blumen-Lava" läuft, wundert man sich nicht, daß der Engländer Collingwood, der Island im vergangenen Jahrhundert bereiste, Búðir als „Neapel des Nordens" bezeichnete und hinzufügte, in der an farbigen Blumen reichen Lava des „kleinen Vesuvs" gebe es „Schutz, Wärme und genügend Sonne, was wenig an das Land des Eises erinnert".

Als ich am Abend im gemütlichen Aufenthaltsraum des Hotels von Búðir sitze, erzählt mir ein älterer Isländer, der hier seinen Urlaub verbringt, von einem hellen Strand, wo man bei gutem Wetter in flachen Buchten schwimmen könne. Das Wasser werde im Lauf des Tages von der Sonne aufgewärmt. Allerdings müsse die Sonne schon sehr konstant scheinen, damit das Wasser warm genug werde. „Vor Jahren", so erzählt er, „ist hier ein Afrikaner zu Gast gewesen. Er ging jeden Tag im Meer schwimmen. Allerdings war es ein besonders schöner Sommer." Als ich am nächsten Morgen eine Wanderung am Strand mache, stelle ich fest, daß es noch eine Weile dauern wird, bis das Wasser warm genug zum Baden ist. Vielleicht im Hochsommer. Auf Island muß man eben Optimist sein ...!

Wanderung am Strand in der Nähe von Búðir.

Im Búðaklettur befindet sich eine Höhle, die angeblich bis zur Lavahöhle von Suttshellir führt – und deren Boden mit Gold ausgelegt ist.

AM FUß DES VULKANS

Die Halbinsel Snæfellsnes mit dem magischen Snæfellsjökull schiebt sich zwischen dem Breiðarfjörður und der Bucht Faxaflói 90 Kilometer ins Meer hinaus. An der Südküste der Landzunge dominiert eine flache Ebene, den Norden prägt eine wilde Steilküste.

■ Stykkishólmur

Mit seinen rund 1300 Einwohnern ist Stykkishólmur der größte Ort auf der Halbinsel Snæfellsnes. Hier befindet sich eine große Kirche, eine Schule, eine öffentliche Bibliothek, ein Flugplatz, ein Gesundheitszentrum, ein katholisches Nonnenkloster und ein Krankenhaus, das von (ausländischen) Nonnen betrieben wird.

UNTERKUNFT

* HÓTEL BÚÐIR
Staðarsveit
355 Snæfellsnes
Tel. 435 67 00
Fax 435 67 01.
Ein schönes Landhotel mit besonderer Atmosphäre. Außergewöhnlich malerische Umgebung.
Gutes Restaurant und eine Bar.
Geöffnet vom 1.5. – 1.11.
Frühstück im Preis inbegriffen.

** HÓTEL STYKKISHÓLMUR
Vatnsás
340 Stykkishólmur
Tel. 438 13 30
Fax 438 15 79.
Ein schön gelegenes Hotel mit Meeresblick. Freundliche Atmosphäre. Ganzjährig geöffnet.
Frühstück im Preis enthalten.

BED & BREAKFAST
Viele Bauern auf Snæfellsnes bieten Unterkünfte für Touristen an. Am besten eine aktuelle Broschüre anfordern von:
Icelandic Farm Holidays
Bændahöllin, Hagatorg
107 Reykjavík
Tel. 562 36 40/42/43
Fax 562 36 44.

RESTAURANT

KNUDSEN
Aðalgata 4
340 Stykkishólmur
Tel. 438 16 00.

In einem alten restaurierten Haus in Stykkishólmur befindet sich das Speiselokal „Knudsen". Hier kann man in einer sehr gemütlichen Atmosphäre sowohl Fast food als auch gute, preiswerte Fisch- und Fleischgerichte zu sich nehmen.

BOOTSFAHRTEN

EYJAFERÐIR
Egilshús
340 Stykkishólmur
Tel. 438 14 50
Fax 438 10 50.
Im Sommer Bootstouren zwischen den Inseln im Breiðafjörður an. Abfahrtszeiten in der Regel 11 und 13.30 Uhr. Die Fahrt dauert 2 Stunden und 15 Minuten.
Preis: ca. 47 DM.

BALDUR
Smiðjustígur 2
340 Stykkishólmur
Tel. 438 11 20, Fax 438 10 93.
Die Fähre fährt im Sommer zweimal täglich über den Breiðafjörður zwischen Stykkishólmur und Brjánslækur mit einem Halt auf der Insel Flatey. Es ist z.B.interessant, mit der Fähre von Stykkishólmur nach Flatey zu fahren (1 Stunde 45 Minuten) und sich auf der Insel aufzuhalten, bis die Fähre auf dem Rückweg in Flatey wieder vorbeikommt.

Eine solche Tour kostet 45 DM. Dabei besteht auch die Möglichkeit, mit Tryggvi Gunnarsson (Tel. 438 12 16) von Flatey aus um die Inseln zu fahren.

Auch vom Hotel Búðir aus (Adresse siehe unter „Unterkunft") gibt es im Sommer die Möglichkeit, mit einem Boot an der Küste bei Arnarstapi entlangzufahren. Die Bootsfahrt dauert 3 – 4 Stunden und kostet 65 DM.

Mineralwasser frisch aus der Quelle von Rauðamelsölkelda.

Das „Hotel Búðir" ist für seine Gemütlichkeit und seinen Ausblick bekannt.

WHALE WATCHING

Sowohl von Búðir als auch vom Gästehaus Höfði in Ólafsvík gibt es die Möglichkeit, mit einem Boot auf „Walsuche" zu gehen. Je nach Dauer kostet eine solche Fahrt von 30 – 200 DM.

GLETSCHERTOUREN

SNJÓFELL

Arnarstapi
355 Snæfellsnes
Tel. 435 67 83
Fax 435 67 95.
Bietet nach Vereinbarung von Arnarstapi Touren auf den Gletscher Snæfellsjökull. Die Touren dauern 1 – 3 Stunden. Für eine Fahrt im Snowmobil zahlt man 50 DM, mit dem Schneeskooter 75 – 140 DM.

Vom Gästehaus Höfði aus werden Touren mit dem Snowmobil auf den Gletscher nach Vereinbarung veranstaltet.
Preis: 70 DM.
Gästehaus Höfði
Ólafsbraut 20
355 Ólafsvík
Tel. 436 16 50
Fax 436 16 51.

SEHENSWÜRDIGKEITEN

SJÓMANNAGARÐURINN

(der Seemannsgarten)

Hellissandur
Tel. 436 69 61.
Ein altes Fischerboot und ein altes Haus, das einen Einblick in das Leben der Fischer in vergangen Zeiten gibt. Vor dem Haus ist ein schöner Garten.
Geöffnet im Sommer täglich von 13 – 18 Uhr.

NORSKA HÚSIÐ

(Norwegisches Haus)
Hafnargata 5
Stykkishólmur
Tel. 438 16 40.
Ein Haus aus dem Jahre 1832, in dem sich das Heimatmuseum der Halbinsel Snæfellsnes befindet.

HAIFISCHVERARBEITUNG

Beim Bauern Hildibrandur Bjarnason auf dem Hof Bjarnarhöfn kann man die alt-traditionelle Verarbeitung des Haifisches erleben. Der Hof Bjarnarhöfn liegt etwa eine Autostunde von Stykkishólmur entfernt, unterwegs nach Grundarfjörður, in unmittelbarer Nähe des „Berserkjahraun" (Berserk-Lava).
Helgafellssveit
Tel. 438 15 81 oder 438 15 82.

SPORT

REITEN

Pferde können an vielen Orten, darunter in Búðir und Bjarnarhöfn, ausgeliehen werden.

SCHWIMMEN

Auf der Halbinsel Snæfellsnes laden einige Bäder zur Entspannung ein. Freibäder gibt es in Laugargerði, Grundarfjörður, Stykkishólmur, und ein besonders schönes Freibad mit einem „heißen Pot" findet man in Lýsuhóll, auf der Südseite, gar nicht weit von Búðir entfernt.

ANGELN

Die Flüsse und Seen von Snæfellsnes sind bekannt für ihren Reichtum an Lachsen und Forellen. Informationen über gute Forellenseen sind beispielsweise in dem Geschäft Vegamót (Tel. 435 66 90) oder in Hótel Stykkishólmur (siehe oben) zu erhalten.
Wer sein Anglerglück bei Lachs versuchen will, kann sich zum Beispiel an Garðar in Staðarsveit wenden:
Tel. 435 67 89 oder
435 67 19.

Insider News

TAGESTOUREN

Von Reykjavík gibt es von Mo – Fr täglich eine geführte Sightseeing-Tour um die Halbinsel Snæfellsnes. Abfahrt von dem Busterminal BSÍ um 9 Uhr. Geplante Ankunft in Reykjavík: 21 Uhr.

14 Mentalität

Wo jeder ein König ist

Individualismus und Nationalstolz, Neugierde und trockener Humor, Aberglaube und Technikbegeisterung – im Isländer manifestieren sich zahlreiche Charakterzüge.

Der isländische Gelehrte **Sigurður Nordal** erzählte einmal davon, wie er in den zwanziger Jahren mit isländischen Freunden in einem Wirtshaus in Weimar saß. Der Kellner, ein vielgereister Mann, rühmte sich, jede Sprache an ihrem Klang erkennen zu können. Als er den Isländern eine Weile zugehört hatte, ging er auf sie zu und fragte, was das eigentlich für eine Sprache sei. Ihm wurde gesagt, das sei Isländisch. „Und wo wird diese Sprache gesprochen?", fragte der Kellner. Daraufhin erklärte man ihm, in Island jener großen Insel im Nordatlantik, unweit von Grönland. Eine Weile blieb der Kellner etwas verdutzt stehen. Danach seufzte er und sagte: „Ach ja, überall gibt es Menschen." Diesen Worten des Kellners aus Weimar fügt Sigurður Nordal hinzu, sie hätten ihm mehr über die Geschichte seines Volkes gesagt als all die Geschichtsbücher, die er bis zu dem Zeitpunkt gelesen hätte.

Seine Verwunderung darüber, daß auf der Insel am Polarkreis Menschen leben, kann dem Kellner von Weimar kaum übelgenommen werden. Seit den Anfängen ihrer Geschichte mußten die Isländer auf der Insel einen harten Kampf mit den – oft gnadenlosen – Naturgewalten führen. Vulkankatastrophen, Meeresstürme, Flußüberschwemmungen, Berglawinen, Treibeis und Schneestürme haben ihnen das Leben in den vergangenen Jahrhunderten erschwert. Einmal, Ende des 18. Jahrhunderts, nach katastrophalen Vulkanausbrüchen der **Laki-Spalte** oberhalb der Südküste, wurde sogar in Dänemark ernsthaft in Erwägung gezogen, die letzten Überlebenden der Insel zu evakuieren und sie auf den flachen Heiden von Jütland anzusiedeln. Wäre es dazu gekommen, hätten die Isländer mit Sicherheit auf Jütland eine Kolonie gebildet – denn überall, wohin sie kommen, halten sie eben zusammen. Das gilt sowohl für die vielen Studenten, die im Ausland studieren, als auch für Isländer, die in fremden Ländern berufstätig sind.

> Die Menschen auf Island waren immer den Naturgewalten ausgesetzt. Nach einem Vulkanausbruch dachte man im 18. Jahrhundert an eine Evakuierung der Insel.

Nicht immer jedoch haben sie ein so großes Bedürfnis, zueinander zu finden, wie die junge Isländerin, die ich einmal in Luxemburg erlebte. Sie war mit dem Flugzeug der Icelandair aus Island gekommen, um ein Wochenende in Luxemburg zu verbringen. Nachdem sie einige Schnäpse im Flugzeug zu sich genommen hatte, fuhr sie nach ihrer Ankunft in Luxemburg mit einem Taxi zu einer Kneipe, die damals von einem isländischen Geschäftsmann geführt wurde. Als sie das Lokal betrat, sah sie sich etwas frustriert die Einheimischen an, die in der Kneipe saßen, und sagte verbittert: „Verdammt noch mal, ist hier wirklich kein Isländer?"

Nicht nur im Ausland halten die Isländer viel zusammen. Der Familienzusammenhalt ist auf der Insel sehr groß. Und in schweren Zeiten, zum Beispiel wenn Naturkatastrophen Menschenleben fordern, steht das ganze Volk wie eine große Familie zusammen.

So erlauben sich Minister gelegentlich, enge Verwandte in hohe Ämter einzusetzen, auch wenn den Auserkorenen jegliche Qualifikation abgeht. Manchmal regt sich die Bevölkerung über solche Praktiken auf. In der Regel sind Skandale dieser Art jedoch schnell vergessen. Kennzeichnend für die „elastische" öffentliche Moral ist die Antwort eines von Skandalen umwitterten Ministers: Als er in den Nachrichten des staatlichen Fernsehens gefragt wurde, ob er nicht Angst davor hätte, seine skandalösen Handlungen könnten ihn bei den nächsten Wahlen Stimmen kosten, antwortete der Minister ohne mit den Wimpern zu zucken: „Ich mache mir keine Sorgen. Bis dahin werden alle diese Sachen längst vergessen haben."

In manchen Ländern hätte eine solche Antwort einen Minister Kopf und Kragen gekostet, auf Island schüttelte man nur den Kopf. Kritische Stimmen im Land bezeichnen diese Art von Politik schon als korrupt, aber man sollte wohl eher von „Familienklüngel" sprechen. Aber auch wenn dieser, wie es scheint, stillschweigend hingenommen wird, sind die Isländer doch mit ganzen Herzen Demokraten und keineswegs ein unmoralisches Volk. So haben sie ein starkes nationales Ehrgefühl. Von jedem Angriff auf die Nation fühlt sich auch der Einzelne betroffen. Und in solchen Fällen halten die Isländer eng zusammen. Das hat sich im Kampf mit den Briten um die Fischereigrenzen, den „Kabeljaukriegen" in den fünfziger und siebziger Jahren, deutlich gezeigt.

Das nationale Ehrgefühl eines Isländers ist äußerst verletzbar. So erzählte ein Deutscher, der oft auf Island gewesen war, bei einem Gespräch mit Isländern hätte er eine geringfügige kritische Bemerkung über einen bestimmten

Auch die im Land beliebte Staatspräsidentin **Vigdís Finnbogadóttir**, die 1980 als erste Frau Europas zum Oberhaupt eines Staates gewählt wurde, hebt gelegentlich hervor, der Begriff eines „kleinen" Volkes sei irreführend: Jedes Volk sei eine Größe für sich. Die Isländer finden es albern, wenn Ausländer, wegen der geringen Bevölkerungszahl, auf sie herabsehen. Kennzeichnend dafür ist die Reaktion eines bekannten isländischen Schriftstellers, als ihn eine junge ausländische Journalistin in einem etwas herabsetzenden Ton fragte: „Wie viele Leute gibt es eigentlich auf der Insel?" Die Antwort des Schriftstellers: „Auf Island leben heute ungefähr so viele Menschen wie in Florenz zu Dantes Zeiten."

Das Gefühl der nationalen Größe ist den Isländern ins Mark geronnen. Daher neigen sie leicht dazu, sich selbst und ihre Landsleute überzubewerten. Kaum sind die Werke eines isländischen Künstlers im Ausland lobend erwähnt worden, so gehört er bereits zu den größten Genies der Welt auf seinem Gebiet. Auch wenn solche Urteile manchmal übertrieben sind, ist es immerhin

Farbenfrohe alte isländische Trachten aus dem 18. und 19. Jahrhundert.

Aspekt des Lebens im Land gemacht. Sofort hätte sich der freundliche Ton seiner Gesprächspartner gewandelt, und ihm wäre klar gemacht worden, Kritik am Land stünde ihm nicht zu, denn er sei schließlich „útlendingur" (Ausländer). Auch wenn die Bevölkerungszahl nur 270.000 beträgt, sehen sich die Isländer keineswegs als ein „kleines" Volk an. Der isländische Nobelpreisträger für Literatur, Halldór Laxness, hat einmal gesagt, die Größe eines Volkes sei nicht an der Zahl der Köpfe zu messen. Laxness erinnerte in dem Zusammenhang an die kleinen, aber für das Abendland bedeutenden Gemeinschaften der Juden und der alten Griechen.

erstaunlich, wie viele Isländer in den verschiedensten Bereichen international erfolgreich gewesen sind. Das gilt u.a. für Schach und Bridge, Fußball und Handball, und nicht zu vergessen: die beiden Isländerinnen, die in den achtziger Jahren zur „Miss World" gekürt wurden.

Jeder Isländer ist auch davon überzeugt, nirgendwo auf der Welt gebe es so viele weibliche Schönheiten wie auf Island. Oder wie es ein Isländer einmal ausgesprochen bescheiden formulierte: „Unsere zweitschönsten Frauen reichen schon aus, um jeden internationalen Schönheitswettbewerb zu gewinnen!"

Wer mit offenen Augen durch Island reist, wird auch merken, daß in diesen Worten ein

Körnchen Wahrheit steckt. Und nicht nur ihre Schönheit zeichnet die isländischen Frauen aus. Sie machen sich auch im öffentlichen Leben stark bemerkbar. Seit Jahren ist die Frauenliste (Kvennalistinn) im Parlament vertreten, und eine ihrer führenden Politikerinnen, Ingibjörg Sólrún Gísladóttir, wurde im Frühjahr zur Bürgermeisterin der Hauptstadt Reykjavík gewählt, einer der einflußreichsten politischen Positionen im Land.

Angesichts der immer größer werdenden Macht der Frauen in der isländischen Politik, witzeln die männlichen Nachfahren der Wikinger schon darüber, daß sie bald eine „Männerbewegung" ins Leben rufen müssen.

Auch wenn die Zeit der **Wikinger** über tausend Jahre zurückliegt, sind ihre Spuren im Leben der Isländer noch heute zu finden. So werden, insbesondere von der jungen Generation, die Trinksitten der Vorfahren weiterhin gepflegt. Auch die älteren Menschen sprechen durchaus intensiv dem Alkohol zu. Wegen der hohen Alkoholsteuern ist auf Island „der edle Tropfen" jedoch ein teures Luxusmittel. Deswegen meinen auch viele, man müsse, nachdem man einen solchen Preis für den Tropfen bezahlt habe, „ordentlich was davon haben".

Die Isländer prägt allgemein ein starker Hang zum Exzessiven, der auch in anderen Lebensbereichen merklich ist. So neigen sie dazu, sich mit großer Vehemenz auf technische Neuerungen aus dem Ausland zu stürzen. Als in den achtziger Jahren die ersten Videogeräte ins Land kamen, brach eine regelrechte „Videomanie" aus. Innerhalb kürzester Zeit gab es in jedem kleinsten Dorf, und an jeder Straßenecke der Hauptstadt einen Videoverleih. Auch wenn die meisten dieser Läden mit der Zeit wieder verschwunden sind, gehören die Isländer heute noch zu den größten Videokonsumenten der Welt. Ein anderes Beispiel dieser Maßlosigkeit war der Import

von elektrischen Fußmassagegeräten. Über Nacht glaubte fast jeder Isländer seine Füße mit einem solchen Gerät behandeln zu müssen.

Ganz zu schweigen von der Manie, die als „mobiler Telefonwahn" bezeichnet werden könnte. Dieser Wahn hat einzelne Isländer mit einer solchen Vehemenz befallen, daß sie ihre mobile Verbindung zur Welt nachts auf dem Nachtkästchen plazieren.

Auch wenn die Isländer in solchen Fällen einem starken Gruppenzwang unterliegen, sind sie zugleich große Individualisten. Bei einer so geringen Bevölkerungszahl erhält eben der Einzelne erhebliches Gewicht. Daher fühlt sich jeder Isländer im gewissen Sinne wie ein König. Dieses allge-

Ganz in der Tradition der Wikinger steht dieser isländische Kraftprotz.

Es sei davor gewarnt, die Isländer als ein „kleines Volk" zu bezeichnen. Die Größe eines Volkes drückt sich eben nicht durch die Bevölkerungszahl aus ...!

mein verbreitete Selbstwertgefühl wird auch dadurch genährt, daß es im Land kaum soziale Klassendifferenzen gibt. Trotz der beachtlichen Einkommensunterschiede sind diese für das Sozialleben von geringer Bedeutung. Aufgrund der vielen Freundschafts- und Verwandschaftsbeziehungen kann sich eben keine „elitäre" Klasse etablieren.

All dies führt dazu, daß die Isländer in der Regel einander großes persönliches Interesse entgegenbringen. Das bezieht sich nicht zuletzt auf die familiäre Herkunft.

Ich habe auf Island einen alten Bauern gekannt, der die meisten Autos, die an seinem Hof vorbeifuhren, anzuhalten versuchte, um herauszufinden, aus welchen Familien die Insassen stammen. Und nirgendwo auf der Welt wird wohl die Ahnenkunde mit einem solchem Eifer betrieben wie hier. Von Experten auf diesem Gebiet werden während des Winters regelmäßig gutbesuchte Kurse veranstaltet, in denen die Teilnehmer lernen können, wie man Ahnentafeln zusammenstellt.

Jeden Tag drucken die größten Tageszeitungen zahlreiche Nachrufe, in denen die familiären Verbindungen der Verstorbenen und ihre Verdienste im Leben detailliert erläutert werden. Viele Autoren dieser Nachrufe sind in der auf Island sonst geschätzten Kunst des Schreibens nicht bewandert. Das kommt vor allem zum Vorschein, wenn sie sich auf poetische Höhenflüge begeben. So begann ein glückloser Schreiber den Nachruf auf eine verstorbene Tante mit folgenden Worten: „Wen die Götter lieben, der stirbt jung, sagt das Sprichwort. Jetzt ist meine liebe Tante Guðrún im 91. Lebensjahr von uns geschieden." In solchen Nachrufen wird meistens ein positives Charakterbild des Verstorbenen beschrieben. Zwischen den Zeilen kann man jedoch immer wieder lesen, an welchen Charakterschwächen die Person zu leiden hatte.

Badefreuden im warmen Wasser gehören zum isländischen Alltag.

Hinter der Bemerkung, der Verstorbene habe eine sehr entschiedene Meinung gehabt, verbirgt sich meistens ein Hinweis darauf, daß die Person ein hartnäckiger Besserwisser war. Die indirekte Schreibweise ist auch sonst charakteristisch für die Isländer. Versteckte Hinweise, Anspielungen und Understatements sind bei ihnen sehr beliebt.

Die Isländer wissen auch einen trockenen Galgenhumor zu schätzen. Übrigens hängt der Humor der Isländer eng mit der Sprache zusammen. Wortspiele, doppeldeutige Reimgedichte und geistreiche Wortverdrehungen sind äußerst beliebt. Daher läßt sich der isländische Humor in einer anderen Sprache bestenfalls andeutungsweise wiedergeben.

Nationalsport Genealogie: Ahnentafeln und genealogische Tabellen sind Verkaufsrenner. Denn irgendwie will man ja wissen, mit wem man verwandt ist …!

Zu ihrer **Sprache** haben die meisten Isländer ein besonderes Verhältnis. Zum einen sind sie stolz darauf, die älteste, noch lebendige Kultursprache Europas zu sprechen. Zum anderen ist ihnen bewußt, daß die Sprache für das Fortbestehen der Nation von zentraler Bedeutung ist. Deswegen wird sie auch besonders gepflegt.

Jährlich werden im Land über 400 neue Buchtitel herausgebracht. Der Schriftstellerverband zählt über 300 Mitglieder, was um so erstaunlicher ist, wenn man bedenkt, daß jedes Mitglied zumindest zwei Bücher veröffentlicht haben muß, wobei allerdings Übersetzungen mitgezählt werden. Ein Grund für den regen Verkauf an Büchern ist darin zu suchen, daß das Buch ein traditionelles Weihnachtsgeschenk ist. Daher erscheinen fast alle neuen Titel in den Wochen vor Weihnachten. In dieser Zeit bricht über ganz Island eine wahre Bücherflut herein. Natürlich handelt es sich bei diesen Titeln um Bücher unterschiedlichster Qualität. Die Bestseller sind in der Regel Biographien einheimischer Zeitgenossen. Darin offenbart sich eine bestimmte Art von Neugierde, die bei allen Isländern weit verbreitet ist. Das äußerliche Leben der Person muß nicht unbedingt interessant gewesen sein. Hauptsache ist, daß dem Leser Einblicke in die Intimsphäre gewährt werden. Je mehr persönliche Geheimnisse preisgegeben werden, desto besser verkauft sich dann die Biographie. Aber nicht nur Biographien werden gelesen. Es gibt eine beachtliche Zahl von Leuten, die sich für schöngeistige Literatur und wissenschaftliche Arbeiten, nicht zuletzt Geschichte interessieren.

Wie gesagt, die Isländer sind im allgemeinen ein neugieriges Volk. Sie interessieren sich sehr dafür, was in anderen Ländern geschieht. Sie sind, im wahrsten Sinn des Wortes, nachrichtenhungrig. Und in den heißen Pötten der Freibäder wird im Hochwinter, wenn die Tage am kürzesten sind, heftig über ausländische und einheimische Politik diskutiert. Die Neugierde treibt die Isländer auch dazu, viel ins Ausland zu reisen. Jedes Jahr verläßt im Durchschnitt jeder zweite Einheimische die Insel. Bis in die jüngste Zeit strömte das Volk zu den Badestränden am Mittelmeer, wo die Sonne scheint und der „Nektar der Götter" nach isländischen Maßstäben fast umsonst zu haben ist.

Legendär sind die jährlichen Einkaufsreisen vor Weihnachten, die richtigen Völkerwanderungen nach Dublin, Glasgow oder Newcastle gleichen. Weil die Isländer in den Kaufhäusern dieser Städte so viel Geld zurücklassen, werden sie von den dortigen Kaufleuten besonders gern ge-

Vielleicht ist dieser junge Isländer ein Nachfahre von Gunnar Hámundarson.

sehen und privilegiert behandelt. Diese Einkaufsreisen sind die Wikingerfahrten der Isländer von heute. Und auch wenn sich die Isländer bei solchen Reisen anders benehmen als ihre Vorfahren, hat der isländische Schriftsteller Sigurður A. Magnússon behauptet, schon der Skalde Egill Skallagrímsson, der Held der Egils Saga, habe die wesentlichsten Charakterzüge des isländischen Geistes verkörpert: Er war unruhig, unabhängig und trotzig. Er war ein Mann der Tat, stolz und furchtlos, praktisch in materieller Hinsicht, hartnäckig und streitsüchtig. Er aß und trank leidenschaftlich gern, war ein treuer Freund und lieber Vater, aber zugleich und vor allem seiner Dichtung hingegeben.

So steht Egill Skallagrímsson stellvertretend für die beiden nationalen Heldentypen, die von den Isländern umjubelt werden: Einerseits verehren sie jeden, der besondere künstlerische, dichterische oder intellektuelle Fähigkeiten besitzt, sei es nun als Maler, Schriftsteller oder Gelehrter. Andererseits gilt ihre Bewunderung dem Mann der Tat, dem großen Unternehmer, der in materieller Hinsicht erfolgreich ist. Immer wieder haben herausragende Personen diese beiden unterschiedlichen Charaktereigenschaften vereinigt. Das gilt z.B. für den großen Gelehrten und Politiker **Snorri Sturluson**, den Verfasser der Egils Saga, der im 13. Jahrhundert lebte, sowie auch für den 1940 gestorbenen Dichter und Geschäftsmann **Einar Benediktsson**, dem es sogar gelungen sein soll, das Nordlicht über Island zu verkaufen.

Und nicht nur große Dichter und erfolgreiche Geschäftsmänner werden von den Isländern bewundert. Sonderlinge und Exzentriker sind auf der Insel sehr beliebt. Bis in die jüngste Zeit gab es auf den Straßen der Hauptstadt zahlreiche komische Gestalten, die jeder kannte und die von allen liebevoll geduldet wurden. Dies hängt auch damit zusammen, daß die Isländer in der Regel tolerante Menschen sind. Sie schätzen es, wenn sich der Einzelne von den anderen deutlich unterscheidet. Je ausgeprägter die Charakterzüge eines Individuums sind, desto besser.

Auf der Insel wimmelt es auch von vermeintlichen Dichtern und Lebenskünstlern jeglicher Art. Es ist, wohl auch zu Recht, behauptet worden, Isländer seien eher poetisch als philosophisch veranlagt. Geschichten zu erzählen liege ihnen eher als die Analyse.

Auch wenn die Isländer, verglichen mit den vielen großen Dichtern, keinen großen philosophischen Denker hervorgebracht haben, interessieren sich doch viele für Philosophie. Und auch wenn den Isländern immer wieder nachgesagt wird, sie seien keine großen Gläubigen im christlichen Sinne, ist das religiöse Interesse in der Bevölkerung weit verbreitet. Es darf sogar bezweifelt werden, daß sich in anderen Ländern verhältnismäßig mehr religiöse Sekten betätigen als auf dieser dünnbesiedelten, großen Insel am Ende der Welt.

Der **Aberglaube**, der aus früheren Zeiten überliefert ist, lebt auch in der Bevölkerung von heute fort. Nach wie vor weigern sich Bauern, bestimmte Hügel auf der Wiese zu mähen, weil dort die „verborgenen Leute" (huldufólk) zu Hause seien. Was denn Herkunft anlangt, so wird erzählt, Gott sei einmal unerwartet bei Eva zu Besuch erschienen. Da sie keine Zeit hatte, alle ihre Kinder zu waschen, bevor sie vor Gott traten, hat sie versucht, die Schmutzigen zu verstecken. Als Gott dies merkte, entschied er, daß das, was man vor Gott verbergen wolle, auch für immer den Menschen verborgen bleiben soll. Auf diese Weise entstanden die „verborgenen Leute", die in Island, so wie die Elfen, in Hügeln und Bergen zu Hause sind. Vielleicht waren es diese verborgenen Wesen, an die Bischof Adam von Bremen dachte, als er um 1070 in seiner Hamburger Kirchengeschichte schrieb: „Bei den Isländern haben die Berge die gleiche Bedeutung wie bei uns die Städte." Fest steht auf jeden Fall, daß man für einzelne Orte, wie zum Beispiel Hafnarfjörður, den Nachbarort von Reykjavík, „Elfen-Karten" angefertigt hat, auf denen die Wohnstätten der „Verborgenen" eingezeichnet sind.

Zu den vielen bereits erwähnten Charakterzügen der Isländer kommt noch hinzu, daß sie großen Wert auf Äußerlichkeiten legen. Sie tragen gern schöne Kleider, fahren mit Vorliebe elegante Autos und statten ihre Häuser und Wohnungen, die sie meistens selbst besitzen, mit prunkvollen Möbeln aus. Ihr Zuhause bedeutet ihnen eben sehr viel, was in einem Lande verständlich ist, wo man wegen des Klimas den weitaus größeren Teil des Jahres in den eigenen vier Wänden verbringen muß.

Und auch wenn das Wetter, vor allem im Winter, den Isländern manchen Ärger bereitet, konnten es sich wohl die meisten Inselbewohner nicht vorstellen, irgendwo anders auf der Welt zu leben. Man läßt sich eben vom Wetter nicht die Laune verderben. Das habe ich deutlich erfahren, als ich einmal mit dem Taxi vom Flughafen in die Hauptstadt fuhr: Es hat gestürmt und geregnet, und ich habe erwähnt, das Wetter sei nicht gerade einladend. Woraufhin der Taxifahrer mir zunächst erzählte, er könne sich an wirklich schlechtes Wetter in den dreißiger Jahren erinnern. Im Vergleich dazu hätten wir jetzt gutes Wetter. Und er fügte noch hinzu: „Stell dir mal vor, wir würden auf Grönland leben, dann hätten wir wirklich Grund, uns über das Wetter zu beklagen." Seitdem habe ich mich auf Island nie mehr über das Wetter beschwert – es ist eben alles relativ!

WIKINGER ODER KELTEN?

270.000 Menschen leben auf Island. Mit 2,6 Personen pro Quadratkilometer hat die Insel die geringste Bevölkerungsdichte Europas. Weit über die Hälfte aller Isländer leben im erweiterten Einzugsgebiet von Reykjavík.

DIE BEVÖLKERUNG

Die ersten Menschen, die Island im 9. und 10. Jahrhundert besiedelten, waren nordischer Herkunft und kamen vor allem aus dem Südwesten Norwegens sowie anderen skandinavischen Regionen. Einige stammten auch aus nordischen Siedlungen auf den britischen Inseln, so daß die Isländer von Anfang an auch keltisches Blut in den Adern hatten.

Selbst wenn die Sprache und die Kultur rein nordisch waren, sind in der ältesten Dichtung der Isländer sowie in Orts- und Personennamen keltische Einflüsse deutlich. Auffallend ist, daß es auf Island verhältnismäßig viele dunkelhaarige Menschen gibt – im Gegensatz zu anderen nordischen Ländern. Blutgruppenuntersuchungen haben ergeben, daß die Isländer mit den Iren „blutsverwandter" sind als mit den anderen skandinavischen Völkern.

Die Isländer können sich nicht über „Platzmangel" beklagen. Mit durchschnittlich 2,6 Einwohnern pro Quadratkilometer ist Island das am dünnsten besiedelte Land Europas. Wegen der „unwirtlichen" Verhältnisse in den Bergen leben die meisten Einwohner auf einem schmalen Küstenstreifen rund um die Insel sowie in Tälern und auf Tiefebenen im Süden des Landes. Mit nur 6 - 7 Todesfällen pro 1000 Einwohner ist Island eine der niedrigsten auf der Welt.

Das Gleiche gilt auch für Säuglingssterblichkeit: Auf 1000 geborene Kinder kommen nur 6 Todesfälle.

Die Isländer werden auch durchschnittlich älter als die meisten anderen Völker der Welt: Die Lebenserwartung der Frauen liegt bei 80, die der Männer bei 75 Jahren, was

Die Isländer sind daran gewöhnt, Wind und Wetter zu trotzen.

sicherlich nicht zuletzt auf das klare Wasser und die saubere Luft zurückzuführen ist !

Auf Island werden verhältnismäßig mehr uneheliche Kinder geboren als in anderen Ländern Europas. Dies läßt sich zum Teil dadurch erklären, daß die Paare häufig erst nach der Geburt des ersten Kindes heiraten, zumal das Zusammenleben in eheähnlichen Verhältnissen auf der Insel durchaus akzeptiert wird.

Insider News

BADEN MIT DEN ISLÄNDERN

Um mit der Bevölkerung in Kontakt zu kommen, eignet sich ein Besuch eines der zahlreichen Freibäder im Lande. Im „heißen Pot" sind die Einheimischen, die sonst ein wenig gehetzt sein können, völlig entspannt und in der Regel zum Diskutieren aufgelegt.

ISLAND VON A–Z

ALLGEMEINES

Geographie und Bevölkerung

Island ist mit 103.000 km² etwa so groß wie die fünf neuen Bundesländer zusammen, wird aber nur von knapp 270.000 Menschen bewohnt, das entspricht etwa der Einwohnerzahl von Karlsruhe oder Wiesbaden. Die Wirtschaftszone – definiert durch die 200 Meilen Fischereigrenze – ist 758.000 km² groß, mehr als doppelt so groß wie das wiedervereinte Deutschland. Wichtige Eckpfeiler dieses feuchten Hoheitsgebietes sind einige kleine Schären im Seegebiet rund um die Insel: Die wenigen, inzwischen von einem Betonmantel geschützten Quadratmeter von Kolbeinsey auf 67° 08' Nord, liegen noch 65 km weiter im Norden als die Insel Grimsey, Islands nördlichster bewohnter Flecken auf 66° 33' Nord. Für eine ordentliche Ausdehnung nach Osten sorgt die Schäre Hvalbakur auf 13° 16' West, gut 50 km östlich des Küstenstädtchens Djúpivogur. Islands südlichster Landflecken tauchte 1963 auf 63° 17' Nord unvermittelt aus dem Meer auf: die Vulkaninsel Surtsey, heute etwa 2,5 km² groß und Teil der Westmänner-Inseln (siehe Info-Teil zum Kapitel 4, S. 53). Nur den westlichsten Punkt Islands auf 24° 32' West markiert ein Stück der Hauptinsel: Kap Bjargtangar in den Westfjorden.

Mit 2,6 Einw./km² ist Island das am dünnsten besiedelte Land Europas. Zum Vergleich: In Deutschland müssen sich durchschnittlich 222 Menschen einen Qudratkilometer teilen, im Bundesland Nordrhein-Westfalen sogar über 500. Aber scheinbar ziehen auch die Isländer Menschenansammlungen der statistischen Einsamkeit vor: Etwa 60% von ihnen leben im Großraum Reykjavík. Dort finden sich die größten Städte des Landes: Reykjavík selbst mit knapp über 100.000 Einwohnern, die formal selbständige, aber für einen Fremden kaum von Reykjavík abzugrenzende Vorstadt Kópavogur (17.000 Einw.) und Hafnarfjörður (16.500 Einw.). Erst die viertgrößte Stadt des Landes, Akureyri mit 14.500 Einwohnern, liegt außerhalb der „Metropolitain Area". Der Anteil der Ausländer liegt unter 2% der Gesamtbevölkerung, die meisten von ihnen kommen aus den skandinavischen Ländern (mehr zur Bevölkerung siehe Info-Teil zum Kapitel 14).

Die Menschen siedeln fast ausschließlich auf dem mehr oder minder breiten Streifen flachen Landes entlang der knapp 5000 km langen Küste; ⅘ der Landfläche sind entweder unbewohnbar, wie weite Teile des Landesinneren, oder entvölkert, wie vor allem Gebiete im Nordwesten und Nordosten. Von der Landfläche Islands werden gerade einmal 20% wirtschaftlich genutzt (inklusive Weidegebiete). Der Rest sind Wüsten (54%), Gletscher (12%), Lavagebiete (11%) oder Binnengewässer (3%). Nur knapp ein Viertel des Landes liegt unter 200 m, weit mehr als die Hälfte über 400 m und gut ein Drittel sogar noch höher als 600 m. Der höchste Gipfels des Landes ist der 2119 m hohe Hvannadalshnúkur am Südrand des 8400 km² großen Vatnajökull (siehe Kapitel 7). Dieser Plateaugletscher, von dessen zentralem Eismassiv zahlreiche Talgletscher „abfließen", bildet nach dem Inlandeis der Antarktis und Grönlands die größte zusammenhängende Eismasse der Erde – eine Klasse für sich. Der Vatnajökull ist fast 70mal so groß wie der größte Alpenglet-

Über ganz Island verstreut findet man zahlreiche kleine Kirchen.

Geologisch noch jung sind die Solfatare von Leirhnjúkur nahe Krafla.

scher und immer noch etwa doppelt so groß wie der Malaspinagletscher in Alaska, der als der größter Einzelgletscher der Welt gilt. Die größten und wasserreichsten Flüsse des Landes haben alle ihren Ursprung im Umfeld der großen Gletscher und sind an ihrer grauen, durch mitgeführte Sedimente verursachte Farbe als Schmelzwasserflüsse erkennbar. Sie haben seit der letzten Eiszeit, die vor gut 10.000 Jahren endete, soviel Sand und Schotter aus dem Landesinneren zur Küste getragen, daß Island um gut 5000 km² gewachsen ist. Im Süden des Landes sind die so aufgeschütteten Sandflächen bis zu 25 km breit.

Der längste Fluß ist die Þjórsá (230 km), die vom Hofsjökull zur Südküste fließt. Einer ihrer Zuflüsse vom Rande des Vatnajökull wird als Wasserreservoir für Kraftwerke aufgestaut und bildet heute den größten See des Landes, den Þórisvatn (88 km²). Der größte natürliche See ist der Þingvallavatn (83 km²).

Island liegt im Nordatlantik,

Nachbarn sind Grönland (287 km), die Färöer-Inseln (420 km), die zu Norwegen gehörende Vulkaninsel Jan Mayen (550 km), Schottland (798 km) und das norwegische Festland (970 km). Geographisch gehört Island zu Europa, geologisch liegt es auf der Grenze der Kontinentalplatten Eurasiens und Amerikas.

Geologie

Die nachweisbar ältesten Teile Island sind gerade einmal 16 Millionen Jahre alt: Erdgeschichtlich ist das Land in der Pubertät, seine Pickel sind die Vulkane. Nach der Theorie von der Kontinentaldrift zerbrach einst ein Urkontinent in mehrere Platten, darunter eine amerikanische und eine eurasische (Europa und Asien). Diese beiden bewegen sich seit mindestens 60 Millionen Jahren voneinander weg. An der Nahtstelle, in den Tiefen des Atlantik, türmt sich der Mittelatlantische Rücken auf, eine gigantische, unterseeische Vulkankette, die nur an wenigen Stellen über die Wasserober-

fläche ragt, u.a. mit Tristan da Cunha, St. Helena und Ascension auf der Süd- und mit den Azoren und Island auf der Nordhalbkugel. Die Trennlinie zwischen den Kontinentalplatten manifestiert sich auf Island in einer vulkanisch aktiven Zone, die sich von Süden und Südwesten quer durch das Land nach Norden am Mývatn vorbei Richtung Polarmeer zieht. Markante Zeichen sind die zahlreichen Dehnungsspalten, die berühmteste darunter ist die Almannagjá im Nationalpark Þingvellir (siehe Kapitel 1). Sie ist in den vergangen 20 Jahren über 10 cm breiter geworden. Das einfache Fazit der vielen Theorien: Islands Osten folgt Europa, der Westen Amerika und in der Mitte wächst regelmäßig Neuland: Seit Menschen Ende des 9. Jahrhunderts auf die Insel kamen, sorgten gut 150 Vulkanausbrüche für reichlich Nachschub. Auf Island kann man heute fast alle Vulkantypen der Erde finden (siehe auch Info-Teil zu Kapitel 4, S. 52).

Flora und Fauna

Islands Flora besitzt eine durch zahlreiche negative Faktoren beeinflußte, sogenannte subarktische oder boreale Flora mit einem hohen Gräseranteil bei bescheidener Artenvielfalt (siehe Info-Teil zu Kapitel 10, S. 119).

Noch artenärmer als die Flora zeigt sich die Fauna. Der Polar- oder Eisfuchs ist das einzige einheimische Wild, das vermutlich mit oder kurz nach der letzten Eiszeit nach Island gekommen ist. Vielleicht auf dem gleichen Wege, auf dem sich bis heute manchmal Eisbären auf die Insel verirren: von Ostgrönland. Alle anderen heute wild lebenden Säuger wie Nerze, Ratten und Rentiere brachte der Mensch ab dem 9. Jahrhundert mit.

Darüber hinaus ist die Fauna – abgesehen von Insekten und Fischen – im wesentlichen eine Vogelfauna. Etwa 80 Arten brüten regelmäßig auf der Insel, darunter 16 Entenarten am Mývatn. Hinzu kommen jedes Jahr zahlreiche Zugvögel. See- und Watvögel stellen die größten Gruppen (siehe auch „Vogelbeobachtung", S. 188).

Klima

Dank des Golfstroms erfreut sich Island trotz der nördlichen Lage eines gemäßigten Meeresklimas mit ausgeglichenen und für diese Breiten milden Temperaturen.

Die Sommer sind recht kühl mit Tagesdurchschnittstemperaturen um 10° C, in der Sonne an geschützten Stellen kann es durchaus mal über 20° C warm werden, dafür können Nachttemperaturen vor allem in den Höhenlagen des Landesinneren auch im Hochsommer mal unter den Gefrierpunkt rutschen – eine gute Ausrüstung ist hier lebenswichtig.

Im Herbst und Winter prägen Stürme und Regen das Wetter, statistisch gesehen ist Reykjavík aber keine kältere Stadt als Hamburg. (Siehe auch Klimatabelle auf Seite 189.)

Wirtschaft, Tourismus und Umwelt

Industriell ist das rohstoffar-me Island kaum entwickelt. Lediglich billiger Strom konnte das Land bisher zu einem attraktiven Standort für energieintensive Produktionsverfahren wie die Aluminiumverhüttung machen, aber schlechte Weltmarktpreise für die Endprodukte haben hochfliegende Pläne nachhaltig gedämpft.

Gut zwei Drittel aller isländischen Exporte sind Fischprodukte. Seit Jahren leidet dieser Zweig und damit die ganze Wirtschaft des Landes unter der Überfischung der Meere rund um die Insel. Jede Verknappung der Fänge, sei es auf natürliche Weise oder durch Quotenregelungen, kostet nicht nur auf See Arbeitsplätze sondern in viel größerer Zahl auch auf dem Land.

In Island, wo man Anfang der 90er Jahre trotz einer durchschnittlichen Wochenarbeitszeit von 49,3 Std. (!) noch eine Vollbeschäftigung erreichte, muß man plötzlich mit einer Arbeitslosenquote von etwa 5% leben.

Die Landwirtschaft produziert fast ausschließlich für den Inlandsmarkt und lebt von Subventionen. Der Schafbestand wurde seit Ende der 80er Jahre aus Umweltschutzgründen (Vegetationsschäden) fast halbiert auf etwa 400.000 Tiere. Auch in diesem Bereich sind viele Arbeitsplätze verlorengegangen. Der Staat unterstützt inzwischen die Umwandlung von Höfen zu Tourismusbetrieben. Als Folge bieten immer mehr Bauernhöfe Übernachtungsmöglichkeiten sowie Aktivurlaub, insbesondere Reiten (siehe auch „Unterkunft" S. 186).

Der seit der Gründung eines Fremdenverkehrsrates 1976 intensiv ausgeweitete Tourismus ist heute nach der Fischindustrie die Nummer zwei der Valutaquellen und sorgt aufs Jahr umgerechnet für etwa 6000 Arbeitsplätze. 1994 zählten die Grenzbehörden 180.000 ausländische Besucher, darunter die

Einer der schönsten Naturschauplätze Islands: der Mývatn-See.

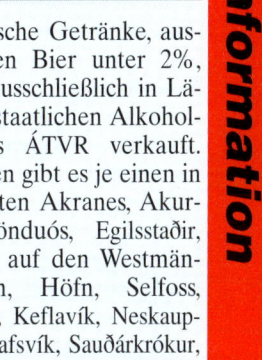

Auch unter schwierigen Bedingungen setzt sich Leben durch.

größte Gruppe aus Deutschland (35.000 Pers.; Schweiz 5200, Österreich 3500).

Die wachsenden Besucherzahlen – von 1985 bis 1995 verdoppelt! – bereiten indes Probleme, vor allem im sensiblen Ökosystem des Hochlands. Wo vor wenigen Jahren Urlauber noch ohne jede Einschränkung Naturattraktionen besichtigen konnten, sollen heute markierte Wege, Abgrenzungen und Verbotsschilder die empfindliche Natur vor der Zerstörung durch jene schützen, die hauptsächlich ihretwegen gekommen sind. Selbstverständlich versteckt Island seine Schönheiten nicht, aber man versucht sie – zu Recht – zu bewahren.

Einen Beitrag, den jeder Besucher für den Umwelt- und Naturschutz leisten kann, ist es, die vorgegebenen Naturschutzregeln des Landes zu beachten und nicht aus übertriebener Lust auf Abenteuer oder Einsamkeit die schon ausgetretenen Pfade zu verlassen und damit weitere Teile der Landschaft ihrer Unberührtheit zu berauben.

Naturschutzregeln

● Verlassen Sie Camping- und Rastplätze, wie Sie sie vorfinden möchten!
● Lassen Sie nie Müll zurück, weder offen herumliegend noch vergraben!
● Machen Sie kein Feuer auf bewachsenem Boden, und wenn, dann nur mit mitgebrachtem Brennmaterial!
● Brechen Sie keine Steine aus dem Boden und bauen Sie keine Steinmänner zum Vergnügen!
● Verunreinigen Sie kein Wasser und verändern Sie keine Quellen!
● Beschädigen Sie keine Pflanzen!
● Stören Sie keine Tiere!
● Verändern Sie keine geologischen Formationen!
● Stören Sie nicht unnötig die Ruhe!
● Fahren Sie nie im Gelände!
● Folgen Sie Wanderwegen, wo solche markiert sind!
● Beachten Sie Naturschutzgesetze und alle Anweisungen der Naturschutzwarte!

ALKOHOL

Alkoholische Getränke, ausgenommen Bier unter 2%, werden ausschließlich in Läden des staatlichen Alkoholmonopols ÁTVR verkauft. Von denen gibt es je einen in den Städten Akranes, Akureyri, Blönduós, Egilsstaðir, Heimaey auf den Westmänner-Inseln, Höfn, Selfoss, Ísafjörður, Keflavík, Neskaupstaður, Ólafsvík, Sauðárkrókur, Seyðisfjörður, Siglufjörður, Stykkishólmur und sieben in Reykjavík nebst Vorstädten.

Fast alle guten Restaurants und Hotels haben eine Lizenz zum Alkoholausschank, und in den Städten findet man immer häufiger lizensierte Kneipen sowie die derzeit populären Bistros.

In Lokalen ist Alkohol in der Regel teuer, aber nicht grundsätzlich:

Ein Longdrink in einer Reykjavíker Disco kann durchaus weniger kosten als in einem vergleichbaren Laden in Berlin oder Frankfurt, während Wein- und Biertrinker meist glauben, sie würden mit jedem Glas einen weiteren Anteil am Lokal kaufen.

ANREISE

Zwischen Island und Mitteleuropa kann man ganzjährig mit dem Flugzeug (3 – 4 Std.) oder einem Containerschiff (4 – 6 Tage) sowie von Anfang Juni bis Ende August mit einer Fähre (2 – 4 Tage) reisen.

Mit dem Flugzeug
Islands nationale Airline Icelandair fliegt rund ums Jahr

Fast alle Touristen kommen mit dem Flugzeug nach Island.

ab Hamburg (zweimal täglich!), Amsterdam und Luxemburg (täglich, dorthin verkehrt ein preiswerter Buszubringer ab verschiedenen Städten in West- und Südwestdeutschland) nach Island.

Im Sommer kommen direkte Linien- oder Charterflüge ab Berlin-Schönefeld, Düsseldorf, Frankfurt/M. (bis 5mal wöchentlich), Köln, München, Wien und Zürich hinzu, u.a. mit Lufthansa, LTU und der isländischen Air Atlanta. Außerdem sind Linienflüge mit Umsteigen zu günstigen Tarifen ab fast allen anderen größeren Flughäfen möglich.

Charterflüge, die nur über Reisebüros zu buchen sind, kosten in der Regel zwischen 700 und 900 DM, vereinzelt liegen Aktionspreise noch darunter.

Für Linienflüge gibt es Sondertarife, die je nach Saison und Abflugort zwischen ca. 750 und 1500 DM liegen, vorausgesetzt, man bucht frühzeitig und nimmt Einschränkungen beim Umbuchen in Kauf.

Icelandair gewährt Personen im Alter von 12 – 24 Jahren eine Jugendermäßigung von 25% auf einige Direktflug-Tarife ab Deutschland.

Die preiswertesten Linientarife (Midweek Apex und Special Apex) gelten für Abflüge montags bis donnerstags auf Icelandair-Flügen ab Hamburg, Frankfurt, Köln und München.

Zu allen Linienflugpreisen kommen Flughafensteuern und die Sicherheitsgebühren hinzu, die derzeit zusammen rund 40 DM betragen.

Icelandair:

Deutschland
Roßmarkt 10
D-60311 Frankfurt
Tel. 069/29 99 78
Fax 069/28 38 72.

Schweiz
Siewerdtstraße 9
CH-8035 Zürich
Tel. 01/312 73 73
Fax 01/312 73 74.

Österreich
Opernring 1, Stiege R
A-1010 Wien
Tel. 0222/56 36 74
Fax 0222/587 17 99.

Internationale Reservierungen in Island landesweit:
Tel. 505 01 00
Fax 505 01 50.

Vom internationalen Flughafen Leifur Eiríksson bei Keflavík verkehren in Verbindung mit allen Flugankünften Busse zum Scandic Hótel Loftleiðir am Ostrand des Stadtflughafens in Reykjavík (ca. 50 km). Zu Abflügen fahren Busse ab diesem Hotel im Sommer 2 Std. 15 Min. und im Winter 2 Std. vor der jeweiligen Startzeit. Der Transfer kostet ca. 12 DM pro Strecke und kann in allen gängigen Währungen bezahlt werden. Zwischen dem Scandic Hótel Loftleiðir und einigen größeren Hotels verkehren Anschluß-/Zubringerbusse (zum Abflug über die Rezeption bestellen). Außerdem verkehrt in der Hauptsaison morgens um 5 Uhr ein Bus ab Campingplatz/Jugendherberge im Laugardalur zum Flughafen Keflavík. Ein Taxitransfer zwischen internationalem Flughafen und Reykjavík kosten etwa 90 DM.

Mit dem Containerschiff

Die modernen Containerschiffe der isländischen Reederei Eimskip befahren rund ums Jahr die Route Reykjavík – Immingham (GB) – Hamburg – Antwerpen – Rotterdam und nehmen in ihren komfortablen Kabinen und bei exzellentem Service – Vollverpflegung – jeweils bis zu 12 Passagiere sowie Fahrzeuge mit. Es besteht auch die Möglichkeit, ein Fahrzeug als Fracht zu schicken und selbst zu fliegen.

Eimskip
c/o Island Tours
Raboisen 5
D-20095 Hamburg
Tel. 040/33 66 57
Fax 040/32 42 14.

Eimskip
Pósthússtræti 2
101 Reykjavík
Tel. 569 71 00.

Mit der Fähre
Die faröischen Reederei
Smyril Line unterhält einen
sommerlichen Fährdienst
vom Kontinent über die
Faröer-Inseln nach Island.
Stationen der jeweils ein-
wöchigen Tour: das dänische
Esbjerg (Bustransfer ab
Hamburg), die Faröer –
Hauptstadt Tórshavn, das
norwegische Bergen und das
ostisländischen Seyðisfjörður.
Die Routenführung erfor-
dert auf der Fahrt von Dänemark nach Island bzw. von
Island nach Norwegen – nur
in den angegebenen Rich-
tungen! – einen zwei- bzw.
dreitägigen Stopp auf den
landschaftlich reizvollen

Faröer-Inseln. Die Aufent-
haltskosten dort sind nicht
im Passagepreis enthalten.
Die Agenturen der Smyril
Line vermitteln Hotel- und
Pensionszimmer; ein Cam-
pingplatz ist in Tórshavn vorhanden.
Die Passagepreise pro Person und Strecke ab Esbjerg
variieren je nach Unterbrin-
gungskomfort und Saison
zwischen ca. 370 DM (Cou-
chette Nebensaison) und
1150 DM (De luxe Kabine/
Hauptsaison). Mit etwa 440
DM schlägt ein normaler
Pkw während der Saison zu
Buche.
Die Überfahrt ab/bis Bergen
ist deutlich billiger. Sogenannte 'Durch-Tickets', die
noch eine Fährfahrt Däne-
mark – Norwegen einschließen, werden angeboten.

Smyril Line:
J.A. Reinecke
(Agentur)
Jersbeker Straße 12
D-22941 Bargteheide
Tel. 04532/65 19
Fax 04532/241 43.

Smyril Line Schweiz
Les Jordils
CH-1261 Le Vaud
Tel. 022/366 42 55
Fax 022/366 41 78.

Ferry Center
Breitenfurterstr.401-413
Stiege 25/Objekt 1
A-1230 Wien
Tel. 0222/888 96 16
Fax 0222/888 95 15.

c/o Norröna Travel
v/Fjarðargötu
710 Seyðisfjörður
Tel. 472 11 11
Fax 472 11 05.

Preisgünstig sind Air-Sea-
Combi-Tickets, die es in Reisebüros oder bei der Smyril
Line gibt: Einen Weg fliegt
man und einen fährt man mit
der Fähre ab/bis Esbjerg. Da
die Smyril Line – soweit freie
Plätze vorhanden – eher
Umbuchungen erlaubt als
die Fluggesellschaften, empfiehlt sich dieses Ticket für
alle, die sich zwar auf ein Ab-
flugdatum festlegen können,
aber mit der Rückreise flexi-
bel sein wollen.

ÄRZTLICHE VERSORGUNG

Eine große Anzahl prakti-
scher und niedergelassener
Fachärzte können ohne lange Anmeldungsfrist konsul-
tiert werden. Außerdem gibt
es in Reykjavík 8 Gesund-
heitszentren, in denen
Hausärzte tagsüber kurzfristig Sprechstundentermine
einräumen.
Zwischen 17 Uhr und 8 Uhr
morgens sowie rund um die
Uhr an Wochenenden ist im
Medizinischen Zentrum der
Gesundheitsfürsorgestation,

Die Autofähre von Skandinavien legt in Seyðisfjörður im Osten an.

(Barónsstígur 47, 101 Reykjavík), unter der Telefonnummer 552 12 30 ein ärztlicher Notdienst (isl. „læknavakt") erreichbar – sowohl für Sprechstundentermine als auch für Hausbesuche, sowie wochentags von 8 – 17 Uhr, Tel. 569 66 00. Bei ernsthafter, akuter Erkrankung oder bei Unfällen gibt es die Unfallstation (isl. „Slysadeild") des Sjúkrahús Reykjavíkur (Städtisches Krankenhaus) in Reykjavík (Tel. 569 66 00) mit einem Bereitschaftsdienst rund um die Uhr.
In allen größeren Gemeinden und vielen Dörfern Islands gibt es Medizinische Zentren oder praktische Ärzte.

Die Faustregel bezüglich der Kosten für eine Arztbehandlung: Gesetzlich versicherte Bürger aus EWZ-Ländern erhalten bei akuten Erkrankungen gegen Vorlage des EU-Krankenscheins (E111; bei der Krankenkasse erhältlich) kostenlose medizinische Hilfe in dem Umfang wie gesetzlich versicherte Isländer. Dabei sind hohe Eigenbeteiligungen z.B. bei der Zahnbehandlungen und bei vielen Medikamenten zu zahlen. Erfragen Sie deshalb vor Reiseantritt bei ihrer Krankenversicherung/-kasse die aktuellen Regeln.

Apotheken (isl. „Apótek") haben auf Island während der üblichen Geschäftszeiten geöffnet. In Reykjavík sind meist abends zwei und nachts eine Apotheke dienstbereit. Fast alle Arten von Medikamenten sind in den Apotheken erhältlich. Mit fachlich

sehr kompetenten Ärzten und technisch äußerst gut ausgerüsteten Krankenhäusern gehört das isländische Gesundheitssystem zu den besten in Europa. Kein Wunder, daß die Isländer älter werden als andere Völker! Die Lebenserwartung der Bevölkerung liegt mit durchschnittlich 80 Jahren für Frauen und 75 Jahren für Männer an der Weltspitze.

AUSFLÜGE

Isländische Unternehmen bieten eine Vielzahl von ein- oder mehrtägigen Ausflügen an, die man sowohl vorab über Spezialveranstalter für Islandreisen im Heimatland als auch kurzfristig vor Ort in Reisebüros, Touristen-Informationen oder über Hotelrezeptionen buchen kann. Die Palette ist vielfältig, angefangen von Halbtagsausflügen per Linienbus zu Sehenswürdigkeiten rund um Reykjavík über den klassischen Tagesausflug „The Golden Circle" zu den Highlights Südwestislands bis zu mehrtägigen Exkursionen

ins unbewohnte Hochland. Da gibt es Bootsausflüge zur Vogel- oder Walbeobachtung bzw. zum Hochseeangeln und Flugexkursionen vom kurzen Rundflug über Tagesausflüge inklusive mehrstündigem „Bodenprogramm" bis hin zu ein- oder mehrtägigen Aufenthalten in Ost- und Südgrönland bzw. auf den Färöer-Inseln, den beiden spannenden Nachbardestinationen Islands. Außerdem werden allerlei Touren auf die Gletscher angeboten, vor allem auf den Vatnajökull – mit Motorschlitten, Schneeraupen oder mit Super-Jeeps, die aussehen, als wären sie der Phantasie eines Steven King entsprungen.
Entsprechend dem Angebot variieren die Preise: Exkursionen mit dem Linienbus kosten ab ca. 25 DM, Halbtagestouren mit Guide ab 75 DM, Ganztagsausflüge ab ca. 100 DM, Bootstouren etwa 50 – 100 DM, Flugexkursionen und Rundflüge ab ca. 220 DM, Grönlandexkursionen ab ca. 600 DM (Tagestour) bis ca. 1400 DM (5 Tage mit Hotel).

Schmierseife muß oft schon sein, um den Geysir zu aktivieren.

Einsamer Campingplatz nordöstlich des Gletschers Vatnajökull.

Das größte Ausflugsangebot – nicht nur mit Bussen – bietet das Reisebüro der Busgesellschaften BSÍ im Obergeschoß des Reykjavíker Busbahnhofs:
BSÍ Travel
Vatnsmýrarvegur 1
101 Reykjavík
Tel. 562 33 20
Fax 552 99 73
1.6. – 31.8. So – Fr 7.30 – 19 Uhr, Sa 7.30 – 14 Uhr; 1.9. – 31.5. Mo – Fr 9 – 17 Uhr.

B BADEN

Island ist dank heißer Quellen rund ums Jahr ein Badeland. Wenigstens einen einfachen Pool gibt es beinahe an jedem Ort und in un- oder dünnbesiedelten Gegenden oft auch an Stellen, wo heißes Wasser aus der Erde kommt.
Baden im Meer oder in geothermisch nicht angewärmten Binnenseen ist dagegen eher etwas für abgehärtete Naturen; Islands bekannteste Strände liegen bei Búðir an der Südküste der Halbinsel Snæfellsnes und südwestlich

von Keflavík an der Westküste der Halbinsel Suðurnes.

BANKEN

Banken sind in der Regel an Werktagen von 9.15 – 16 Uhr geöffnet. Wechselstuben mit verlängerten Öffnungszeiten findet man u.a. im Flughafen Keflavík (6.30 – 18 Uhr) und in der Touristen-Information von Reykjavík (Bankastræti 2; Mai – Sept. 8.30 – 20 Uhr; sonst 9 – 17.30 Uhr).
Einige Geldautomaten akzeptieren zur Bargeldauszahlung Kreditkarten von Visa und Eurocard, wenige auch EC-Karten.

BEHINDERTE

Neuere Hotels in Reykjavík, Akureyri und einigen anderen Orten haben behindertengerechte Zimmer; gängige Hotelverzeichnisse geben im Detail Auskunft darüber. Flug- und Busgesellschaften bieten Behinderten auf Anfrage alle nötige Hilfe. Die Fähren Baldur (Snæfellsnes-Westfjorde) und Herjólfur (Westmänner-Inseln) sind für Rollstuhlfahrer eingerichtet. Weitere Informatio-

nen bietet das Isländische Fremdenverkehrsamt (siehe unter Stichwort „Information" S. 176).
Auf Reisen mit Behindertengruppen ist spezialisiert:
Ferðafélagar hf
Reynigrund 65
200 Kópavogur
Tel. 564 40 91
Fax 564 40 92.

CAMPING

Über ganz Island – einschließlich dem Hochland – verteilen sich die mehr als 120 Campingplätze, die das Verzeichnis des isländischen Fremdenverkehrsamtes auflistet.
Außerdem bieten einige Bauernhöfe, die dem Verband „Islandferien auf dem Bauernhof" (siehe Stichwort „Unterkunft" S. 186) angeschlossen sind, Zeltmöglichkeiten. „Plumpsklo" und Kaltwasserhahn gehören zur Mindestausstattung, feste Duschen, Kochgelegenheit und Aufenthaltsräume zur Luxusversion.
Wie der Standard, so variieren auch jeweils die Preise von 0 bis ca. 10 DM pro Kopf und Nacht. Die Saison dauert in der Regel von Anfang/Mitte Juni bis Anfang/Mitte September. Außerhalb der offiziellen Öffnungszeiten kann man einige Plätze aber trotzdem benutzen, darf dann aber keinerlei Service erwarten.
Freies Zelten ist erlaubt, ausgenommen in Nationalparks und auf bewirtschaftetem Land – Heuwiesen eingeschlossen.

D

DEBETKARTEN

MAESTRO- und EDC-Debetkarten wurden 1993 in Island eingeführt und sind seitdem ein verbreitetes Zahlungsmittel geworden. Mit MEASTRO, EDC und CIRRUS kann Bargeld in 26 Geldautomaten im Land abgehoben werden.

DIPL. VERTRETUNGEN

Bei Unfällen oder schweren Krankheiten, Paßverlust, Inhaftierung und ähnlichen Notlagen, nicht aber bei touristischen Problemen (inklusive Geldknappheit) helfen die diplomatischen Vertretungen der Heimatländer:

Botschaft Deutschlands
Túngata 18
Tel. 551 95 35 oder 551 95 36.

Konsulat Österreichs
Austurstræti 17
Tel. 552 40 16.

Konsulat der Schweiz
Laugavegur 13
Tel. 562 58 70.

EINREISE

Staatsbürger Deutschlands, Österreichs und der Schweiz benötigen für die Einreise einen gültigen Personalausweis oder Reisepaß. Vor allem Jugendliche und Backpacker müssen gelegentlich Tickets für die Rückreise und genügend Geldmittel für die Dauer des Aufenthaltes vorlegen.
(siehe auch unter Stichwort „Zoll", S. 189)

ESSEN

Es gibt vor allem in Reykjavík und Akureyri ausgezeichnete Restaurants, in denen Landesspezialitäten wie Fisch- und Lammgerichte auf vielfältige Weise zubereitet werden. Außerhalb der Städte bieten in der Regel die Hotels eine gute Küche, während sich Raststätten und Gasthäuser entlang der Straßen kulinarisch eher auf dem Niveau von Imbiß-Buden und Hamburger-Bratereien bewegen. In Reykjavík stößt man auch auf zahlreiche ausländische Spezialitätenlokale vor allem „Italiener" sind populär.
Die traditionelle Küche mit halben Schafsköpfen (svið), fermentiertem Hai (hákarl), eingesäuerten Hammelhoden (pungur) oder in Molke eingelegten Blut- und Leberwürsten (blóðmör, lifrarpylsa) erlebt man als Tourist am besten auf speziellen Arrangements wie Wikinger- und Folkloreabenden, die u.a. in Hafnarfjörður und Egilsstaðir angeboten werden. Für See-

vögel – Islands Wildspezialität – ist die Küche der Westmänner-Inseln berühmt.
Bei den Preisen gilt die Faustregel: Je besser die Qualität, desto eher entsprechen sie dem Preisniveau in Mitteleuropa. Relativ teuer wird es, wenn man vermeintlich Billiges wählt, z.B. Hamburger. Zum Lunch ißt man grundsätzlich günstiger als am Abend. Ein Touristenmenü „sumarréttir" mit Vor- und Hauptspeise sowie einem Kaffee zum Abschluß (mittags ca. 25, abends ca. 40 DM) bieten landesweit Restaurants an, die sich mit entsprechenden Aufklebern am Eingang offenbaren. Kinder bis zu 5 Jahren essen umsonst, und Kinder zwischen 6 und 12 Jahren zahlen nur den halben Preis.
(siehe auch Stichwort „Alkohol", S. 169.)

F

FESTE & FEIERTAGE

Das größte Volksfest des Jahres findet jeweils am Natio-

Schon die Wikinger konservierten ihr Pökelfleisch in Holzfässern.

Steile Klippen an der Südküste bei dem Leuchtturm von Dyrhólaey.

nalfeiertag, dem 17. Juni, statt. An diesem Tag gibt es im ganzen Lande zahlreiche Veranstaltungen und sportliche Wettkämpfe. Am Abend wird in größeren Ortschaften bis in die Nacht – falls es das Wetter erlaubt – im Freien getanzt. Ein anderes Sommerfest ist mit dem sogenannten Handelsfeiertag, dem ersten Montag im August, verbunden. An diesem langen Wochenende gibt es in vielen Landesteilen große Open-air-Festivals, die vor allem von den Jugendlichen besucht werden.

Silvester wird auf Island ausgiebig gefeiert. Nach einem festlichen Abendmahl strömen die Isländer aus ihren Häusern, um die großen Feuer zu beobachten, die überall in den Ortschaften vorbereitet worden sind. Am späten Abend gibt es dann Feuerwerke, die um Mitternacht ihren Höhepunkt erreichen. Anschließend wird die ganze Nacht gefeiert. In den letzten Jahren kamen zunehmend mehr Gäste aus dem Ausland, um auf Island den Jahreswechsel zu erleben, entsprechende Arrangements bieten alle Veranstalter.

Eine besondere Festzeit, das traditionelle Þorrablót, dauert von Mitte Januar bis Mitte Februar. In diesen Wintertagen werden die alten Spezialitäten wie fermentierter Hai, eingelegte Hammelhoden oder gepökeltes Wal- und Seehundsfleisch aufgetischt – und nie fehlt dabei der Brennivín.

An den folgenden Feiertagen sind Banken sowie die meisten Geschäfte und Firmen geschlossen:
Neujahrstag, Gründonnerstag, Karfreitag, Ostermontag, 1. Sommertag (am 3. Donnerstag im April), Tag der Arbeit (1. Mai), Himmelfahrt, Pfingstmontag, Nationalfeiertag (17. Juni), Handelsfeiertag (1. Montag in August), Heiligabend (ab Mittag), 1. Weihnachts-Feiertag, 2. Weihnachts-Feiertag und Silvester.

FOTO & VIDEO

Foto- und Videofilme sind ausgesprochen teuer. Licht und Motive locken aber zu immer neuen Aufnahmen – selten reichen die mitgebrachten Filme. Also deutlich mehr einpacken, als man

meint, zu benötigen. Foto- und Videobeschränkungen bestehen in einigen Museen sowie rund um die Nester geschützter Vögel.

FUNDBÜRO

Das Fundbüro von Reykjavík befindet sich im Hauptpolizeiamt (isländisch „Lögreglustöð").

Hverfisgata 115
150 Reykjavík
Tel. 569 90 00.

GELD

Die isländische Währungseinheit ist die „króna" (Krone), die aus 100 „aurar" (Öre) besteht. Im Umlauf sind Münzen zu 1, 10, 50, 100 Kronen sowie Scheine zu 100, 500, 1000, 2000, 5000 Kronen. Aurarbeträge werden meist gerundet, Aurar-Münzen (5, 10 und 50 Aurar) kaum noch benutzt.

Da isländische Kronen außerhalb des Landes (auch auf der färöischen Fähre!) nur mit großen Kursverlusten zu tauschen sind, sollte man sie ausschließlich in Island kaufen und gegebenenfalls verkaufen. Devisenbeschränkungen für Urlauber gibt es nicht.

Mit Visa- und EuroCard-Kreditkarten kann man so gut wie überall auch kleinere Beträge bezahlen sowie in Banken, Sparkassen und an zahlreichen Geldautomaten Bargeld bekommen. Etwas seltener sind Akzeptanzstellen von American Express und Diners Club. In Kronen

HAUSTIERE

ausgestellte Euroschecks sowie Reiseschecks werden in Banken und bei größeren Dienstleistungsunternehmen akzeptiert.

Günstig ist der Umtausch vom Postsparbuch der Deutschen Bundespost bei allen Postämtern (u.a. im Flughafen Keflavík in der Ankunftshalle).

Viele Tourismusunternehmen (u.a. Flughafenbus) akzeptieren gängige Fremdwährungen zu fairen Kursen, dafür sollte man kleine Scheine bereithalten.

Der Wechselkurs lag bei Redaktionsschluß dieser Auflage bei ca. 45 ISK = 1 DM, 100 ISK = 2.20 DM.

Die Isländische Krone ist eine relativ schwache Währung, die regelmäßig an Wert verliert. Seit Beginn der neunziger Jahre hat dies für Urlauber zu einigen Preissenkungen geführt, zum Teil wurden die Vorteile aus dem Kursverfall aber durch Preissteigerungen im Land neutralisiert.

Viele isländische Unternehmen haben sich angewöhnt, langfristig gültige Preise für touristische Leistungen in DM oder US$ zu veröffentlichen (kassiert wird allerdings in ISK).

In diesem Buch werden deshalb die Preise in DM angegeben.

HAUSTIERE

Es ist leider auf legalem Weg nicht möglich, die eigenen Haustiere auf eine Urlaubsreise nach Island mitzunehmen.

INFORMATION

Über das Reiseland Island informiert in Mitteleuropa:

Isländisches Fremdenverkehrsamt City Center Carl-Ulrich-Str. 11/III D-63263 Neu-Isenburg Tel. 06102/25 44 84 Fax 06102/25 45 70.

Isländisches Fremdenverkehrsamt c/o Icelandair Siewerdtstraße 9 CH-8050 Zürich Tel. 01/312 73 73 Fax 01/312 73 74.

Vor Ort in Island informieren etwa 20 Touristen-Informationen vorrangig über ihre jeweilige Region, zum Teil auch über das ganze Land. Die beiden größten sind:

Tourist Information Center Bankastræti 2 101 Reykjavík Tel. 562 30 45 Fax 562 47 49 Öffnungszeiten: 1.6.- 31.8. Mo – Fr 8.30 – 18, Sa 8.30 – 14, So 10 – 14; 1.9. –

31.5. Mo – Fr 9 – 17, Sa 10 – 14 Uhr.

Tourist Information Umferðarmiðstöðin (Busbahnhof) Hafnarstræti 82 600 Akureyri Tel. 462 77 33 und 462 44 42 Fax 461 18 17. Öffnungzeiten: 1.6. – 31.8. Mo – Fr 7.30 – 19, Sa u. So 7.30 – 11.30, 13 – 18.30; 1.9. – 31.5. Mo – Fr 9 – 17 Uhr.

JUGENDHERBERGEN

(siehe Stichwort „Unterkunft", S. 186.)

KARTEN

Gute und vor allem aktuelle Straßenkarten sind für Selbstfahrer wichtig. Am besten kauft man sich gleich nach der Ankunft in einer Tankstelle, einem Buchladen oder einer Touristen-Information die aktuellsten Aus-

Sommerliche Mittagspause vor dem alten Regierungsgebäude.

176 FAX 00354 562 4749

Auf den moosgepolsterten Lavasteinen läßt es sich gut ausruhen.

KRIMINALITÄT

Natürlich gibt es auch im Island von heute Kriminalität, aber bisher in kaum nennenswertem Umfang. Mit einem Mindestmaß an Vorsicht kommt man gut zurecht.

MAßE & GEWICHTE

In Island gilt das metrische System mit g, kg, m und cm.

gaben der Karten 1:500.000 oder 1:750.000 des isländischen Vermessungsamtes „Landmælingar Islands", die in der Regel in Island billiger als im Ausland sind. Wer sich intensiver mit einer Region befassen will, bekommt Detailkarten im Maßstab 1:250.000 oder 1:100.000. Zu den touristisch wichtigsten Gebieten gibt es Spezialkarten, so zur Mývatn-Region und zum Nationalpark Skaftafell. In den Nationalparks bekommt man bei den Aufsehern Broschüren mit guten Ausschnittkarten.

Wer an einer Gruppenreise mit Guide teilnimmt, kommt gut mit einer der zahlreichen Gratiskarten zurecht, die in den Touristen-Informationen und in vielen Unterkünften ausliegen.

Von den nach isländischem Recht illegalen Produkten mitteleuropäischer Verlage ist allenfalls die R&V Euro-Cart akzeptabel, die aber beim häufig wechselnden Verlauf der Hochlandrouten und beim Stand der Asphaltierung den isländischen Karten meist ein paar Jahre nachhinkt.

KLEIDUNG

Jeder, der nach Island reist, sollte einen warmen Pullover oder eine windfeste Jacke im Gepäck haben sowie feste Regenkleidung und stabile Wanderschuhe. Badezeug nicht zu vergessen! Diejenigen, die ins Hochland wollen oder auf dem Campingplatz wohnen möchten, sollten auch warme Unterwäsche und Socken sowie Gummistiefel und einen gefütterten Schlafsack dabei haben.

KLIMA

Dank des Golfstromes erfreut sich Island eines frischen, gemäßigten Meeresklimas mit kühlen Sommern und verhältnismäßig milden Wintern. Das Wetter ist jedoch sehr wechselhaft, mit Wetterumschwüngen ist jederzeit zu rechnen. (Siehe auch Klimatabelle, S. 189)

MEDIEN

Fernsehen und Radio werden von staatlichen und privaten Sendern ausgestrahlt, außerdem können sich die Isländer aus einer Handvoll Tageszeitungen informieren.

Das erste Programm des staatlichen Rundfunks strahlt täglich um 8.30 Uhr Nachrichten in Englisch aus.

Größere Hotels bieten ihren Gästen Satellitenprogramme, darunter meist CNN und BBC, oft auch deutschsprachige Programme.

Die Deutsche Welle ist auf der Kurzwelle zu empfangen, aktuelle Frequenzen nennt der Hörerservice des Senders:

Deutsche Welle
radio & tv international
Abt. Hörerpost
50588 Köln
Tel. 0221/389 32 08.

Internationale Presse verkauft in Reykjavík: Bókabúð-

	Temperatur °C		Niederschlag mm	
	Jan	Juli	Jan	Juli
Reykjavík	-0,5	10,6	75,6	51,8
Akureyri	-2,2	10,5	55,2	33,0
Westmänner-Inseln	1,3	9,6	158,3	94,9

Kiosk im Busbahnhof und Laden Lækjargata 2.

MEHRWERTSTEUER

Auf Waren liegt eine Mehrwertsteuer von 24,5%, die ausländischen Käufern unter bestimmten Voraussetzung erstattet wird. Der einfachste Weg: Kauft man in Geschäften, die mit dem Aufkleber „Iceland Tax Free Shopping" gekennzeichnet sind, für mehr als 5000 ISK (ca. 110 DM) pro Rechnung, erhält man einen Gutschein über etwa 15% des Kaufpreises. Wenn man die Ware dann – offiziell unbenutzt – ausführt, kann man den Gutschein einlösen. Fluggäste haben dazu die Möglichkeit im Duty-free-Shop am Flughafen Keflavík (Erstattung in ISK). In anderen Fällen (Fähre, Kreuzfahrtschiff usw.) läßt man sich den Gutschein vom isländischen Zoll abstempeln und schickt ihn an: Iceland Tax-Free Shopping, P.O. Box 1200, IS-235 Keflavík. Die Erstattung erfolgt per Scheck (in US$) an die Heimatadresse oder auf ein Kreditkartenkonto in der Heimatwährung.

MITTERNACHTSSONNE

Islands Lage direkt unter dem Polarkreis beschert dem Land im Sommer kurze und helle Nächte. Im Norden des Landes läßt sich auch die Mitternachtssonne beobachten. Nimmt man es aber genau, dann mogeln die Isländer: Um vom europäischen Wirtschaftsleben nicht gänzlich abgekoppelt zu sein, benutzen sie rund ums Jahr die

Die alte Bauernwohnstube im Freilichtmuseum Glaumbær.

Greenwich Mean Time, obwohl ihre Insel bei einer Ausdehnung von 13° 30' bis 24° 32' West ein bis zwei Zeitzonen (eine Zeitzone = 15°) weiter westlich als die Londoner Sternwarte Greenwich (0°) liegt. So steht die Sonne z.B. in Akureyri an den Tagen um Mittsommer (21. Juni) bis lange nach 24 Uhr am Himmel, geht dann aber, wenn niemand mehr so recht darauf achtet, doch für ein paar Minuten unter. Echt ist die Mitternachtssonne auf der Insel Grímsey, knapp 100 km nördlich von Akureyri, dem einzigen Flecken Islands, der auf dem Polarkreis liegt. Ab Akureyri werden Boots- und Flugexkursionen nach Grímsey angeboten.

Gleichgültig ob echt oder pseudo: Die Sonne wärmt nachts nicht, man muß sich also warm anziehen, wenn man sie beobachten will.

Im Winter sind die hellen Stunden knapp. Soweit die Sonne durch die Wolkendecke dringt, steht sie im Dezember und Januar pro Tag nur 3 – 4 Stunden am Himmel. Durch das oben beschriebene Leben in der falschen Zeitzone geht sie dann auch erst gegen Mittag auf. Eine richtige Polarnacht mit 24 Stunden Dunkelheit gibt es aber nicht.

MUSEEN

(siehe vor allem Info-Teil zum Kapitel 2, Seite 30/31)

MUSIK

Für diejenigen, die eine musikalische Erinnerung an Island mit nach Hause nehmen möchten, sind einige Schallplatten, Kassetten und CDs mit isländischer „Volksmusik" zu empfehlen, die in den meisten Plattengeschäften, sowie an vielen Kiosken auf dem Land erhältlich sind. Dazu gehören Aufnahmen mit den Folkloregruppen Savanna-Trio, Islandica und Rio-Trio.

Besonders empfehlenswert sind die beiden Kollektionen isländischer Volkslieder, „Íslenzk alþýðulög" und „Íslandsklukkur". Bei letzterer fließen allerdings einige

Elemente moderner Stilrichtungen ein.

Derzeit bekanntester Musikexport Islands ist die Sängerin Björk. Ab Mitte der 80er Jahren wurde sie als Stimme der „Sugarcubes", einer isländischen Rock-Gruppe aus der Independent-Szene, weit über die Grenzen der Insel hinaus bekannt und scheint nach den Erfolgen ihrer Soloalben „Debut" (1993) und „Post" (1995) auf dem besten Weg zu sein, ein Weltstar zu werden.

In isländischen Plattenläden wird eine Jazz-CD verkauft, auf der Björk in den meisten der 16 Stücke in ihrer Muttersprache zu hören ist (Gling-Gló; Björk Guðmundsdóttir & trío Guðmundar Ingólfssonar).

NACHTLEBEN

(siehe unter Info-Teil zum Kapitel 2, Seite 30)

NAMENSREGELUNG

Nur 10% aller Isländer tragen einen Familiennamen im mitteleuropäischen Sinne, alle anderen benutzen statt dessen einen Nachnamen, der sich aus dem Vornamen des Vaters und dem jeweiligen Zusatz „son" für Sohn oder „dóttir" für Tochter zusammensetzt. So bedeutet der Name „Sigurður Jónsson" nichts anderes als Sigurður, Sohn des Jón, und Guðný Halldórsdottir ist Guðný, die Tochter von Halldór.

Aus diesem Grund sprechen sich die Isländer auch mit Vornamen an. Folglich benutzt ein Reporter, der die Staatspräsidentin interviewt, nicht die Anrede „Frau Finnbogadóttir" – also „Frau Tochter des Finnboga" –, sondern einfach nur „Vigdís". Und wenn er dann mit einem „Du" weitermacht, ist das ganz normal: Auf Island duzt man sich unabhängig von sozialem Rang oder Bekanntschaftsgrad.

Ein Kapitel für sich ist schließlich das landesweite Telefonbuch: Dort sind die Teilnehmer nach Vornamen geordnet.

NORDLICHT

Von Mitte September bis in den März hinein kann man am Nachthimmel über Island – am besten im Norden und Nordwesten – das Nordlicht (aurora borealis) beobachten, ein faszinierendes Naturphänomen. Es entsteht – wie auch sein Pendant über der Antarktis – durch elektrisch geladene Partikel der Sonnenwinde. Die werden vom magnetischen Feld der Erde in die Polarregionen gelenkt und regen dort, in rund 100 km Höhe, Atome der äußeren Erdatmosphäre zu Reaktionen an, bei denen Energie in Form von Licht freigesetzt wird. Dies zeigt sich über Island meist in hellen Grüntönen, mal als dünne Streifen, mal ganz intensiv wie ein langer, leichter Vorhang, der vom Wind bewegt wird.

NOTRUF / POLIZEI

Notruf = Neyðarsími: 1 12. Weitere regionale Notruf-

Beim Schafabtrieb stimmen die Isländer fröhliche Lieder an.

nummern findet man vorne im Telefonbuch: Feuerwehr = Slökkvistöð; Polizei = Lögregla; Rettungswagen = Sjúkrabíll; ärztlichem Notdienst = Læknavakt; Krankenhaus = Sjúkrahús.
Notrufnummern im Großraum Reykjavík:
Polizei 1 12
Feuerwehr und Rettungswagen 1 12.
(siehe auch Stichwort „Ärztliche Versorgung", S. 171)

Island ist für Motocross-Fahrer eine echte Herausforderung.

ÖFFNUNGSZEITEN

Die generellen Öffnungszeiten sind von 9 – 17 Uhr; in der Zeit um Juni – August verlegen einige Institutionen und Firmen die Öffnungszeiten auf 8 – 16 Uhr.
Ladenöffnungszeiten: Mo – Fr von 9 – 18 Uhr, Sa von 10 – 14, 15 oder 16 Uhr, je nach Geschäft. Einige Supermärkte haben am Freitag verlängerte Öffnungszeiten. Während der Sommermonate, von Juni – August, sind viele Geschäfte samstags geschlossen, ausgenommen Woll- und Souvenirgeschäfte, die samstags und z.T. auch sonntags geöffnet sind. Die sogenannten „10 bis 11"- oder „11 bis 11"-Geschäfte sind jeden Tag geöffnet.

POST

Postämter gibt es in allen größeren Gemeinden, meist zusammen mit Telefonämtern (postur og sími). Öffnungszeiten sind in der Regel Mo – Fr 8.30 – 16.30 Uhr.

In Reykjavík haben einige Postämter länger und auch samstags geöffnet: Postamt im Busbahnhof (Vatnsmýrarvegur 10, Mo – Fr 12 – 18 Uhr, Sa 9 – 13 Uhr), Postamt in der Einkaufspassage Kringlan und Postamt Ármúli 25 (beide Mo – Fr 8.30 – 18 Uhr).
Gebühren für Luftpostsendungen in europäische Länder: Postkarten und Briefe bis 20 gr 35 ISK, bis 50 gr 70 ISK und bis 100 gr 90 ISK.
Sammlerservice der Post: Postamt Ármúli 23, 108 Reykjavík. Schalter mit Sammlerservice auch im Hauptpostamt Pósthusstræti 5 im Zentrum der Stadt.
Alle Postämter bieten Telefaxservice (siehe auch Stichwort „Telefon und Telefax", S. 182).

SOUVENIRS

Auf Island gibt es zahlreiche Spezialgeschäfte von internationalem Niveau. Als Besonderheiten führen sie Wollstrickwaren, wie traditionelle und modische Pullover, Strickjacken, Mützen und Fäustlinge, aber auch kunstgewerbliche Keramik und Glaswaren sowie Silberschmuck. Wenn man durch das Land reist, findet man oft in kleineren Geschäften an den Hauptstraßen preisgünstige Wollsachen, die von den Frauen aus dem jeweiligen Landkreis stammen. Ferner kann man auf Island aus einem reichen Sortiment erstklassiger Fischereiprodukte wählen. Als besondere Delikatessen sind sowohl der geräucherte Lachs als auch der Gravlachs zu empfehlen.

SPORT

Angeln
Island ist als Anglerparadies bekannt. Die Lachsfangsaison beginnt um den 20. Juni und endet Mitte September. Die Forellensaison variiert von See zu See und von Fluß zu Fluß, dauert aber in der Regel von April/Mai – September/Oktober. Im Winter wird Eisangeln auf Binnenseen immer populärer.
Lizenzen zum Lachsangeln sind sehr begehrt – am besten ein halbes Jahr vorausbuchen – und auch sehr teuer. Pro Tag und Rute werden

mehrere hundert, gelegentlich auch mal über tausend Mark fällig. An Spitzenflüssen werden Lizenzen meist im Paket angeboten, orts- und sachkundiger Guide sowie Aufenthalt in einer komfortablen „fishing-lodge" bei voller Verpflegung inklusive. Die bekanntesten Lachsflüsse sind Laxá í Kjós nahe Reykjavík, Laxá í Leirársveit sowie mehrere Flüsse in der Region Borgarfjörður. Lachsflüsse werden regelmäßig kontrolliert, Schwarzangler streng bestraft.
Weitere Informationen zum Lachsangeln:
National Angling Association
Bolholt 6
105 Reykjavík
Tel. 553 15 10
Fax 568 43 63.

The Angling Club Laxá
P.O. Box 3363
123 Reykjavík
Tel. 565 54 10
Fax 565 54 15.

Weitaus preiswerter sind Lizenzen für Forellenflüsse und -seen, die ab 20 DM pro Tag kosten und meist bei dem Bauern zu bekommen sind, an dessen Land das Gewässer grenzt. Informationen sowie Gutscheine für Angellizenzen bietet der Verband „Islandferien auf dem Bauernhof" (siehe auch Stichwort „Unterkunft", S. 187).
Angelgerät muß bei der Einfuhr nach Island neu oder nachweislich desinfiziert sein. Es kann auch bei der Einreise gegen eine Gebühr desinfiziert werden.

Golfen

Golfer finden in Island viele Gleichgesinnte und ein halbes Dutzend 18-Loch- sowie zahlreiche 9-Loch-Plätze. Im Sommer wird gern in die hellen Sommernächte hinein gespielt, berühmt ist das Mitternachtsturnier „Arctic Open" in Akureyri (siehe Service zu Kapitel 7, S. 131).

Informationen bietet der Isländische Golfverband:
Golf Union of Iceland
Laugardalur
104 Reykjavík
Tel. 568 66 86
Fax 568 60 86.

Radfahren

Wer ausschließlich mit dem Rad Island erfahren will, sollte sehr gut in Form sein und ausgezeichnetes Material benutzen. Denn wer sich oder seine Ausrüstung überschätzt – und das machen leider viele Biker –, flucht meist nur über die Schotterpisten, die ewigen Steigungen, die Witterung und zuletzt über das ganze Land.
Soweit Platz ist, nehmen Linienbusse und Icelandair Domestic auf Inlandsflügen Fahrräder mit – so kann man uninteressante Passagen bequem überwinden.
Oder man bucht – vielleicht schon zu Hause über einen Spezialveranstalter für Islandreisen – eine Radrundfahrt, bei der man ohne Gepäck ausgewählte, schöne Strecken mit dem Rad fährt und die Verbindungsetappen per Bus- oder Geländewagen bewältigt.
Solche Touren bietet z.B.:

Arinbjörn Jóhannsson
Erlebnistouren
Brekkulækur
531 Hvammstangi
Tel. 451 29 38
Fax 451 29 98.

Beim Mountain-Biking kann man in Island durchaus kalte Füße bekommen.

An vielen Orten kann man sich Mountain-Bikes auch ausleihen (etwa 25 DM pro Tag, 150 DM pro Woche, 450 DM pro Monat).
Verleih u.a. durch:

BSÍ Travel
Vatnsmýrarvegur 1
101 Reykjavík
Tel. 562 33 20
Fax 552 99 73.

Rafting
(siehe Info-Teil zu Kap. 10, S. 119)

Reiten
(siehe Kapitel 6, S. 66 – 73)

Wandern
(siehe Info-Teil zu Kap. 10, S. 118)

Wintersport
(auch im Sommer)
Skilaufen kann man im Sommer auf mehreren Gletschern und im Gebiet der Kerlingarfjöll (siehe Kapitel 5, S. 60). Im Winter ist das Hochland die einzig absolut schneesichere Region. Gute Chancen auf ordentliche Schneeverhältnisse kann man aber auch in den erschlossenen Skigebieten bei Ísafjörður (Westfjorde), Siglufjörður, Dalvík und vor allem Akureyri (alle Nordisland) haben sowie in kalten Wintern rund um Reykjavík. 20 km südöstlich der Hauptstadt ist das Revier am Bláfjöll mit einem guten Dutzend Liften und verschiedenen Langlaufloipen das größte erschlossene Wintersportgebiet des Landes.

Islandpferde: Tag für Tag für die Bauern der treueste Partner.

SPRACHE

Isländisch ist eine germanisch-nordische Sprache, die seit der Besiedlung der Insel vor 1100 Jahren durch norwegische Einwanderer weitgehend unverändert geblieben ist. Die Isländer verstehen und sprechen in der Regel Englisch und Dänisch („Skandinavisch"), und viele können auch etwas Deutsch. Zwei spezielle Buchstaben kommen im Isländischen vor: Þ/þ wird hart wie th im englischen „thing" ausgesprochen; Ð/ð wie stimmhaftes th im englischen „them".

STROM

Die Stromspannung entspricht dem mitteleuropäischen Standard, und die Stecker passen in der Regel.

TELEFON & TELEFAX

Island hat ein modernes Selbstwähl- und Mobiltelefonnetz (NMT und GSM); Telefax ist weit verbreitet. Es ist möglich, von jedem Telefon In- und Auslandsgespräche zu führen.
Im Land gibt es für Telefon-, Fax- und Mobiltelefonanschlüsse nur siebenstellige Nummern, die immer komplett zu wählen sind. Es gibt keine besonderen Vorwahlen! Nummern in Reykjavík beginnen mit 5, außerhalb des Hauptstadtgebietes mit 4, Mobiltelefone mit 85 oder 84, gebührenfreie Rufnummern mit 800.
Servicenummern:
Inlandsauskunft 118
Auslandsauskunft 114
Telegrammannahme 146
(oder an Postämtern).
Anrufe vom Ausland nach Island:
Internationale Zugangsnummer (in A, CH, und D = 00) + 354 + Teilnehmernummer.
Anrufe von Island ins Ausland:
00 + Kennzahl des gewünschten Landes (A=43, CH=41, D=49) + Vorwahl (in A, CH und D ohne die Anfangs-0) + Teilnehmernummer.
Für Auslandsgespräche sind Kartentelefone oder Münzfernsprecher, die 50 ISK-Münzen annehmen, zu empfehlen. Telefonkarten (500 ISK) werden u.a. in Postämtern verkauft.
Die Gebühren für Gespräche in die Länder Mitteleuropas liegen bei ca. 1.50 – 2.00 DM pro Minute und sind nachts zwischen 23 und 8 Uhr ermäßigt.

Gebührenfreie Rufnummer „Deutschland-direkt" für T-Card-Connect-Service (nur T-Card-Inhaber) oder R-Gespräche: 800 90 49.

Wer nicht per Fähre oder Frachter sein eigenes Fortbewegungsmittel mit nach Island bringt, aber trotzdem individuell reisen will, kann auf ein gut entwickeltes, öffentliches Verkehrsnetz mit Bussen, Fähren und Flugzeugen zurückgreifen oder sich einen Mietwagen nehmen.

Mit dem eigenen Wagen
Islands Straßen haben einen legendären Ruf als die rau-

hesten Europas. In der Tat gibt es vor allem in dünner besiedelten Gebieten im Norden und Osten des Landes sowie im unbewohnten Hochland noch Schotterstraßen und -pisten, die man in Mitteleuropa nicht einmal als Feldweg bezeichnen geschweige denn mit einem normalen Fahrzeug benutzen würde.

Es werden aber immer mehr Straßenkilometer asphaltiert; die Ringstraße hat nur noch wenige Schotterlücken in Ostisland.

Wo noch Schotter ist, muß man vorsichtig fahren, braucht aber keine Panik zu bekommen: Es ist nur eine Frage der Geschwindigkeit,

ob Schotter ein gefährlicher Belag ist oder nicht.

Wichtig ist die Bodenfreiheit eines Fahrzeugs, man darf sie auf keinen Fall durch Überladung einschränken.

Tankgelegenheiten gibt es überall ausreichend. Gibt es irgendwo auf einem längeren Abschnitt keine Tankstellen, wird dies vorher am Straßenrand durch Schilder angezeigt.

Bleifreies Benzin und Super kosten zwischen 1.50 und 1.70 DM, Diesel etwa ein Drittel davon. Dieselfahrzeuge werden dafür hoch besteuert, auch bei zeitweiser Einfuhr für eine Urlaubsreise (etwa 80 DM pro Woche).

Mietwagen
Eines sei von vornherein klargestellt: Mietwagen sind in Island während der Reisesaison extrem teuer, wahrscheinlich teurer als irgendwo sonst in Europa.

Im Land gibt es zahlreiche Verleihfirmen, die meisten davon in Reykjavík. Einige haben Stationen in mehreren Städten; Die Firma Hertz – mit der Fluggesellschaft Icelandair verbunden – besitzt das dichteste Netz. Fly & Drive-Programme sowie Pauschalangebote, die neben Fahrzeugmiete auch 100, 200 oder unbegrenzte Freikilometer einschließen, sind in der Regel günstiger als die normale Miete vor Ort, insbesondere während der Hochsaison im Sommer.

In der Vor- und Nachsaison sind Rabatte bis 25% üblich, vor Ort bei kleineren Verleihfirmen sind dann auch größere Nachlässe aushandelbar.

Ausgesprochen steil und kurvenreich verlaufen die Hochlandpisten.

Bei allen Preisangaben in Sachen Mietwagen muß man genau darauf achten, ob die Mehrwertsteuer von derzeit 24,5% schon enthalten ist.

Bei einer Mietdauer von einer Woche kostet ein Kleinwagen inkl. 100 Freikilometer, aber ohne Vollkasko und Benzin pro Tag rund 150 DM, ein Geländewagen, mit dem man auch auf Hochlandpisten fahren darf, ab etwa 260 DM (einfacher 4 Sitzer) bis über 500 DM (10 Sitzer). Jeder zusätzliche Kilometer schlägt je nach Wagentyp mit 1 DM bis 3 DM zu Buche.

Mit dem öffentlichen Transport: Bus, Flug und Fähre
Dichter besiedelte Gebiete werden ganzjährig von Bussen angefahren, im Südwesten des Landes mehrmals täglich, sonst mindestens einmal am Tag. In dünn besiedelten Regionen und außerhalb der Sommersaison ist die Verkehrsfrequenz geringer. Auf der Ringstraße kann man Island von Mitte Mai bis in die erste Oktoberwoche ganz umrunden, den Rest des Jahres klafft im Osten eine Lücke.

Je nach Öffnungszeit der Hochlandpisten verkehren Busse im Juni, Juli und August zu allen interessanten Zielen im unbewohnten Landesinneren.

Die meisten Langstreckenbusse verlassen Reykjavíks Busbahnhof zwischen 8 und 9 Uhr am Morgen. Dazu gibt es vom 15.6. – 15.8. jeden Morgen um 7 Uhr einen kostenlosen Transferbus ab Laugardalur (Jugendherberge und Campingplatz).

Die Strecken durch das Hochland erfordern geschickte Busfahrer.

Informationen und Ticketverkauf am Busbahnhof Reykjavík
tägl. 7.30 – 23.30 Uhr
BSÍ (Ticket Office)
Vatnsmýrarvegur 1
101 Reykjavík
Tel. 552 23 00
Fax 552 99 73.

Die wichtigste Airline am Himmel über Island auf internationalen wie auf nationalen Routen ist Icelandair. Ganz im Gegensatz zur offiziellen Sprachreinhaltungspolitik benutzt die Gesellschaft in fremdsprachigen Broschüren und Anzeigen für ihre Inlandsdienste den Namen „Icelandair Domestic", obwohl sie im täglichen Gebrauch auf Island den Namen „Flugleiðir" trägt. Der steht auf allen Maschinen und den meisten Hinweistafeln in den Airports.

Mit Reykjavík als Dreh- und Angelpunkt fliegt Flugleiðir 9 Städte im ganzen Land an und kooperiert mit Flugfélag Norðurlands („Norlandair"). Diese Gesellschaft aus Akureyri fliegt von dort die Insel Grímsey (siehe Stichwort „Mitternachtssonne" S. 178) sowie kleinere Orte im Nordosten an und schafft auf der Route Ísafjörður – Akureyri-Egilsstaðir Querverbindungen im Netz von Flugleiðir – wichtig für Flugpaßinhaber (siehe unten).

Im Binnenverkehr hat außerdem „Íslandsflug" Bedeutung, eine junge, expansive Gesellschaft, die Reykjavík mit Orten im Nordwesten und Osten des Landes sowie mit den Westmänner-Inseln verbindet. Íslandsflug ist mit Flugfélag Austurlands (Eastair) verbunden, einer Airline, die ab Egilsstaðir kleinere Orte in Ostisland anfliegt.

Ab Ísafjörður operiert noch die kleine „Ernir Airlines" zu Zielen im Gebiet der Westfjorde (siehe Info-Teil zu Kapitel 12 S. 141).

Fliegen ist relativ preiswert (siehe Angaben unten), vor allem wenn man günstige Hin- und Rückflugtarife – besonders billig für alle unter 24 Jahren – oder einen der Flugpässe nutzt:

Icelandair Domestic (Flugleiðir)
Reykjavík Airport (Terminal Westseite)
101 Reykjavík
Tel. 505 03 00
Fax 505 03 50.
Stadtbüros in Reykjavík: Laugavegur 7; im Scandic Hótel Esja; in der Einkaufspassage Kringlan. Außerdem Büros auf allen angeflogenen Flughäfen.

Íslandsflug
Reykjavík Airport (Terminal Ostseite)
Tel. 561 60 60
Fax 562 35 37.

Sechs Fährlinien gibt es in Island. Sie verbinden die Inseln Grímsey und Hrísey im Norden sowie die Westmänner-Inseln (siehe Seite 54) mit dem Festland, erschließen die unbesiedelte Halbinsel Hornstrandir ab Ísafjörður (siehe Kapitel 12, S. 141) oder bieten sich als Alternativen zu langen Straßenstücken an, so die Fähren Reykjavík – Akranes und Stykkishólmur – Flatey – Brjánslækur.

Überfahrten sind für isländische Verhältnisse recht preiswert. Reservierungen und Tickets z.B. über BSÍ-Travel (siehe oben).

Die Bus-, Fähr- und Fluggesellschaften haben eine Reihe touristisch interessanter Pakete um ihre Dienste geschnürt.

Wer Island nur mit dem Bus erkunden will, kann zwischen mehreren Buspässen wählen:

„Hringmiði" erlaubt ohne zeitliche Begrenzung eine Umrundung Islands entlang der Ringstraße (320 DM). Ab 1996 gibt es eine erweiterte Version, die auch die Fahrt durch die Westfjorde inklusive der Fähre Stykkishólmur – Brjánslækur einschließt (460 DM).

In beiden Fällen muß man die einmal eingeschlagene Richtung bei der ganzen Umrundung einhalten.

Wer lieber kreuz und quer fährt, wählt den zeitlich begrenzten Paß „Tímamiði" für das gesamte Busnetz (aber ohne Hochlandstrecken). Er kostet 354 DM für 1 Woche, 485 DM für 2, 630 DM für 3 und 700 DM für 4 Wochen. Buspaßinhaber bekommen Ermäßigungen auf Bussen, die in oder durch das Hochland fahren.

Wer in dieser unbewohnten Region viel reisen will, kann mit einem „Highland Pass" für 425 DM die Kosten ein wenig senken.

Die Airlines locken mit diversen Flugpässen: Icelandair bietet Urlaubern, die mit der Gesellschaft ins Land fliegen, 2, 4, 5 oder 6 wahlfreie Flugabschnitte für 240 DM bis 515 DM oder für 615 DM ein „Fly as you please"-Ticket für 12 Tage unbegrenztes Fliegen. Bei Íslandsflug kosten die Pässe mit 2 oder 4 Flugabschnitten 195 DM bzw. 295 DM.

Attraktiv sind Flug-Bus-Kombinationen zum „Air Bus Rover"-Tarif: Bei Hin- und Rückreise zwischen zwei Orten fliegt man eine Strecke, die andere fährt

Propeller-Maschinen werden in Island bei Inlandsflügen eingesetzt.

man mit dem Bus – in den meisten Fällen kann man zwischen Ringstraße und Hochlandpiste wählen.

Preisbeispiele zum Vergleich für zwei der Hauptstrecken: (Stand: Preisankündigungen für 1996):

Reykjavík – Akureyri
(Entfernung auf der Ringstraße: 436 km)
Bus über Ringstraße: 94 DM
Bus über Kjölur-Route ohne Guide: 120 DM
dito mit Highland Pass (anteilig): 113 DM
Bus über Kjölur-Route mit Guide: 170 DM
Bus über die Sprengisandur-Route mit Guide: 170 DM
Linienflug: 140 DM
Linienflug mit PEX-Tarif: 196 DM*
Linienflug für Jugendliche bis 24 Jahre: 155 DM*
Flug + Bus, „Air Bus Rover" über Ringstraße: 201 DM*
Flug + Bus „Air Bus Rover" über die Kjölur-Route ohne Guide: 225 DM*
Flug + Bus „Air Bus Rover" über die Kjölur-Route mit Guide: 286 DM*
Flug + Bus „Air Bus Rover" über die Sprengisandur-Route mit Guide: 286 DM*

Reykjavík – Egilstaðir
(Entfernung: 700 km)
Bus über Ringstraße (Norden): 171 DM
Bus über die Ringstraße (Süden): 179 DM
Bus über die gesamte Ringstraße (Hringmiði Pass): 320 DM*
Linienflug: 172 DM
Flug (2-Strecken Pass) mit Íslandsflug: 195 DM*
Flug (2-Strecken Pass)

mit Icelandair Domestic: 240 DM*
Flug + Bus „Air Bus Rover" Ringstraße Norden: 304 DM*
Flug + Bus „Air Bus Rover" Ringstraße Süden: 304 DM*
Flug + Bus „Air Bus Rover" über Nordisland + Hochland-Route über Kjölur bzw. Sprengisandur mit Guide: 388 DM*

(* = hin- und zurück, alle anderen Preise einfacher Weg).

TRINKGELD

Im Endpreis sind in Island grundsätzlich Bedienung und Mehrwertsteuer enthalten. Daher ist es nicht üblich, der Bedienung im Lokal oder dem Taxifahrer Trinkgeld zu geben. Bei organisierten Busreisen jedoch hat sich die Sitte eingebürgert, am Ende der Fahrt dem Reiseleiter und dem Busfahrer ein Trinkgeld zu überreichen.

UNTERKUNFT

Überall im Land kann man sein Haupt zur Nachtruhe betten, ganz nach Lust und Reisekasse in Luxushotels, Touristenhotels, Pensionen, Jugendherbergen, Schlafsackunterkünften, Berghütten und Bauernhöfen, die „Bed&Breakfast"-Service bieten.

Ein nicht unbeträchtlicher Teil dieser Unterkünfte wird während der langen isländischen Sommerferien (Anfang Juni bis Ende August) in Schulen und deren Internatsgebäuden eingerichtet – allgemein als „Sommerhotels" bezeichnet.

Eine weitere isländische Spezialität sind „Schlafsackunterkünfte": Man bekommt einen Schlafplatz auf einer Matratze und benutzt ansonsten seinen eigenen Schlafsack. Diese Matratze liegt aber längst nicht nur auf einem Feldbett in einer Turnhalle oder einem leergeräumten Klassenzimmern, sondern oft auch im Zweibettzimmer eines kleinen Hotels oder einer Bauernhausunterkunft. Für viele Urlauber sind Schlafsackplätze eine willkommene Art, den hohen Übernach-

Das Hótel Saga in Reykjavík mit dem „Grill"-Panorama-Restaurant.

Naturliebhaber können auf dem Bauernhof übernachten.

tungspreisen die Spitze zu nehmen: Je nach Standard kostet während der Saison ein Schlafsackplatz ungefähr 20 – 35 DM, während ein gemachtes Bett in der einfachsten Pension nicht unter 45 DM und im einfachsten Hotel kaum unter 55 DM zu bekommen ist – jeweils ohne Frühstück; das schlägt ungefähr mit weiteren 15 – 20 DM zu Buche.

Die in diesem Buch benutzten Preisklassifizierungen beziehen sich auf eine Übernachtung pro Person im Doppelzimmer in „gemachten Betten" inkl. Frühstück während der Saison. Sonderangebote oder Pauschalarrangements, die in der Nebensaison die Preise purzeln lassen, sind hier nicht berücksichtigt.

Untere Preisklasse = Zimmer ohne Dusche/WC bis 80 DM, mit Dusche/WC bis 100 DM.
Mittlere Preisklasse = Zimmer mit Dusche/WC zwischen 100 und 130 DM.
Obere Preisklasse = Zimmer mit Dusche/WC ab 130 DM.

Über Islandspezialisten unter den Reiseveranstaltern kann man schon in Mitteleuropa verschiedene Arten von Übernachtungsgutscheinen kaufen sowohl für Schlafsackunterkünfte als auch für Hotels und Bauernhöfe. Diese Gutscheine bieten wenige Vorteile, aber manche Nachteile:
● Sie kosten häufig mehr, als vor Ort verlangt wird; dies traf in den letzten Jahren vor allem bei Gutscheinen für

Schlafsack- und Bauernhausunterkünfte zu.
● Sie bieten keine Garantie für freie Zimmer, ganz im Gegenteil: Reservierungen sind oft nur von einem Tag auf den anderen erlaubt.
● Wählt man freiwillig oder unfreiwillig Unterkünfte aus, die die betreffenden Gutscheine nicht annehmen, bekommt man später für nichtbenutzte selten den ganzen Kaufpreis zurück.

Bauernhausunterkünfte
Nach dem Katalog von „Islandferien auf dem Bauernhof/Icelandic Farm Holidays" bieten landesweit über 100 aktive oder ehemalige Bauernhöfe touristische Dienstleistungen an, in den meisten Fällen Übernachtungen nach dem Bed& Breakfast-Prinzip, vielfach aber auch Reit- und Angelmöglichkeiten.
Ferðaþjónusta Bænda
(Islandferien auf dem Bauernhof)
Hagatorg (im Hotel Saga)
107 Reykjavík
Tel. 562 36 40
Fax 562 36 44.

Gästehäuser, Gasthäuser, Pensionen
Für Begriffsverwirrung sorgt die Übersetzung des isländischen „Gistiheimili" ins Deutsche: Gemeint sind Frühstückspensionen der unteren Preisklasse. Sie besitzen keine Lizenz zum Alkoholausschank, sind also keine Gasthäuser mit „Gastwirtschaft".

Hotels
Fast als Synonym für Sommerhotels steht der Begriff

„Edda Hotels", obwohl es sich dabei genaugenommen nur um zwei ganzjährig und 16 im Sommer betriebenen Hotels einer bestimmten Kette handelt – alle in der unteren Preisklasse. Die „Open-Edda"-Hotelgutscheine der Kette werden von den eigenen Häusern sowie von ca. 30 weiteren Hotels mit ähnlichem Standard akzeptiert.
Edda Hótel
c/o Iceland Tourist Bureau
Skógarhlíð 18
101 Reykjavík
Tel. 562 33 00
Fax 562 58 95.

10 ganzjährig geöffnete, unabhängige Hotels der mittleren und oberen Preisklasse vermarkten sich gemeinsam als „Regenbogen"-Hotels. Ihre Iceclass-Hotelschecks machen Übernachtungen in einigen – aber nicht allen – der Häuser gegenüber den regulären Saisonpreisen merklich billiger.
Regnboga Hótel
(Regenbogen Hotels)
P.O. Box 653
121 Reykjavík
Tel. 562 01 60
Fax 562 01 50.

Hütten
Wandervereine unterhalten vor allem im Inneren des Landes einfache Berghütten, die auch Nichtmitglieder benutzen können – Mitglieder und Gruppen haben aber Vorrang. Die Hütten sind in der Regel betreut, aber nicht bewirtschaftet. Die Nacht kostet zwischen 15 und 25 DM. Reservierungen durch Vorauszahlung über die Vereinsbüros ist im Sommer nötig:

Ferðafélag Íslands
Mörkin 6
108 Reykjavík
Tel. 568 25 33
Fax 568 25 35.

Útivist
Hallveigarstígur 1
101 Reykjavík
Tel. 561 43 30
Fax 561 46 06.
Nothütten, erkennbar an der leuchtend orangenen Bemalung, sind nur für Notfälle, aber nicht für touristische Zwecke gedacht.

Jugendherbergen
Dem isländischen Herbergsverband sind rund 30 höchst unterschiedliche Häuser angeschlossen, von denen nur ein Drittel ganzjährig geöffnet hat. Alle bieten Kochmöglichkeiten, und viele haben auch Doppel- oder Familienzimmer. Die getrennte Unterbringung von gemeinsam reisenden Männern und Frauen ist eher Ausnahme als Regel. Mitglieder eines Jugendherbergsverbandes zahlen pro Nacht ca. 20 – 25 DM, Nichtmitglieder knapp 30 DM. Zu diesem Preis werden auch Gutscheine für Jugendherbergsübernachtungen angeboten. Bettwäsche, die geliehen werden kann, oder ein eigener Schlafsack sind notwendig.
Bandalag Íslenskra Farfugla
Sundlaugavegur 34
105 Reykjavík
Tel. 553 8110
Fax 588 92 01.

Schlafsackunterkünfte
Die Zahl der Schlafsackunterkünfte kann man nur schätzen, weit über 100 sind

es auf jeden Fall. Derzeit gibt es drei „übergreifende" Gutscheinsysteme für Schlafsackübernachtungen, die jeweils von Jugendherbergen, Edda-Hotels, Bauernhöfen, Berghütten und vielen anderen Unterkünften akzeptiert werden – dabei nehmen viele Häuser Gutscheine unterschiedlicher Systeme an. Sie kosten zwischen 30 und 34 DM pro Nacht.
• „BSÍ Free and easy"-Gutscheine verkauft die Dachorganisation der Busgesellschaften (BSÍ-Travel) zusammen mit ihren Buspässen (siehe Stichwort „Transport & Verkehr" S. 184).
• Die „Edda Open Sleeping Bag Voucher" der Edda-Hotel-Kette (siehe unter „Hotels" oben) werden von 80 Unterkünften landesweit angenommen.
• 125 Übernachtungsstätten akzeptieren die „Sleep-as-you-please"-Gutscheine von Samvinn Travel (Austurstræti 12, 121 Reykjavík, Tel. 569 10 70, Fax 552 77 69).

 **VOGELBEOBACHTUNG**

Zahlreiche Orte Islands sind ein Paradies für Ornithologen. In den Westfjorden, genauer in Látrabjarg, ist der größte Vogelfelsen der Erde, wo sich neben einer reichen Artenvielfalt an Klippenvögeln auch die größte Tordalken-Kolonie der Welt befindet. Die Westmänner-Inseln sind für ihre zahlreichen Seevogelarten bekannt; hier nisten mehr Papageientaucher als andernorts in Island. Dagegen weist der See Mývatn in Nordisland die größte Artenvielfalt brütender Enten in Europa auf. Die umfangreichste Kolonie der Großen Raubmöwe auf der Erde lebt in den Sandwüsten der isländischen Südküste. Seevögel, wie der Papageientaucher, können an vielen Orten beobachtet werden, ebenso Eiderenten, Küstenseeschwalben, Wat- und Zugvögel. Einige Reiseveranstalter sind auf Vogelbeobachtungen im Frühsommer spezialisiert.

Angriffslustige große Raubmöwe.

ZEIT

In Island gilt ganzjährig die Greenwich Mean Time (GMT) mit einer Differenz gegenüber der Mitteleuropäischen Zeit (MEZ) von –1 Stunde und gegenüber der Mitteleuropäischen Sommerzeit (MSZ) von –2 Stunden. Ist es in Reykjavík 12 Uhr, ist es in Berlin, Bern und Wien 14 Uhr.

ZOLL

Kleidung, Ausrüstung, Kameras, Fahrzeuge usw. können für den persönlichen Gebrauch während einer Urlaubsreise zollfrei nach Island eingeführt werden, nur für Dieselfahrzeuge wird bei der Einreise eine Dieselsteuer (siehe unter Stichwort „Transport & Verkehr", S. 183) kassiert, die sich aus dem Fahrzeuggewicht und der Dauer des Aufenthalts ergibt.

Beschränkungen für zollfreie Einfuhren: Reisende ab 20 Jahren maximal 1 ltr. Spirituosen bis 47% Alkohol und 1 ltr. Wein oder 1 ltr. Spirituosen bis 21% oder 6 ltr. importiertes bzw. 8 ltr. isländisches Bier. Reisende ab 15 Jahren 200 Zigaretten oder 250 gr. andere Tabakwaren. Für Lebensmittel gilt eine Obergrenze von 3 kg (!) pro Person. Die Einfuhr von frischen Lebensmitteln (Gemüse, Fleisch, Eier usw.) ist weitgehend verboten.

Treibstoff darf nur im festen Tank eines Fahrzeugs mitgeführt werden.

Angel- und Reitgerät muß fabrikneu oder nachweislich desinfiziert sein, sonst kann bei der Einreise eine Desinfikation gegen Gebühr vorgenommen werden.

Nicht persönlich mitgeführte Waren (z.B. nachgeschickte Ersatzteile usw.) müssen verzollt werden.

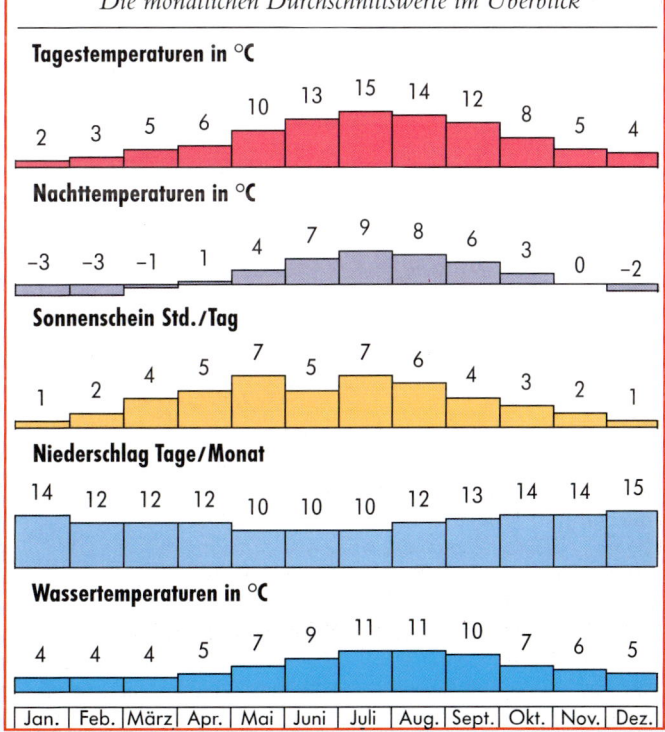

WETTER IN REYKJAVIK
Die monatlichen Durchschnittswerte im Überblick

Tagestemperaturen in °C

Jan.	Feb.	März	Apr.	Mai	Juni	Juli	Aug.	Sept.	Okt.	Nov.	Dez.
2	3	5	6	10	13	15	14	12	8	5	4

Nachttemperaturen in °C

Jan.	Feb.	März	Apr.	Mai	Juni	Juli	Aug.	Sept.	Okt.	Nov.	Dez.
–3	–3	–1	1	4	7	9	8	6	3	0	–2

Sonnenschein Std./Tag

Jan.	Feb.	März	Apr.	Mai	Juni	Juli	Aug.	Sept.	Okt.	Nov.	Dez.
1	2	4	5	7	5	7	6	4	3	2	1

Niederschlag Tage/Monat

Jan.	Feb.	März	Apr.	Mai	Juni	Juli	Aug.	Sept.	Okt.	Nov.	Dez.
14	12	12	12	10	10	10	12	13	14	14	15

Wassertemperaturen in °C

Jan.	Feb.	März	Apr.	Mai	Juni	Juli	Aug.	Sept.	Okt.	Nov.	Dez.
4	4	4	5	7	9	11	11	10	7	6	5

REGISTER VON A–Z

IMPRESSUM
© Mairs
Geographischer Verlag
Herausgeber:
„abenteuer & reisen",
WDV Wirtschaftsdienst OHG
Tegernseer Landstraße 98,
81539 München
Lektorat: Dr. Heinz Vestner,
Ulrich Mayer
Gestaltung: Studio
Klaus von Seggern, München

Der A–Z-Teil entstand unter
freundlicher Mitarbeit
von Herrn Hans Klüche.

FOTOGRAFEN
Hans Klüche außer
Hubert Stadler: Titel, Buch-
rücken, 1, 2/3, 3, 10, 12, 13,
16, 18/19, 21, 22, 23, 24,
25 u., 26, 27, 28, 30, 32/33,
34, 37, 38, 40, 56, 57 o., 58,
59, 60, 62, 64, 65, 66/67,
70, 73, 77, 80, 82, 83,
86/87, 93, 98 o., 99, 102 o.,
104, 106, 108/109, 110,
111, 112 o., 115 o., 116 o.,
118, 122 u., 123, 124 o.,
126, 127, 128, 129, 134,
135, 136, 137, 139, 140,
144, 145, 147, 150 u.,
153, 154/155, 160, 161,
163, 164, 166, 167, 169,
174, 175, 176, 178, 181,
182, 184.
Icelandic Photo:
6/7, 8/9, 11, 15, 42/43, 44,
46, 51, 52, 156.
AKG: 17, 91, 94, 158.
Agentur Schuster: 49, 50.
Udo Bernhart: 172.

Liebe Leser!

Wir hoffen, daß „Island
entdecken & erleben" für
Sie eine aufregende Lektüre
und eine große Hilfe während
Ihrer Island-Reise war.
Sollten Sie selbst Neues
entdeckt, Verbesserungs-
vorschläge oder Kritikpunkte
zu äußern haben, freuen wir
uns über Zuschriften und
werden uns bemühen, es
in der nächsten Auflage zu
berücksichtigen. Schreiben
Sie doch einfach an:

**WDV-Verlag
Lektorat Edition
Tegernseer Landstraße 98
81539 München**

Island

Hornstrandir

Ísafjarðardjúp   Jökulfirðir

Bolungarvík
Suðureyri   Hnífsdalur
Sæból   **Ísafjörður**   Unaðsdalur
Súðavík   Melgraseyri   Norðurfjör
Drangajökull

Þingeyri   Ögur   Rauðamýri   Reyk

Arnarfjörður   *Gláma*

Tálknafjörður   Bíldudalur   Hólmavík   Drar
Patreksfjörður
Hnjótur   Brjárnslækui   Gilsfjarðar-brekka   Stóra-Fjörður

Reykhólar   Saurbær   Prestbakki
Flatey
Skarð

Breiðafjörður
Staðarfell
Skarð
Stykkishólmur   Búðardalur
Hvammsfjörður   Kvennabrekka

Hellissandur   Rif
Ólafsvík   Staðarstaður   *Snæfellsnes*
Dritvík   Hellnar   Kolbeins-staðir   Dalsmynni

Haugar
Akrar
Borgarnes   Hvanneyri

Faxaflói
Saurbær

Akranes

Þingvellir
REYKJAVIK   **Mosfells-bær**
Garður   Alftanes   **Kópavogur**
Sandgerði   **Hafar-fjörður**   **Garðabær**
KEFLAVÍK   Vogar   **Hveragerði**
Njarðvík
Grindavík   Þorlákshöfn
Stokksey

N
50 km